旅游高等职业院校精品课程系列教材

旅游院校新时代劳动教育教程

LÜYOU YUANXIAO XINSHIDAI LAODONG JIAOYU JIAOCHENG

雷乾乾　刘海洋 / 主　编
何　韬　李婷婷 / 副主编

中国旅游出版社

项目策划：张文广
项目统筹：谯　洁
责任编辑：谯　洁　李宜真
责任印制：冯冬青
封面设计：中文天地

图书在版编目（CIP）数据

旅游院校新时代劳动教育教程 / 雷乾乾，刘海洋主编；何韬，李婷婷副主编 . -- 北京：中国旅游出版社，2025.1. -- ISBN 978-7-5032-7462-6

Ⅰ . G40-015

中国国家版本馆 CIP 数据核字第 20241NJ152 号

书　　名：	旅游院校新时代劳动教育教程
作　　者：	雷乾乾　刘海洋主编　何韬　李婷婷副主编
出版发行：	中国旅游出版社
	（北京静安东里 6 号　邮编：100028）
	https://www.cttp.net.cn　E-mail：cttp@mct.gov.cn
	营销中心电话：010-57377103，010-57377106
	读者服务部电话：010-57377107
排　　版：	北京中文天地文化艺术有限公司
印　　刷：	北京工商事务印刷有限公司
版　　次：	2025 年 1 月第 1 版　2025 年 1 月第 1 次印刷
开　　本：	787 毫米 ×1092 毫米　1/16
印　　张：	16
字　　数：	270 千
定　　价：	58.00 元
ISBN	978-7-5032-7462-6

版权所有　翻印必究
如发现质量问题，请直接与营销中心联系调换

旅游高等职业院校精品课程系列教材编写指导委员会

主　任：陈　敏

副主任：郭　君　柏文涌

委　员：肖泽平　曾声隆　袁昌曲　郭艳芳　谢　强　何守亮
　　　　高　翔　于才年　刘大龙　陈　泉　代　银

《旅游院校新时代劳动教育教程》编委会

主　编：雷乾乾　刘海洋

副主编：何　韬　李婷婷

前　言

本书可作为高职高专院校各专业学生和普通本科院校各专业学生的劳动教育教材使用，也可作为对劳动教育感兴趣的学习者使用。教材特别增添了文旅特色，欢迎旅游类院校和相关专业的学生选用。

一、编写背景

党的十九大报告提出，要"建设知识型、技能型、创新型劳动者大军，弘扬劳模精神和工匠精神，营造劳动光荣的社会风尚和精益求精的敬业风气"。习近平总书记在2018年全国教育大会上指出，"培养德智体美劳全面发展的社会主义建设者和接班人"，首次把劳动教育纳入党的教育方针，使劳动教育的地位正与日俱增，与德育、智育、体育、美育"五育并举"。2020年3月20日，中共中央、国务院印发了《关于全面加强新时代大中小学劳动教育的意见》，就全面贯彻党的教育方针，加强大中小学劳动教育进行了系统设计和全面部署，提出全面构建体现时代特征的劳动教育体系，也要求在开展劳动教育实践活动中"学校要切实承担劳动教育主体责任"。紧接着，教育部重点围绕"劳动教育是什么""教什么""怎么教"等问题组织制定了《大中小学劳动教育指导纲要（试行）》，加强对教育系统内部劳动教育的专业指导。党的二十大报告明确提出，要落实立德树人根本任务，培养德智体美劳全面发展的社会主义建设者和接班人。

显然，新时代我国的劳动教育正在复兴与回归。在此背景之下，各院校开始重视劳动教育，本教材也正是在此形势之下的一次尝试。全书以习近平新时代中国特色社会主义思想为总指导，以中共中央、国务院印发的《关于全面加强新时代大中小学劳动教育的意见》和教育部制定的《大中小学劳动教育指导纲要（试行）》为具体指导性文件编写而成，注重理论与实践相结合，引导学生树立正确的劳动观，崇尚劳动、尊重劳动，增强与劳动人民的感情，报效国家，奉献社会。

二、教材特色

1. 理论与实践相结合。

理论知识有描述性知识，如工匠精神是什么；程序性知识，如怎样弘扬新时代工匠精神；价值性知识，如大国工匠的榜样力量。实践环节方面，本书共设计了八个实践活动，并给出了每个活动的详细实践方案，可操作性强。没有理论的实践是不深刻的；没有实践的理论是空泛的。本教材综合考虑了高校学生实际和劳动教育的终极目标，控制了劳动理论的难度，也提升了劳动实践的复杂性，但难免有欠缺之处，教材使用者在使用过程中可灵活调整。

2. 体现时代特征。

新时代的劳动力结构已发生天翻地覆的变化，劳动形态亦随之发生极大变化，身体的"劳"已经得到很大的解放，智力劳动比重逐渐增加，创新能力所发挥的作用越来越大，劳动技能呈现多元化发展趋势，数字劳动、智能劳动、闲暇劳动、消费性劳动等成了新形态劳动教育载体。因此，本书特别关注到新时代的科技发展和产业变革，梳理了新时代的劳动新形态及其劳动者素质要求，特别强调"工匠精神"和"创造性劳动"，让新一代社会主义建设者在前沿的劳动知识学习和劳动技能训练中，激发创新意识、培养创新能力，进而适应信息社会和智能化时代的劳动力需求，同时强化诚实合法劳动意识，培养科学精神。

3. 注重劳动价值观念。

随着脑力劳动越来越多地从体力劳动中解放出来，甚至是智能劳动替代常规性劳动现象的出现，很容易会有一批人"不愿劳动"，甚至"不会劳动"。实际上，当前智能劳动的诞生与发展，不会将手工劳动、机器劳动全部排挤出局；而且，新时代新旧劳动形态的更替并非完全地以旧换新，而是新旧交融。新时代劳动教育的内容首先要做好价值观念的传达。换言之，不管新旧劳动形态如何更替，劳动者均需具备正确的劳动观、良好的劳动习惯、优秀的劳动品质、基本的劳动技能——这是劳动的基础。

本书从"以劳育人"理念出发，帮助学生构建以劳动历史观和劳动价值观为核心的新时代劳动观念，融合"劳动态度""劳动习惯""劳动情感""劳动意志""劳动技能""劳动思维"等多方面内容的价值观念体系，让新一代社会主义建设者能够从内心真正认同"劳动最光荣""劳动最崇高""劳动最伟大""劳动最美丽"，激发其劳动的内驱力，进而崇尚劳动，以劳动创造美好生活。

4. 融入文旅特色。

各院校在实施劳动教育时应融入特色内容。本书以文旅特色为抓手探索劳动教育的特色内容。该特色主要以拓展阅读、思考讨论、案例分析、劳动实践等形式融入各劳动教育专题之中。

三、教材结构

本书围绕八个专题展开，各专题又包括理论和实践两个部分。

专题一是"认识劳动和劳动者"，让学生初步理解劳动的本质，劳动形态的多样性，劳动者的角色和尊严。该专题的实践任务是展示一周的学习成果，帮助学生客观全面认识到自己日常的劳动情况，引导学生养成良好的劳动习惯，热爱劳动、热爱生活。

专题二是"紧跟新时代劳动形态变化"，让学生理解新时代劳动形态的变化，了解劳动形态新变化对劳动者提出的新要求。该专题的实践任务是调研无人机技术在乡村建设中的应用，帮助学生深刻了解劳动工具和劳动技术的新发展。

专题三是"树立正确的劳动观"，让学生从马克思主义的劳动观出发理解劳动如何塑造人类社会和个体命运，同时学习习近平总书记关于劳动的重要论述，感受劳动在新时代的重要地位和作用，以及它对于实现中华民族伟大复兴的中国梦的重要意义。该专题的实践任务是以"致敬劳动者"为主题的摄影活动，帮助学生理解劳动者的辛勤付出，培养对劳动人民的感情，提升审美和创新能力。

专题四是"劳动精神"，让学生深刻认识到什么是劳动精神以及如何弘扬劳动精神，帮助学生树立尊重劳动、崇尚劳动、热爱劳动的劳动理念，呈现勤俭、奋斗、创新、奉献的劳动风貌，养成诚实劳动、创造性劳动、幸福劳动的劳动品格。该专题的实践任务是让学生亲手制作美食，体验劳动过程，通过出力流汗，接受锻炼，磨练意志，从而更加深刻地理解和体会劳动的独特育人价值。

专题五是"劳模精神"，让学生深刻认识到什么是劳模精神以及如何弘扬劳模精神，让学生通过了解劳动模范的事迹和精神，感悟他们的榜样力量，激励自己在学习、工作和生活中追求卓越、勇于创新和无私奉献。该专题的实践任务是景区讲解员这一职业的体验活动，帮助学生增进对不同劳动群体，特别是景区讲解员等职业的理解，体会他们的辛勤工作和专业精神，培养尊重各种劳动的态度。

专题六是"工匠精神"，让学生掌握执着专注、精益求精、一丝不苟、追求卓越的工匠精神实质，并通过了解大国工匠的事迹学习如何将工匠精神应用于个人学习、工作和创新实践中，提升自身的专业技能和创新能力。该专题的实践任务是尝试我国非遗剪纸制作，以培养学生的创新意识，让学生发现创造性劳动的价值，同时培养学生主动探索、认真钻研、创新设计的职业素养。

专题七是"诚实劳动　合法劳动　安全劳动"，让学生掌握劳动的三个核心维度——"诚实""合法""安全"，理解它们在现代社会中的重要性，并学习如何在劳动中坚守诚信原则，如何在法律框架内维护自己的合法权益，以及如何在劳动实践中确保安全。该专题的实践任务是让学生以直播形式进行文旅推广，让学生实践服务性劳动，并在实践中让学生坚持诚实守信的原则、传播真实信息，让学生诚实劳动，同时培养学生的职业道德意识。

专题八是"适应新质生产力发展，争做高素质新型劳动者"，让学生理解新质生产力的核心要义，并让学生认识到作为新时代的劳动者应如何提升自身素质，以适应这一生产力发展新趋势。该专题的实践任务是围绕"共享厨房"的一项大学生创业市场调研活动，鼓励学生在创业市场调研中发挥创新思维，提出新的解决方案，增强创造性劳动能力。

四、编写队伍

本书由雷乾乾（重庆旅游职业学院）任第一主编，负责全书大纲撰写、各专题主体稿件撰写及最后的统稿等工作；刘海洋（重庆旅游职业学院）任第二主编，负责各专题实践任务的选题、实践方案的撰写、拓展材料的搜集与改动等工作。重庆旅游职业学院陈敏院长以及教务处对本教材的编写与出版给予了大力的支持与帮助，特在此表示感谢！

由于编者水平有限，疏漏在所难免，恳请同行和读者不吝赐教，批评指正，以便在修订时更正改进。

本书在编写过程中，参考了部分资料和相关文献，在此向这些作者表示诚挚的谢意！

编者

2024 年 8 月

目录 Contents

专题一 认识劳动和劳动者

第一节　认识劳动 .... / 003
一、何为劳动? .... / 004
二、劳动的多样性 .... / 004
三、劳动、劳动工具和劳动对象的历史演变 .... / 007

第二节　认识劳动者 .... / 009
一、劳动者的内涵 .... / 009
二、劳动者的素质 .... / 010
三、劳动者的尊严 .... / 012

第三节　劳动实践：一周劳动成果展示 .... / 015
一、实践方案 .... / 015
二、实践报告 .... / 017
三、评价 .... / 019

专题二 紧跟新时代劳动形态变化

第一节　新时代劳动形态 .... / 023
一、劳动形态的历史演变 .... / 023
二、新时代的智能劳动 .... / 025
三、新职业 .... / 027

第二节　新时代劳动者　　　　　　　　　　　　　　　／032
　　一、劳动力结构变化　　　　　　　　　　　　　　　／032
　　二、新时代劳动形态转变下的劳动者角色　　　　　／034

第三节　劳动实践：走进乡村，调研无人机技术的应用　／039
　　一、实践方案　　　　　　　　　　　　　　　　　／039
　　二、实践报告　　　　　　　　　　　　　　　　　／041
　　三、评价　　　　　　　　　　　　　　　　　　　／043

专题三　树立正确的劳动观

第一节　坚持马克思主义劳动观　　　　　　　　　　／047
　　一、马克思主义劳动观的提出与发展　　　　　　　／047
　　二、马克思主义劳动观的核心内容　　　　　　　　／049
　　三、马克思主义劳动观的当代价值　　　　　　　　／050

第二节　新时代青年要树立正确的劳动价值观　　　　／052
　　一、劳动是幸福的源泉　　　　　　　　　　　　　／053
　　二、劳动最光荣、最崇高、最伟大、最美丽　　　　／055
　　三、尊重劳动、尊重劳动者　　　　　　　　　　　／056
　　四、大力弘扬劳模精神、劳动精神、工匠精神　　　／058
　　五、重视劳动教育　　　　　　　　　　　　　　　／059

第三节　劳动实践："致敬劳动者"摄影活动　　　　　／062
　　一、实践方案　　　　　　　　　　　　　　　　　／062
　　二、实践报告　　　　　　　　　　　　　　　　　／064
　　三、评价　　　　　　　　　　　　　　　　　　　／065

专题四 劳动精神

第一节 深刻认识新时代劳动精神 / 069
一、党的十八大以来关于劳动精神的重要论述 / 070
二、解读新时代劳动精神的内涵 / 072

第二节 弘扬新时代劳动精神 / 076
一、必须具备"尊重劳动、崇尚劳动、热爱劳动"
　　的劳动理念，增强劳动主体自觉性 / 077
二、锻造"诚实劳动、辛勤劳动、创造性劳动"
　　的劳动品格 / 079

第三节 劳动实践："美食传承，文化共飨"烹饪活动 / 083
一、实践方案 / 083
二、实践报告 / 086
三、评价 / 087

专题五 劳模精神

第一节 深刻认识新时代下的劳模精神 / 091
一、劳模评选制度 / 091
二、新时代的劳模精神 / 093
三、劳模精神与社会主义核心价值观 / 095

第二节 榜样的力量：劳动模范 / 097
一、劳模的地位 / 097
二、劳模的榜样作用 / 098
三、感悟劳模故事、弘扬劳模精神 / 099

第三节 劳动实践：职业体验之景区模拟讲解 / 107
一、实践方案 / 107
二、实践报告 / 112
三、评价 / 113

专题六 工匠精神

第一节 深刻认识新时代工匠精神 / 117
一、工匠 / 117
二、新时代背景下工匠精神的内涵 / 119
三、习近平总书记关于工匠精神的重要论述 / 123

第二节 榜样的力量：大国工匠 / 129
一、卓越、细节、创新的工匠之美 / 130
二、工匠群体的榜样作用 / 131
三、感悟工匠故事、弘扬工匠精神 / 134

第三节 劳动实践：动手剪一剪，传承非遗剪纸 / 139
一、实践方案 / 139
二、实践报告 / 143
三、评价 / 144

专题七 诚实劳动 合法劳动 安全劳动

第一节 诚实劳动 / 147
一、从马克思主义劳动价值观来认识诚实劳动 / 147
二、诚实劳动的价值意蕴 / 149
三、培养诚实劳动的价值观 / 150

第二节 合法劳动 / 154
一、合法劳动的内涵 / 155
二、合法劳动的法律框架 / 155
三、劳动者的基本权利和义务 / 159
四、维护劳动者权益的途径 / 164

第三节　安全劳动　　　　　　　　　　　　　　　　　/ 170

一、树立安全劳动意识　　　　　　　　　　　　　　/ 170

二、劳动安全法规与标准　　　　　　　　　　　　　/ 171

三、预防事故与紧急应对　　　　　　　　　　　　　/ 175

四、实习实训安全　　　　　　　　　　　　　　　　/ 180

第四节　劳动实践："直播＋文旅"体验，助力地方文旅发展　　　　　　　　　　　　　　　　　/ 184

一、实践方案　　　　　　　　　　　　　　　　　　/ 184

二、实践报告　　　　　　　　　　　　　　　　　　/ 186

三、评价　　　　　　　　　　　　　　　　　　　　/ 187

专题八　适应新质生产力发展，争做高素质新型劳动者

第一节　深刻认识新质生产力　　　　　　　　　　　/ 191

一、"新质生产力"的提出　　　　　　　　　　　　/ 191

二、"新质生产力"的理论内涵　　　　　　　　　　/ 194

第二节　适应新质生产力发展的新型劳动者建设　　　/ 203

一、新质生产力的特征与要求　　　　　　　　　　　/ 204

二、新质生产力需要新型劳动者　　　　　　　　　　/ 206

三、适应新质生产力发展的新型劳动者建设　　　　　/ 208

第三节　劳动实践：大学生创业之"共享厨房"市场调研活动　　　　　　　　　　　　　　　　/ 210

一、实践方案　　　　　　　　　　　　　　　　　　/ 210

二、实践报告　　　　　　　　　　　　　　　　　　/ 212

三、评价　　　　　　　　　　　　　　　　　　　　/ 214

附录

附录一　中共中央　国务院关于全面加强新时代大中小学劳动教育的意见 / 216

一、充分认识新时代培养社会主义建设者和接班人对加强劳动教育的新要求　/ 216

二、全面构建体现时代特征的劳动教育体系　/ 217

三、广泛开展劳动教育实践活动　/ 219

四、着力提升劳动教育支撑保障能力　/ 220

五、切实加强劳动教育的组织实施　/ 221

附录二　教育部关于印发《大中小学劳动教育指导纲要（试行）》的通知　/ 222

一、劳动教育性质和基本理念　/ 223

二、劳动教育目标和内容　/ 224

三、劳动教育途径、关键环节和评价　/ 227

四、学校劳动教育的规划与实施　/ 230

五、劳动教育条件保障与专业支持　/ 233

参考文献　/ 236

专题一

认识劳动和劳动者

> "劳动是一切幸福的源泉。"
> ——习近平总书记在全国劳动模范和先进工作者表彰大会上的讲话(2020年11月24日)

◆ 导语

　　劳动，作为人类社会发展的基石，不仅塑造了辉煌的文明，也铸就了每个个体的价值。在专题一的学习中，我们将深入探索劳动的丰富内涵，从哲学、经济、社会和法律的多维视角，理解劳动的本质和劳动形态的多样性。同时，我们将聚焦于劳动者，探讨他们的哲学定义、法律地位以及在现代社会中的角色和尊严。

　　通过这一专题学习，我们拟实现以下目标：

1. 理解劳动的概念、多样性以及劳动在个人成长和社会进步中的作用；
2. 认识到劳动者的多样性、劳动者的素质要求以及劳动者的尊严和权益；
3. 培养学生尊重劳动、热爱劳动的态度，激发学生参与劳动实践的积极性和创造性。

第一节　认识劳动

◆ **本节要点**

1. 劳动是人的本质活动，是创造物质和精神财富的过程，对个人和社会都具有重要意义。
2. 劳动可以从多个角度理解，包括经济学、社会学、哲学和法律学等不同视角，每种视角都揭示了劳动的不同方面和价值。
3. 劳动具有多样性，可以根据经济部门、劳动性质、技能要求、劳动形式、劳动时间、场所、组织形式、社会功能和创造性等多个标准进行分类。
4. 劳动、劳动工具和劳动对象的历史演变反映了人类社会的发展，从原始社会的简单劳动到信息社会的知识型劳动，劳动的形态和工具随着技术和社会结构的变化而不断演进。
5. 劳动教育在新时代背景下尤为重要，旨在培养学生的劳动观念、劳动技能和劳动习惯，以及对劳动的尊重和热爱，从而促进学生全面发展。

劳动是人类的本质活动。古人云："民生在勤，勤则不匮。勤则达德，劳则达圣。"中华民族是勤于劳动、善于创造的民族。习近平总书记曾说过："劳动创造了中华民族，造就了中华民族的辉煌历史，也必将创造出中华民族的光明未来。"

思考

我国古代对勤劳有诸多经典阐释。请谈一下你对以下语句的理解。

1. 《左传》曰："俭，德之共也；侈，恶之大也。"
2. 荀子在《天论》中强调"强本而节用，则天不能贫"。
3. 《墨子·非命下》指出："必使饥者得食，寒者得衣，劳者得息。"

一、何为劳动？

"劳"的繁体是"勞"。"勞"是会意字，上面是两个火，中间的秃宝盖代表房子，下面的力指代劳动。整个字的含义是：房间点灯、夜间劳作。也有解释说，该字形反映了古代劳动与纺织、火焰等工艺活动有关。《新华字典》对"劳"的基本解释是：人类创造物质或精神财富的活动，可引申为辛苦、辛勤。

图 1.1.1 "劳"字的历史演变

劳动，可以从多个角度进行理解：

- 从最普遍意义上讲，劳动是人们通过体力或脑力活动，创造物质财富和精神财富的过程。它是人类社会生存和发展的基础。
- 从经济学的角度看，劳动是生产过程中的一个基本要素，与土地、资本一起，共同参与生产活动，创造价值。
- 从社会角度来看，劳动不仅是经济活动，也是社会活动。它不仅是获取报酬的手段，也是人们实现自我价值、参与社会生活的重要方式。
- 从哲学的角度看，劳动是人的本质活动之一。它体现了人与自然的关系，也体现了人的社会关系和自我实现的过程。
- 从法律角度上讲，劳动也是法律关系的一部分。劳动者通过劳动获取报酬，同时也承担相应的义务和责任。《劳动法》等相关法律法规对劳动关系进行了规范和保护。

二、劳动的多样性

劳动具有多样性，劳动的形式和内容丰富多样，它体现在不同的领域、行业、技术和文化背景中。人们按照不同的标准、从不同的角度，可以将劳动分为不同的种类。

（1）按经济部门分类

- 农业劳动：涉及农作物的种植、养殖和收获。
- 工业劳动：包括制造业、建筑业等生产和加工活动。
- 服务业劳动：包括餐饮、旅游、教育、医疗、金融等服务行业。

（2）按劳动性质分类

- 体力劳动：主要依靠身体力量完成的工作，如搬运、建筑施工等。
- 脑力劳动：主要依靠智力和知识完成的工作，如科研、设计、管理等。

人类在劳动中，不仅有体能消耗，而且有脑力支出。也就是说，在劳动中脑力劳动和体力劳动是共有的。但是，对于某项或某类具体劳动来说，从计划到完成的过程中，其脑力活动的复杂程度以及体力消耗的强度常常是不均衡的。习惯上，人们将脑力活动占优势的活动称为脑力劳动，而将体力活动占优势的活动称为体力劳动。古人所讲的"劳心"与"劳力"就是指脑力劳动与体力劳动。

（3）按劳动技能分类

- 简单劳动：不需要特殊技能或只需简单技能即可完成的工作。
- 复杂劳动：需要专业技能和知识的劳动，如医生、工程师、程序员等。

（4）按劳动形式分类

- 全职劳动：指劳动者与雇主建立长期稳定的劳动关系。
- 兼职劳动：指劳动者在不影响主要工作的情况下，同时从事其他工作。
- 自由职业：指劳动者独立提供服务或产品，不受固定工作时间和地点的限制。

（5）按劳动时间分类

- 全日制劳动：指劳动者每天工作一定小时数，通常为 8 小时。
- 非全日制劳动：指劳动者每天工作少于全日制的小时数，如兼职、临时工等。

（6）按劳动场所分类

- 在家劳动：指劳动者在家中完成的工作，如远程办公、家庭手工业等。
- 在外劳动：指劳动者在工作场所完成的工作，如办公室、工厂、农田等。

（7）按劳动组织形式分类

- 个体劳动：指个人独立完成的劳动。
- 集体劳动：指多人协作完成的劳动，如团队项目、生产线作业等。

（8）按劳动形式分类

- 有偿劳动：为获得报酬而进行的劳动，如雇员的工作。

- 无偿劳动：不以获得报酬为目的的劳动，如志愿服务。

（9）按劳动的社会功能分类

- 生产性劳动：直接创造物质财富的劳动。
- 服务性劳动：提供服务以满足人们需求的劳动。

（10）按劳动的创造性分类

- 重复性劳动：工作内容重复，不需要创新。
- 创造性劳动：需要创新思维和创造力的工作。

劳动的分类有助于我们更好地理解不同劳动的特点和价值，以及它们在社会经济中的作用。每种劳动都有其独特的贡献，共同构成了人类社会的多样性和复杂性。

相关知识

日常生活劳动、生产劳动和服务性劳动

2020年3月20日，中共中央、国务院印发了《关于全面加强新时代大中小学劳动教育的意见》。该意见明确了"实施劳动教育重点是在系统的文化知识学习之外，有目的、有计划地组织学生参加日常生活劳动、生产劳动和服务性劳动"。

2020年7月7日，教育部公布了《大中小学劳动教育指导纲要（试行）》，进一步明确了劳动教育的主要内容包括日常生活劳动、生产劳动和服务性劳动中的知识、技能与价值观。

这三类劳动，可这样理解：

日常生活劳动：这类劳动是指与个人日常生活密切相关的各种劳动活动，如家务劳动、个人卫生清洁、烹饪等。它能够使学生学会独立生活、培养良好的卫生习惯、培养责任感和自我管理能力等。

生产劳动：通常指的是在工农业生产过程中直接创造物质财富的劳动，如农业种植、工业制造等。通过参与生产劳动，学生体验从简单劳动、原始劳动向复杂劳动、创造性劳动的发展过程，学会使用工具，掌握相关技术，感受劳动创造价值，增强产品质量意识。

服务性劳动：指提供各种服务以满足他人或社会需求的劳动，如社区服务、志愿服务、公益劳动等。这类劳动强调的是服务精神和社会责任感，培养学生的同

理心和社会参与意识，让学生在帮助他人的过程中体验到劳动的社会价值和个人成长。

三、劳动、劳动工具和劳动对象的历史演变

需要特别注意的是：劳动的类别不是一成不变的，劳动类型会随着社会结构、技术进步、经济模式以及文化价值观的演变而发生改变。劳动、劳动工具、劳动对象的演化反映了人类社会从依赖自然资源向依赖知识和技术转变的过程，也体现了人类对自然界的改造能力和对社会生产方式的不断创新（表1.1.1）。

表1.1.1 劳动、劳动工具和劳动对象的历史演变

历史阶段	劳动	劳动工具	劳动对象
原始社会	主要是简单的采集和狩猎，劳动形式原始，效率较低	使用石器、木棍等自然物品作为工具	主要是自然界中的动植物，如果实、种子、野兽等
农业社会	以农业生产为主，包括耕种、灌溉、收割等	出现了青铜器、铁器等金属工具，提高了劳动效率	主要是农作物和家畜，人类开始驯化和改良植物品种
手工业社会	手工业劳动开始发展，出现了各种手工艺技术	工具更加多样化和专业化，如织布机、陶轮等	除了农产品，还包括矿石、木材等原材料，用于制作各种手工艺品
工业革命时期	机械化生产开始普及，劳动形式更加多样化和专业化	蒸汽机、纺织机等机械化设备的使用，极大地提高了生产效率	原材料的种类和数量大大增加，包括煤炭、铁矿石等能源原材料。
现代工业社会	劳动形式更加复杂，出现了许多新的职业和工种	电气化、自动化设备的使用，进一步提高了劳动生产率	原材料和能源的种类更加丰富，同时开始重视资源的可持续利用
信息社会和知识经济时代	知识型劳动和创造性劳动日益重要，信息技术在劳动中的作用日益增强	计算机、互联网、人工智能等成为重要的劳动工具	数据、信息、知识等成为重要的劳动对象，与传统的物质资源同等重要

随着科技的不断进步，未来的劳动可能会更加智能化、自动化，劳动工具将更

加先进，劳动对象可能会包括更多虚拟和数字资源。

思考

我国已经进入了社会主义新时代。新时代背景下，人们更多地从体力劳动中解放出来。请举例说明。

第二节 认识劳动者

◆ 本节要点

1. 劳动者的内涵需要从不同角度理解，涉及社会生产中的角色、生产力要素的地位以及法律上对劳动者资格的规定。
2. 劳动者的素质强调了劳动者应具备的知识、技能和创新能力，以及通过不断学习和实践来提高综合素质，适应科技发展和国际竞争的需要。
3. 劳动者的尊严体现在劳动是个体生存和发展的基础，是社会进步和文明发展的关键，劳动者通过劳动表达自我、实现自我潜能，为社会做出贡献，获得经济独立和社会尊重。
4. 劳动是实现个体价值和社会正义的重要途径，所有劳动都应受到尊重，反对任何形式的劳动歧视。

2020年11月24日，习近平总书记在全国劳动模范和先进工作者表彰大会上的讲话，强调"光荣属于劳动者，幸福属于劳动者"。[①]

一、劳动者的内涵

一般来说，劳动者是具有劳动能力，能够通过自己的体力或智力为社会创造价值的个体。从广义上来讲，劳动者泛指所有具有劳动能力的公民。但是，狭义的劳动者仅指在法定劳动年龄内所有具有劳动能力的公民。

（一）哲学定义

劳动者是指参加劳动并以自己的劳动收入为生活资料主要来源的人。

这个定义包括两个方面：其一，劳动者指的是参加劳动的人，它包括体力劳动者

---

① 习近平. 在全国劳动模范和先进工作者表彰大会上的讲话（2020年11月24日）[N]. 人民日报，2020-11-25（02）.

和脑力劳动者。其二，劳动者指的是以自己的劳动收入作为生活资料主要来源的人。

（二）马克思主义定义

劳动者，是生产力三个基本要素之一，是生产力诸要素中最为活跃和最富有创造性的要素，是人民群众的主体部分，推动着历史的前进，创造了人类世界的物质财富，并为精神财富的创造提供了条件。

（三）法律定义

"劳动者"是指达到法定年龄，具有劳动能力，以从事某种社会劳动获得收入为主要生活来源，依据法律法规或劳动合同的约定，在用人单位的管理下从事劳动并获取劳动报酬的自然人（中外自然人）。但并不是所有自然人都是合法的劳动者，要成为合法的劳动者必须具备一定的条件并取得劳动权利能力和劳动行为能力，区别于"非法劳动者"，如偷渡打工者。劳动者包括本国人、外国人和无国籍人。对其称呼有：职工、工人、学徒、帮手、帮工等。

劳动者的主体资格始于劳动者最低用工年龄（除特种工作外为16周岁），终于法定退休年龄。劳动者达到法定退休年龄后即丧失劳动者主体资格，不能再与单位形成劳动关系。此时与单位之间的用工关系，由劳动关系转变为劳务关系。

二、劳动者的素质

幸福不会从天而降，梦想不会自动成真。如果说过去是劳动者用自己的双手，推动中国取得了举世瞩目的伟大成就、赢得了举足轻重的国际地位，那么在科技发展日新月异、国际竞争日趋激烈的今天，劳动者依然要靠提高素质、辛勤劳动、诚实劳动、创造性劳动，来实现中华民族的伟大复兴。

2017年10月18日，习近平总书记在中国共产党第十九次全国代表大会上作报告强调，要"建设知识型、技能型、创新型劳动者大军，弘扬劳模精神和工匠精神，营造劳动光荣的社会风尚和精益求精的敬业风气"[1]。

---

[1] 习近平. 决胜全面建成小康社会夺取新时代中国特色社会主义伟大胜利——在中国共产党第十九次全国代表大会上的报告[M]. 北京：人民出版社，2017.

2016年4月26日，习近平总书记在知识分子、劳动模范、青年代表座谈会上讲话指出："人类是劳动创造的，社会是劳动创造的。劳动没有高低贵贱之分，任何一份职业都很光荣。广大劳动群众要立足本职岗位诚实劳动。无论从事什么劳动，都要干一行、爱一行、钻一行。在工厂车间，就要弘扬'工匠精神'，精心打磨每一个零部件，生产优质的产品。在田间地头，就要精心耕作，努力赢得丰收。在商场店铺，就要笑迎天下客，童叟无欺，提供优质的服务。只要踏实劳动、勤勉劳动，在平凡岗位上也能干出不平凡的业绩。""素质是立身之基，技能是立业之本。广大劳动群众要勤于学习，学文化、学科学、学技能、学各方面知识，不断提高综合素质，练就过硬本领。要立足岗位学，向师傅学，向同事学，向书本学，向实践学。三百六十行，行行出状元。任何一名劳动者，无论从事的劳动技术含量如何，只要勤于学习、善于实践，在工作上兢兢业业、精益求精，就一定能够造就闪光的人生。"[1]

2019年9月3日，习近平总书记对我国技能选手在第45届世界技能大赛上取得佳绩作出这样的指示："劳动者素质对一个国家、一个民族发展至关重要。技术工人队伍是支撑中国制造、中国创造的重要基础，对推动经济高质量发展具有重要作用。要健全技能人才培养、使用、评价、激励制度，大力发展技工教育，大规模开展职业技能培训，加快培养大批高素质劳动者和技术技能人才。要在全社会弘扬精益求精的工匠精神，激励广大青年走技能成才、技能报国之路。"[2]

2020年9月22日，习近平总书记在教育文化卫生体育领域专家代表座谈会上的讲话指出："要努力建设高素质劳动大军。劳动者素质对一个国家、一个民族发展至关重要。当今世界，综合国力的竞争归根到底是人才的竞争、劳动者素质的竞争。我国工人阶级和广大劳动群众要树立终身学习的理念，养成善于学习、勤于思考的习惯，实现学以养德、学以增智、学以致用。要适应新一轮科技革命和产业变革的需要，密切关注行业、产业前沿知识和技术进展，勤学苦练、深入钻研，不断提高技术技能水平。""要完善现代职业教育制度，创新各层次各类型职业教育模式，为劳动者成长创造良好条件。技术工人是支撑中国制造、中国创造的重要基础。要完善和落实技术工人培养、使用、评价、考核机制，提高技能人才待遇水平，畅通技能人才职业发展通道，完善技能人才激励政策，激励更多劳动者特别是

---

[1] 习近平. 在知识分子、劳动模范、青年代表座谈会上的讲话（2016年4月26日）[N]. 人民日报，2016-04-30.
[2] 习近平. 对我国选手在世界技能大赛取得佳绩作出重要指示[N]. 新华社，2019-09-03.

青年人走技能成才、技能报国之路，培养更多高技能人才和大国工匠。""要增强创新意识，培养创新思维，展示锐意创新的勇气、敢为人先的锐气、蓬勃向上的朝气"。①

三、劳动者的尊严

我们都是劳动者。劳动者可以包括各行各业的工人、技术人员、管理人员、专业人士等。他们的工作可能涉及制造、建筑、服务业、教育、医疗、科学研究等各个领域。我们都是劳动者。同在一片蓝天下，每个劳动者都是光荣的建设者，都在用劳动服务他人的同时，享受着他人提供给我们的劳动成果。所有劳动都应被视为有尊严的，因为劳动不仅是个体生存和发展的基础，也是社会进步和文明发展的关键。劳动体现了个体的价值、贡献、成长和道德实践，是个体获得社会认可和尊重的途径。因此，尊重劳动，就是尊重人的尊严。所有劳动都应被视为有尊严的，每个劳动者都应得到尊重。

劳动是个体表达自我、实现自我潜能的平台。通过劳动，人们可以发挥自己的才能和技能，创造出有价值的产品和服务。这种自我实现是人的尊严的重要组成部分，因为它体现了个体的自主性和创造性。

劳动使个体能够为社会做出贡献，无论是直接的物质产品还是间接的服务。这种贡献是个体社会价值的体现，也是获得社会认可和尊重的途径。社会贡献的实现增强了个体的尊严感。

通过劳动获得的收入使个体能够实现经济独立，这是尊严和自由的基础。经济独立意味着个体有能力自主决定自己的生活方式，不受他人控制，这是尊严的重要体现。

劳动过程中的学习、挑战和克服困难促进了个人的成长和发展。这种成长不仅包括技能的提升，还包括心理素质、解决问题能力等多方面的发展，这些都是个体尊严的重要组成部分。

劳动过程中，个体展现出的责任感、诚信、合作精神等道德品质，是尊严的体

---

① 习近平. 在教育文化卫生体育领域专家代表座谈会上的讲话［J］.当代党员，2020（19）：3-6.

现。这些品质不仅对个人有益，也对社会有益，因此受到社会的尊重和推崇。

另外，劳动是实现社会正义的重要途径。确保所有劳动都受到尊重，反对任何形式的劳动歧视，是维护社会正义的体现。

拓展阅读

五一劳动节诗歌——《劳动者之歌》

四月的芳菲未尽，
灿烂的五月踏歌而来。
1886年5月1日，
在那个流血斗争的年代，
一群辛勤劳作的人，
为了劳动者的权益，
示威游行集会，
争取合法权益，
就有了全世界无产者，
永远难以忘怀的节日，
"五一"国际劳动节。
致敬最美劳动者，
你是吹绿山野的春风，
你是振兴乡村的种子，
你是青藏高原的脊梁，
你是塔克拉玛干沙漠的宝藏，
你是中国人民筑梦太空的勇者，
你成就了共和国崛起的"复兴梦"。
在东海之滨，
在西部荒原，
在南沙群岛，
在北国边陲，
在天涯海角，

辛勤劳动，
诚实劳动，
创造劳动，
尊重劳动，
崇尚劳动。
弘扬劳动精神，
劳动最美丽，
劳动最快乐，
劳动最幸福，
劳动最崇高，
劳动最伟大。
劳动是一种美德，
培养孩子从小热爱劳动。
学会劳动，
善于劳动；
学会生存，
学会发展，
创造性去劳动。
以劳立德，
以劳育智，
以劳健体，
以劳益美，
以劳创新。

在工厂农村，
在学校医院，
在世间每一个地方，
都根植劳动者的理想信念。
无论在什么岗位，
无论是多么平凡，
弘扬劳动精神，
用劳动创造幸福的生活。
春风拂过，
雨露滋润，
花开如约。
带来春播的佳音，
捎去夏耘的希望，
充满金秋的诗情，
点染隆冬的画意，
收获丰硕的果实。
阳光间跳跃的音符，
奏出劳动者最美的歌。

立足新时代发展，
注重劳动教育。
通过创新劳动，
创造美好未来。
劳动教育，
注重引领，
深悟教本，
创新操作，
多元评价，
特色实践。
提升学生适应能力，
促进学生健康成长，
培育学生进取精神。
以劳动提升自我；
以劳动热爱人民；
以劳动忠于祖国；
以劳动托起中国梦！
劳动最光荣，
致敬最美劳动者！

（作者　曾军良　北京实验学校魅力教育集团总校长，北师大兼职教授，全国民族教育专家委员。）

第三节　劳动实践：一周劳动成果展示

◆ **本节劳动实践的目标**

1. 让学生通过对个人日常劳动的总结回顾能够对劳动有更深刻、更全面的认识；
2. 帮助学生客观全面认识到自己日常的劳动情况，引导学生养成良好的劳动习惯，热爱劳动、热爱生活；
3. 通过日常劳动成果的展示，让学生感受收获的快乐，增强获得感、成就感、荣誉感，进而让学生感悟劳动创造价值、劳动创造幸福的道理；
4. 让学生在展示劳动实践的过程中，学习成果展示的相关知识和技能，手脑并用，有创新，有亮点；
5. 通过学生对一周主要劳动及其劳动成果的记录，让学生感悟劳动的不易，珍惜劳动成果。

一、实践方案

实践任务
请学生记录一周的劳动日常，包括劳动时长、劳动场所、劳动内容、劳动类型、劳动成果等，然后在课堂上对劳动成果进行展示。具体事宜见以下方案内容。
具体要求
⊘ 记录方式：文字记录和图片、视频记录相结合；   ⊘ 展示方式：以 PPT 展示为主，可以配以实物展示；   ⊘ 展示时间：5 分钟左右；   ⊘ 展示内容：以劳动成果为主，同时简要说明成果的劳动情况；   ⊘ 在展示过程中，注意展示技能的运用，有创新有亮点；   ⊘ 日常劳动的记录要点，可参考实践报告中的劳动日常记录表。
工具准备
手机、电脑、纸笔、必要的实物、其他必要工具。
知识准备
（1）劳动场所   　"劳动场所"通常指的是人们进行工作或劳动的地点，可以是家、办公室、工厂、农田、建筑工地等。

续表

知识准备

劳动场所应当符合安全、健康和环保的标准。

（2）劳动内容

"劳动内容"指的是在劳动场所中进行的具体工作或活动。不同的劳动场所会有不同的劳动内容，这些内容可以非常多样，包括但不限于以下类型：

- 生活劳动：如清洁、洗衣、熨烫、烹饪和照顾家庭成员等家务劳动；个人卫生、打扮、健康维护等个人护理劳动；购买食品、衣物、家居用品等购物活动；预算规划、支付账单、储蓄和投资等家庭财务管理；房屋的维修和保养，如园艺、修理家具等家庭维护活动；照顾儿童，包括喂养、教育和情感支持等育儿劳动；自我学习或辅导家庭成员学习新知识或技能等教育活动；进行体育活动、锻炼、阅读、观看电影、旅行、参与兴趣爱好等休闲娱乐活动。
- 生产制造：在工厂或车间中，工人操作机器或手工制作产品。
- 农业劳动：在农田中种植、收割作物或饲养动物。
- 服务行业：在餐厅、酒店、零售店等地方提供服务。
- 办公室工作、教育工作、医疗工作、科研工作、艺术创作、信息技术工作等。

（3）劳动成果

"劳动成果"指的是通过劳动所创造的价值或产出。它可以是物质的，也可以是非物质的，具体取决于劳动的性质和目的。劳动成果的价值不仅体现在经济上，还包括对社会、文化、环境和个人生活的贡献。劳动成果的评估通常涉及多方面的考量，包括其实用性、创新性、美学价值和社会影响等。

以下是一些不同类型的劳动成果的例子：

- 物质产品：在制造业或农业中，劳动成果通常体现为产品，如汽车、电子产品、农作物等。
- 服务：在服务业中，劳动成果可能是提供给客户的服务，如餐饮服务、医疗咨询、法律援助等。
- 知识产出：在教育、研究和开发领域，劳动成果可能是新的知识、理论、发现或技术。
- 艺术作品：在艺术和文化领域，劳动成果可以是绘画、雕塑、音乐、文学作品等。
- 建筑和工程：在建筑和工程领域，劳动成果是建筑物、桥梁、道路和其他基础设施。
- 软件和信息技术产品：在 IT 行业，劳动成果可能是软件程序、应用程序、网站或数据库。
- 社会和社区服务：在社会工作和社区服务中，劳动成果可能是改善社区条件、提高生活质量或增强社区凝聚力。
- 个人发展：通过教育和自我提升，劳动成果可以是个人技能的增长、知识的积累或职业发展。
- 家庭和生活改善：在家庭生活中，劳动成果可能是更和谐的家庭关系、更舒适的居住环境或更健康的生活方式。
- 环境保护：在环保领域，劳动成果可能是清洁的环境、生态恢复或可持续资源管理。

续表

技能准备
◎ 清楚了解本次展示活动的目标、任务、要求。 ◎ 合理选择展示内容和风格，确定展示的主要内容和次要内容，确保重点突出。 ◎ 收集和整理相关的图片、视频或实物资料。 ◎ 设计逻辑清晰的展示流程。 ◎ 熟悉要使用的展示工具 PPT。 ◎ 使用清晰、准确、简洁的语言；练习语言的流畅性和适当的语速、语调。 ◎ 设计互动环节，提高受众的参与度和兴趣。 ◎ 多次排练，熟悉展示流程和内容。 ◎ 控制展示的时间，确保在规定时间内完成；练习在有限时间内有效地传达信息。 ◎ 在准备阶段，可以向朋友展示并获取反馈，根据反馈调整展示内容和方式。 ◎ 建立自信，准备好面对不同的反应和问题；学习一些缓解紧张和压力的技巧。 ◎ 确保着装得体、保持专业的态度和举止。
实践成果
PPT 展示材料、个人讲解过程、他人共鸣等。

二、实践报告

实践活动主题：一周劳动成果展示				
展示人		展示时间		展示地点
展示工具				
展示流程	（1） （2） （3） ……			
展示内容	（1） （2） （3） ……			
实践感悟				

续表

备注	实践活动主题：一周劳动成果展示							
^^^	一周劳动日常记录表							
^^^			劳动项目	劳动时长	劳动场所	劳动内容	劳动成果	劳动类型
^^^	周一	项目1						
^^^	^^^	项目2						
^^^	^^^	项目3						
^^^	周二	项目1						
^^^	^^^	项目2						
^^^	^^^	项目3						
^^^	周三	项目1						
^^^	^^^	项目2						
^^^	^^^	项目3						
^^^	周四	项目1						
^^^	^^^	项目2						
^^^	^^^	项目3						
^^^	周五	项目1						
^^^	^^^	项目2						
^^^	^^^	项目3						
^^^	周六	项目1						
^^^	^^^	项目2						
^^^	^^^	项目3						
^^^	周日	项目1						
^^^	^^^	项目2						
^^^	^^^	项目3						
^^^	说明：劳动类型，根据以下分类来选择填写。 A1 集体劳动　　A2 个人劳动 B1 体力劳动　　B2 脑力劳动 C1 创造性劳动　C2 重复性劳动 D1 生活劳动　　D2 生产劳动　　D3 服务劳动 E1 有偿劳动　　E2 无偿劳动							

三、评价

学生个人、其他学生、教师分别对学生本次展示活动的表现进行综合评价。评价时，从相关知识、实践技能、实践态度、实践创新、实践成果、实践报告六个方面进行。

劳动实践活动评价表

	个人评价	学生评价	教师评价
相关知识			
实践技能			
实践态度			
实践创新			
实践成果			
实践报告			

说明：评价分为五个等级，从高到低依次为：
五星★★★★★；四星★★★★；三星★★★；两星★★；一星★

专题二

紧跟新时代劳动形态变化

"紧跟科技发展和产业变革,准确把握新时代劳动工具、劳动技术、劳动形态的新变化"

——摘自中共中央、国务院《关于全面加强新时代大中小学劳动教育的意见》(2020年3月20日)

◆ 导语

在当今时代，科技的迅猛发展正引领着生产力的跃升和劳动形态的深刻变革。本专题重点探讨新时代劳动形态的演变、新质生产力的核心特征。我们将从历史与现实的交汇点出发，洞察劳动工具、技术、形态的革新如何重塑劳动者的角色和技能要求。通过专题学习，我们旨在揭示科技进步如何成为推动生产力发展的关键动力，以及如何为构建社会主义现代化强国提供坚实的物质技术基础。同时，我们也将关注无人机技术在乡村振兴中的创新应用，理解这一前沿技术如何助力提升农业生产效率和乡村治理现代化水平，进而为学生提供对劳动实践的全新认识，激发创新思维和实践能力。

通过这一专题学习，我们拟实现以下目标：

1. 理解新时代劳动形态的变化；
2. 了解劳动形态新变化对劳动者提出的新要求；
3. 通过调研无人机技术在乡村建设中的应用，了解劳动工具和劳动技术的新发展；
4. 培养学生对新时代劳动形态和新职业的深入认识，让学生学会适应并引领劳动形态的变革。

第一节 新时代劳动形态

◆ 本节要点

1. 新时代的劳动形态正在经历由大数据、云计算和人工智能等新兴技术推动的现代化变革。
2. 劳动形态的历史演变经历了从手工劳动到机械劳动,再到智能劳动的转变,其中智能劳动以数据和算法为核心,利用高级技术手段实现自动化和智能化生产。
3. 新时代的智能劳动特征包括劳动资料内涵的更新、智能化劳动工具的广泛应用、劳动力结构的明显变化,以及对创新思维和高端技能职业的需求增加。
4. 新职业的产生是新时代劳动形态更替的结果,它们通常与新技术、新业态的发展紧密相关,具有特定的专业技能标准和一定的从业规模。
5. 人工智能技术对劳动力市场的影响是"双刃剑",既可能导致某些岗位的减少,也可能创造新的工作机会,特别是那些需要抽象推理和人际互动的任务。

在当前技术革新的浪潮中,包括大数据、云计算和人工智能在内的新兴技术正推动着农业、工业和服务业的现代化进程。这些技术不仅革新了传统的生产方法,也重塑了劳动力的结构和组织方式。同时,传统劳动形态正在经历一种融合与交叉,催生了以创新和多元化为特点的新型劳动模式,创造性劳动和复合型劳动正逐渐成为推动时代进步的新动力。面对劳动形态的新变化,广大劳动者也面临着新的机遇和挑战。

一、劳动形态的历史演变

(一)劳动形态的内涵

劳动形态是指劳动在不同社会经济条件下的具体存在和表现形式,能够反映劳动随着社会的发展和变迁。从人类劳动发展史来看,根据生产工具、技术水平和劳动过程中人的参与程度，可区分三种基本的劳动形态：

手工劳动（Manual Labor）：主要依靠劳动者自身的体力和基本的手工技能来完成生产和服务活动。

机械劳动（Mechanical Labor）：在生产过程中主要依赖机械设备来完成工作，人的体力劳动相对减少。

智能劳动（Intelligent Labor）：在生产和服务过程中，利用人工智能、机器人技术和信息技术等高级技术手段，实现自动化和智能化的生产活动。

随着技术的发展，劳动形态将不断演进，未来可能会有更多新的劳动形态出现（表2.1.1）。

表 2.1.1 人类劳动史上的三种基本劳动形态

基本劳动形态	特点	典型
手工劳动	通常使用简单的工具，如锤子、锯子、针线等，劳动强度较大，生产效率相对较低，但可以生产出具有个性化和工艺特色的物品	手工艺品制作、传统农业耕作、建筑行业的砌砖等
机械劳动	提高了生产效率和规模，减少了对个体体力的依赖，但劳动者仍需操作和监控机械的运行，进行一些辅助性工作	工厂中的车床操作、农业机械化耕作、自动化生产线上的产品装配等
智能劳动	大幅度提高了生产效率和质量，减少了对人的体力和脑力劳动的依赖，劳动者更多地从事设计、监控、维护和创新等高级脑力劳动	智能制造系统中的机器人自动焊接、无人驾驶汽车、智能客服系统等

（二）劳动形态的历史演变

人类的劳动起源于约400万年前，最初的猿人劳动起源于类人猿劳动。最初的劳动是动物性的，但随着人类智力的发展，逐渐转变为具有人类特征的劳动。人类的劳动史是一个漫长而复杂的过程，从原始社会到现代社会，劳动形态的变化可以简要概括为以下几个阶段：

（1）原始社会的集体劳动形态：在原始社会，劳动主要以集体劳动的形式存在，人们通过狩猎、采集和简单的农业耕作等方式共同维持生存。

（2）奴隶社会的强制劳动形态：随着社会分化，出现了奴隶制度，劳动形态转变为奴隶主对奴隶的强制劳动，奴隶成为生产工具，被迫为奴隶主工作。

（3）封建社会的领主—农奴劳动形态：封建社会中，劳动形态以领主和农奴之间的关系为特征，农奴在领主的土地上耕作，以缴纳租金或提供劳务的形式，将部分劳动成果交给领主。

（4）手工业时期的工匠劳动形态：随着技术的发展和城市化进程，出现了手工业，工匠们在作坊中进行个体劳动，生产各种手工艺品。

（5）工业革命时期的机械劳动形态：工业革命带来了机械化生产，劳动形态转变为以机械劳动为主，工人在工厂中操作机器，生产效率大幅提高。

（6）现代社会的多样化劳动形态：现代社会劳动形态更加多样化，包括服务业劳动、知识型劳动、创意劳动等，同时，随着信息技术的发展，远程工作、自由职业等新型劳动形态也日益普及。

（7）数字化和智能化的智能劳动形态：当前和未来，劳动形态正朝着数字化和智能化方向发展，人工智能、自动化技术的应用使得劳动更加高效和精准，同时也对劳动者的技能和知识提出了新的要求。

总体来看，劳动形态的演变反映了社会生产力的发展、经济结构的变迁以及技术进步的影响，从原始的集体劳动到现代的智能劳动，劳动形态的变化揭示了人类社会从原始社会向现代社会演进的轨迹。

二、新时代的智能劳动

智能经济时代，传统意义上的劳动概念发生了前所未有的深刻演变。这主要表现为：劳动资料的内涵有了新变化，数据和算法成为重要、独立的劳动资料；智能化劳动工具的推广应用；智能劳动日渐成为劳动的重要形式之一；劳动力结构发生明显变化。

马克思在《资本论》中讨论了机器大工业时期工人与机器间的关系，提出"机器排挤工人"的观点；维纳（2010）在《人有人的用处：控制论与社会》中也探讨了技术进步对人类工作和社会结构的影响，指出"机器人"与"人"会形成"替代关系"，机器人的发展可能会使"人脑失去价值"。目前，人工智能技术的应用发展迅速，机器被赋予了"智能"。这将产生重大影响之一便是：越来越多的工种被智能机器取代。

相关知识

智能化劳动工具

智能劳动是随着劳动工具演进到智能化阶段而逐渐发展成的一种新的劳动形态，智能化劳动工具是分析智能劳动特征的核心。

在手工工具时代，工具完全依赖于劳动者的直接操作，例如使用锄头、拉弓或驾驭牲畜等，都需要劳动者的直接物理参与。然而，随着机械化工具的出现，它们开始承担起原本由人类劳动器官执行的任务，正如马克思所描述的，"机器代替了工人的技能和力量，它本身成为能工巧匠，通过内在的力学规律赋予自身生命"。电子计算机及其控制系统的发展，标志着劳动工具从机械化向智能化的转变，这不仅是技术上的进步，也是劳动工具功能和角色的一次重大演变。

机械化劳动工具的核心特点在于"工具能够替代人的部分器官和功能"；而智能化劳动工具的核心特点在于"在更深层次上取代劳动者的部分角色"。目前，我们正处于劳动工具的转型期，从机械化向数字化、从基础智能化向全面智能化迈进。

关于智能劳动对现有劳动形式的替代，目前有以下三种代表性观点。

一是智能劳动首先取代的是"易被结构化、定式化"的工作。

剑桥大学研究者 Michael Osborne 和 Carl Frey 分析了未来职业被人工智能取代概率，并发布了《人工智能时代的未来职业报告》。在他们的研究中，提出了"五秒钟准则"，即：如果一个人可以在5秒内完成对工作中需要思考和决策问题的相应决定，那么这项工作就有非常大的可能被人工智能技术全部或部分取代。这通常指的是那些低技能、可以"熟能生巧"的职业。

二是难以被智能劳动所取代的是需要创新思维、高端技能的职业。

创新思维往往涉及跨学科的知识整合、抽象概念的连接以及对未知领域的探索。这种思维模式是非线性的、动态的，并且高度依赖于个人的经验和直觉，这些是目前人工智能难以模拟的。高端技能通常需要长时间的学习和实践才能掌握。例如，脑外科医生的手术技能、专业律师的法律辩护能力以及高级管理人员的战略规划能力。这些技能不仅包括专业知识，还包括对复杂情境的理解和应对能力。

三是暂时还不会被智能劳动所取代的是需要面对面、提供定制化和个性化服务的岗位，以及需要无意识的技能和直觉的手工劳动、体力劳动。

许多服务行业，如医疗、教育和心理咨询，需要面对面的交流来建立信任和理解。人类的情感交流、非语言沟通和即时反馈是人工智能难以复制的。例外，随着消费者需求的多样化，定制化和个性化服务变得越来越重要。这些服务需要对客户的特定需求和偏好有深刻的理解，这通常涉及创造性的解决方案和个性化的调整。还有某些手工劳动和体力劳动，如高级烹饪、陶艺制作或园艺，需要工人的直觉、手感和多年积累的技能。这些工作往往涉及微妙的触觉反馈和对细节的敏感把握，这些是目前人工智能难以实现的。

奥托·列维和莫奈（2003）将劳动技能分为常规性技能和非常规性技能，这有助于我们理解哪些工作更容易被自动化技术所取代。常规性技能，如数据录入、简单重复的生产线工作等，由于其可预测性和可编程性，确实面临着被自动化技术替代的风险。然而，非常规性技能，包括创造性思维、问题解决、人际交往和领导力等，这些通常需要人类的直觉、情感和社交能力，目前看来不太容易被机器所取代。

世界经济论坛的报告指出，人工智能技术的应用可能会导致某些工作岗位的减少，但同时也可能创造新的工作机会，特别是在数据分析、机器学习、软件开发等领域。此外，随着技术的发展，劳动力市场的需求也会发生变化，可能会对办公和行政人员的需求增加。

思考

在数字化时代，传统的劳动形态发生了改变。请结合所学专业的职业领域，谈一下劳动形态新变化。

三、新职业

新时代新旧劳动形态的更替，并非简单的"机器换人"，而会催生新的职业形态。

1999年，我国颁布了第一部职业分类大典，其中1838个职业被收录在内。自

2010年起，国家启动职业分类大典的修订工作，2015年颁布第一个修订版本，2022年又完成了一次修订。目前最新的是《中华人民共和国职业分类大典（2022年版）》。

随着经济的增长、科技的飞跃以及产业的变革，特别是自党的十八大之后，我国出现了各类经济新业态。这些新业态催生了一批内容新颖、模式多样的新职业，极大地扩展了职业人才的定义。及时修订补充新职业是十分必要的。从2019年到2024年，人社部联合有关部门，共发布了六批共93个新职业（见表2.1.2）。

表2.1.2　2019—2024年人社部颁布的新职业

2019年4月1日发布　第一批13个新职业
人工智能工程技术人员、物联网工程技术人员、大数据工程技术人员、云计算工程技术人员、数字化管理师、建筑信息模型技术员、电子竞技运营师、电子竞技员、无人机驾驶员、农业经理人、物联网安装调试员、工业机器人系统操作员、工业机器人系统运维员等
2020年2月15日发布　第二批16个新职业
智能制造工程技术人员、工业互联网工程技术人员、虚拟现实工程技术人员、连锁经营管理师、供应链管理师、网约配送员、人工智能训练师、电气电子产品环保检测员、全媒体运营师、健康照护师、呼吸治疗师、出生缺陷防控咨询师、康复辅助技术咨询师、无人机装调检修工、铁路综合维修工、装配式建筑施工员等
2020年1月发布　第三批9个新职业
区块链工程技术人员、城市管理网格员、互联网营销师、信息安全测试员、区块链应用操作员、在线学习服务师、社群健康助理员、老年人能力评估师、增材制造设备操作员等
2021年3月9日发布　第四批18个新职业
集成电路工程技术人员、企业合规师、公司金融顾问、易货师、二手车经纪人、汽车救援员、调饮师、食品安全管理师、服务机器人应用技术员、电子数据取证分析师、职业培训师、密码技术应用员、建筑幕墙设计师、碳排放管理员、管廊运维员、酒体设计师、智能硬件装调员、工业视觉系统运维员等
2022年7月25日发布　第五批18个新职业
机器人工程技术人员、增材制造工程技术人员、数据安全工程技术人员、退役军人事务员、数字化解决方案设计师、数据库运行管理员、信息系统适配验证师、数字孪生应用技术员、商务数据分析师、碳汇计量评估师、建筑节能减排咨询师、综合能源服务员、家庭教育指导师、研学旅行指导师、民宿管家、农业数字化技术员、煤提质工、城市轨道交通检修工等
2024年7月31日发布　第六批19个新职业
生物工程技术人员、口腔卫生技师、网络安全等级保护测评师、云网智能运维员、生成式人工智能系统应用员、工业互联网运维员、智能网联汽车测试员、有色金属现货交易员、用户增长运营师、会展搭建师、文创产品策划运营师、储能电站运维管理员、电能质量管理员、版权经纪人、网络主播、滑雪巡救员、氢基直接还原炼铁工、智能制造系统运维员、智能网联汽车装调运维员等

那么，究竟什么是新职业呢？从宽泛的角度来看，所有因新技术、新业态的发展而产生的职业都可以被定义为新职业。而从更具体的角度来看，根据人力资源和

社会保障部的定义，新职业指的是那些尚未被纳入国家职业分类体系，但在实际的社会经济发展中已经形成了一定规模的从业人员群体，并且这些职业具有一套相对独立和成熟的专业技能标准。

一般而言，判断新职业主要有三个方面的标准：从业规模、劳动报酬和发展前景（图 2.1.1）。

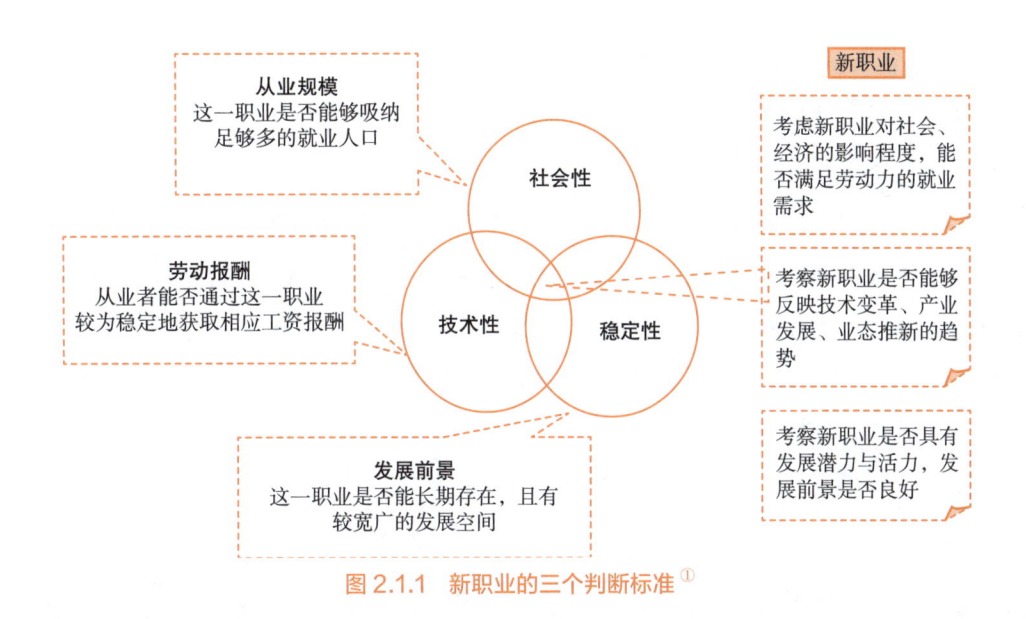

从业规模
这一职业是否能够吸纳足够多的就业人口

劳动报酬
从业者能否通过这一职业较为稳定地获取相应工资报酬

发展前景
这一职业是否能长期存在，且有较宽广的发展空间

新职业
考虑新职业对社会、经济的影响程度，能否满足劳动力的就业需求

考察新职业是否能够反映技术变革、产业发展、业态推新的趋势

考察新职业是否具有发展潜力与活力，发展前景是否良好

（社会性、技术性、稳定性）

图 2.1.1 新职业的三个判断标准[①]

总体来看，这些新职业初期有三个典型特征：产业结构的升级催生高端专业技术类新职业；科技提升引发传统职业变迁；信息化的广泛应用衍生新职业。目前，新职业的特点为：数字化技术发展催生出新职业、企业高质量发展孕育出新职业、绿色发展理念和食品安全要求涌现出新职业，如碳汇计量评估师，人民日益增长的美好生活需要派生出新职业，如家庭教育指导师。

拓展阅读

日常生活劳动、生产劳动和服务性劳动[②]

尽管人工智能（AI）对全球劳动力市场的影响日益显著，但要准确评估这种影

[①] 该图片参考了人民数据研究院发布的《新青年 新机遇——新职业发展趋势白皮书》里的数据。
[②] 资料来源：①白皮书《未来工作：大语言模型和工作》，世界经济论坛，2023-09-18，有改动；②《2024世界经济论坛收官 人工智能"霸屏"达沃斯》，中工网，2024-1-22，有改动。

响却颇具挑战。这种评估工作本身所需的批判性思维和分析技能，是当前自动化技术难以实现的。然而，人工智能是否能够增强这些技能呢？2023年，世界经济论坛发布的一份白皮书深入探讨了这一问题，分析了大语言模型可能影响的867个职业中的19000多个岗位，并根据自动化和增强潜力对这些工作进行了分类。

研究发现，那些日常工作和重复性语言工作的职业，如收银员和文员，面临的AI颠覆风险最大，因为有超过81%的工作任务可以实现自动化，鉴于大多数工作任务（62%）涉及语言处理，大语言模型预计会对广泛的职业产生重大影响。它们的多功能性和易用性使得市场迅速采纳这些技术，预示着许多工作任务及与之紧密相关的职业可能会受到AI的影响。

尽管AI可能无法直接完成需要批判性思维和解决复杂问题的任务，但它可以通过提高生产力来辅助劳动者。大语言模型的辅助作用可以节省时间，从而提升效率，特别是在涉及数学和科学分析的任务中。例如，保险核保师的工作完全可以通过AI得到增强。

未来工作：大语言模型和工作
十五个最容易被人工智能通过自动化取代的工作
最有可能交由大语言模型执行任务的工作岗位

岗位	实现自动化	得到增强	不易受影响	非语言任务
授信员、收银员和文员	80%		7%	12%
管理分析师	70%		7%	24%
电话销售员	68%		18%	13%
统计助理	61%		13%	26%
出纳员	60%		34%	7%
法医技术员	58%	1% 4%		37%
订单输入文员	58%	11%		31%
证券经纪文员	58%	15%	17%	10%
生产计划调度员	57%	16%	18%	10%
档案管理员	56%	7% 11%		26%
文字处理员和打字员	55%	5%	40%	
簿记、会计和审计文员	55%	23%		22%
法务秘书及行政助理	54%	23%	12%	11%
贷款审批专员	54%	27%	13%	7%
债务催收员	53%	9%	21%	17%

资料来源：世界经济论坛《未来工作：大语言模型和工作》
图片来源：世界经济论坛

未来工作：大语言模型和工作
十五个最有可能通过人工智能增强生产力的工作
大语言模型能辅助的工作内容占比最高的岗位

岗位	实现自动化	得到增强	不易受影响	非语言任务
保险核保师		100%		
生物和生物医学工程师	16%	84%		
数学工作者	12%	80%		7%
编辑工作者		72%	28%	
数据库架构师	15%	72%		14%
统计工作者	15%	68%		16%
培训和发展专业人士	6%	68%		26%
数据库管理员	16%	66%		17%
汽车损害保险评估师	34%	66%		
平面设计师	14%	65%	18%	3%
财产估价师与评估师	26%	62%		12%
不动产估价师与评估师	26%	62%		12%
运筹学分析师	18%	60%		22%
医疗转录员	40%	60%		
口译员与笔译员	16%	60%		24%

资料来源：世界经济论坛《未来工作：大语言模型和工作》
图片来源：世界经济论坛

那些需要抽象推理技能，尤其是与人互动的任务，最有可能得到AI的增强。记者、旅行代理商和培训专家等职业，因其工作性质，可能会从AI中受益，与此同时，需要频繁人际交往的工作，如医疗保健人员、教师、社会工作者、职业顾问和人力资源经理等，被 AI 颠覆的可能性较小。金融服务行业是受 AI 自动化和增强影响最大的领域之一，信息技术、数字通信、媒体、娱乐和体育产业也位列受影响最大的行业之中。

2024 年世界经济论坛上，AI 成了热门话题，OpenAI 首席执行官萨姆·奥特曼强调，尽管 AI 在某些领域取得了显著进步，但它无法替代人类的判断力和创造力，应被视为辅助工具。

技术创新的初期可能会带来技术性失业，但随着新技术在企业和社会中的广泛应用，它们最终将带来新岗位需求，并优化劳动力结构。AI 的发展，正在逐步揭开神秘面纱，人们开始发现它的有用之处，同时也意识到它的局限性。OpenAI 正致力于推动 AI 朝着确保安全的技术方向发展，以确保其对人类不构成威胁。

第二节　新时代劳动者

◆ 本节要点

1. 劳动力结构随着经济发展和技术革命而变化，从农业社会的农业劳动力为主，到工业社会的工业劳动力，再到服务业和知识经济的服务业和高技能劳动力，技术革命不断推动劳动力结构的优化和升级。

2. 技术革命对劳动力结构的影响表现在体力劳动者数量的减少和脑力劳动者、知识工人数量的增加，以及数字劳动力占比的逐步增大。随着智能化时代的到来，智力劳动者和创新劳动者在劳动力队伍中的占比将进一步增加。

3. 新时代劳动形态的转变要求劳动者具备多元化的技能和复杂的知识体系，智力劳动和创新能力成为就业的新门槛。劳动者需要适应智慧劳动、创造劳动、情绪劳动的需求，并具备跨界整合与沟通协作的关键能力。

4. 青年劳动者应直面劳动工具的"类人化"趋势，通过劳动创造新的自我，重新确立自身在劳动中的存在价值。同时，应学会适应新时代劳动形态的转变，包括提升科学与复杂脑力劳动的能力、成为终身学习者、注重创新劳动和提升创造力。

5. 尽管劳动对象趋向虚拟化，但劳动者仍需掌握实体劳动的基本技能，以适应多样化的劳动需求。

一、劳动力结构变化

劳动力结构与经济发展阶段密切相关。在不同的经济阶段，对劳动力的需求和使用方式会有所不同。例如，农业社会以农业劳动力为主，工业社会则以工业劳动力为主，而服务业和知识经济则更侧重于服务业和高技能劳动力。

（一）六次技术革命与劳动力结构变化

在人类历史进程中，经历了数次技术革命，对经济社会发展及劳动力结构产生了重大的影响。演化经济学家佩蕾丝将过去 200 多年间的技术演进过程划分为 5 个阶段。此处沿用佩蕾丝的逻辑，将以工业智能化及人工智能技术为主要标志的技术变革作为第六次技术革命，历次技术革命与劳动力结构变化，如表 2.2.1 所示。

表 2.2.1　历次技术革命与劳动力结构变化[①]

技术革命阶段	表现	对劳动力结构的影响
第一次技术革命 （1771—1829 年）	机器开始替代手工劳动； 手工工业开始转变为机器大生产	体力劳动者数量开始减少； 劳动者开始向机器大生产领域转移
第二次技术革命 （1829—1875 年）	向复杂机器发展； 实现机械化生产； 节省人力； 提高劳动生产效率	扩大了就业人群； 劳动力总体数量增多； 低技能工人数量增加
第三次技术革命 （1875—1908 年）	电气化增强； 解放了人的体力劳动； 改变了生产方式	体力劳动者被大范围取代； 脑力劳动者和知识工人在劳动力队伍中所占比重增加
第四次技术革命 （1908—1971 年）	自动化和工业化程度逐渐加深； 技术和机器替代人工的作用进一步增强	人的体力劳动被进一步替代； 劳动形式开始向脑力劳动发展； 管理者数量增加
第五次技术革命 （1971—2008 年）	改变了生产方式和劳动方式； 人类的智能获得新的解放	体力劳动者数量大幅度减少； 数字劳动力占比逐步增大； 朝着数字化、个性化、信息化方向发展
第六次技术革命 （2008 年至今）	改变了传统的劳动形态； 生产过程的创新化、信息化、数字化、智能化程度加深	脑力劳动和智力劳动将被智能化机器替代； 智力劳动者和创新劳动者在劳动力队伍的占比增加

（二）两次机器革命与劳动力结构变化

马克思在《资本论》第一卷中分析了科学技术在生产中的自觉应用，使体力劳动和脑力劳动先后被逐步替代的基本理论框架。朱巧玲和李敏（2018）遵循马克思的分析逻辑，认为机器革命的实质是机器的应用对人类生产方式和思维方式的巨大影响，并做出了两次机器革命的区分（表 2.2.2）。

第一次机器革命是机器对人的体力的替代或者互补，此时的劳动者始终是生产过程的主体，劳动者与机器之间主要是互补的关系。而第二次机器革命时期的人工智能技术持续发展，智能化机器将逐步实现对人的脑力、智力及思维的替代或互补，人类智慧得到延伸（图 2.2.1）。

---

① 该种划分方法沿用了经济学家佩蕾丝的逻辑，转引自：朱巧玲，李敏. 人工智能、技术进步与劳动力结构优化对策研究［J］. 科技进步与对策，2018，35（6）：36-41.

表 2.2.2　两次机器革命

机器革命	时间	工具机革命	动力革命	表现
第一次机器革命	始于 18 世纪	以纺织机械为代表	蒸汽机	机器对体力劳动的替代
第三次工业革命	始于 20 世纪	以计算机、机器人为代表	软件、人工智能	人工智能对脑力劳动、智力劳动的替代

马克思深刻分析了大机器生产时代下自动机器体系对劳动者的体力和脑力的替代。从人类社会的后续发展来看，计算机出现以后，机器发生了质的改变，人类大脑和思维器官也将逐步被人工智能技术替代。

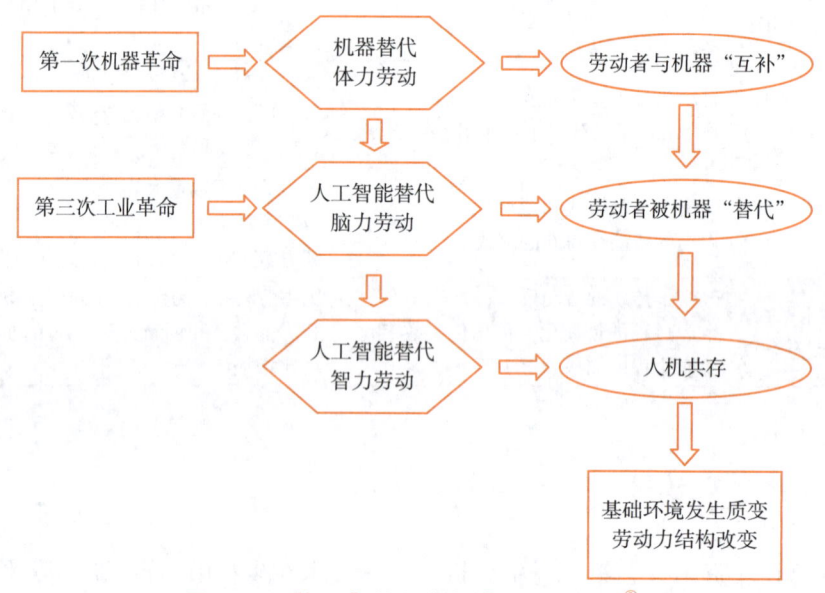

图 2.2.1　"机器"替代"劳动"的逻辑框架[1]

二、新时代劳动形态转变下的劳动者角色

在技术进步的浪潮中，劳动形态经历了显著的演变，这对劳动者的素质和技能提出了新的要求。从手工劳动的体力依赖到机器劳动的技术与规则遵循，再到智能

---

[1] 此图转引自：朱巧玲，李敏. 人工智能的发展与未来劳动力结构变化趋势——理论、证据及策略 [J]. 改革与战略，2017, 33（12）：174.

化劳动的智慧化素养，劳动者的角色和必备能力在持续转变。

（一）新时代劳动形态对劳动者的新要求

新时代的劳动形态转变对劳动者、劳动者技能、劳动者知识等提出了新要求。

1. 新时代劳动技能趋向多元化，劳动者知识体系趋向复杂化

在智能化时代背景下，科技基础环境的显著变革引领着大数据和云计算的迅猛发展。这一进程不仅推动了人类认知体系的革新，也促使知识总量以前所未有的速度扩张。随之而来的，是劳动力结构的深刻转变。无论处于哪种工作岗位的劳动者，他们所面临的挑战已非单一知识或技能所能应对，技术进步的快速步伐和新时代的发展需求要求劳动者必须具备更为丰富和灵活的知识与技能结构。而且，人工智能技术正重塑着生产领域，劳动者的角色也随之经历着根本性的转变。他们不再仅仅是机器的辅助工具，而是成了生产流程的关键操控者、监督者和管理者。为了适应这一转变，劳动者需要掌握一系列"硬技能"——即专业技能，以及"软技能"——包括沟通、团队协作和创新等能力。

2. 新时代就业的新门槛：智力劳动与创新能力

随着技术革新的不断推进，劳动力市场正经历着结构性的优化。智力劳动者，包括技术人员、科研工作者和管理人员等，其数量在劳动市场中所占比重日益增加。这些岗位对知识水平和素质的要求较高，市场需求也随之增长，但同时对从业者的能力要求也在不断提升。人工智能技术的深度融入生产过程，虽然可能减少某些生产领域的劳动力需求，但同时也为高技术产业、新兴产业和服务行业带来了新的增长机遇。这些领域预计将吸引更多的劳动力，特别是那些从事产品设计、研发编程、金融投资等高端职业的人才。在这一转型中，创新型人才、复合型人才和高技术人才在劳动力市场中的重要性将愈发凸显。

在智能化时代，劳动者的软实力变得尤为关键。创新意识和创新能力的培养成为劳动者提升竞争力的必由之路。劳动者需要将创新能力融入日常工作中，以适应不断变化的工作环境和市场需求。除了专业技能，具备创造性思维、灵活性适应和人文关怀等软实力，将成为区分劳动者能否在人工智能时代中脱颖而出的关键因素。

（二）青年要适应新时代劳动形态转变

新时代的中国青年，应该如何应对劳动形态的转变呢？

1. 直面"类人化"的劳动工具，通过劳动创造新的自我、重新确立自身在劳动中的存在价值

在手工劳动时代，人的主导作用和价值得到了显著的体现。随着机器劳动时代的到来，尽管劳动工具开始替代某些人力技能，但人类作为生产过程中不可或缺的"智能伙伴"，依旧发挥着关键作用。工人们通过感官观察和大脑思考，调整和优化机器的操作，确保生产活动的有效进行。然而，智能劳动时代的来临标志着一个重大转变，人工智能的迅速发展使得劳动工具的"类人化"程度不断提高，能够替代的工作岗位范围不断扩大。这一变化对人类在劳动中的角色和价值定位提出了新的挑战。

在这一背景下，"通过劳动创造新的自我"成了新时代劳动者的重要价值追求。劳动不仅是人类的基本活动，更是实现自我价值和全面发展的途径。在多元劳动形态共存的今天，人们通过智能工具掌控生活，通过艺术和文化劳动享受生活，通过思辨性劳动深化对生活的理解。这些活动共同促进了人的自我创造和精神满足，强化了个体存在的意义。人类区别于其他生物的根本之处在于对自我价值和生命意义的追求。新时代的劳动者通过劳动实现自我表达和心灵的充实，这不仅肯定了人作为生命体的独特性，也体现了劳动在塑造人、服务人和发展人方面的根本作用。

随着智能劳动的兴起，人们得以从烦琐的工作中解放出来，将更多的精力投入自己热爱的事业中。这种转变有助于提升劳动者的工作满意度和幸福感，激发对劳动的热爱和尊重，培养积极的劳动态度。

2. 学会智慧劳动、创造劳动、情绪劳动

人工智能技术的不断成熟正逐步模拟人类的智能，这一趋势引发了劳动内容的重大转变，并对劳动者的技能提出了新的挑战。

首先，持续提升科学与复杂脑力劳动、适应劳动市场向智慧型劳动的转型。

在当代，科学劳动和需要复杂思维的脑力劳动变得越来越普遍。智慧型劳动，如科研、管理和技术工作，占据了劳动市场的中心位置。专业技能工人、科技研发人员、工程转化人员以及生产管理者等角色的重要性日益凸显。这些变化要求劳动者必须拥有在特定专业领域内进行智慧劳动的专业能力。

其次，努力做一名终身学习者。

科技进步的迅猛发展使新发现和发明从概念到实际应用的时间大幅缩短。在新时代的多元劳动环境中，工作内容变得更加灵活，工作性质也在经历转变。劳动者被要求不断更新知识库，掌握智能劳动领域的新技术和智能机器操作的新技能。这不仅涉及对现有技术的熟练操作，也包括对新兴技术的快速适应和应用。在这种背景下，终身学习变得尤为关键。劳动者需要培养持续学习的习惯，通过各种途径和资源，如在线课程、研讨会、工作坊等，不断充实自己。这种学习不仅限于专业技能的提升，也包括创新思维、问题解决能力和适应新环境的能力。

再次，注重创新劳动、提升创造力。

智能劳动的兴起标志着一个由技术创新驱动的新时代。这一变革由一系列跨领域的技术进步所引领，涵盖了新一代互联网技术、信息技术、先进制造业、生命科学、新材料以及可再生能源等多个前沿领域。这些领域的共同点在于对创新的重视，它们将创新作为推动发展的核心动力。在这一背景下，人才，尤其是具备创新能力的人才，成为推动这些产业发展的关键因素。

最后，适应情绪劳动需求，而且不要忽视休闲劳动、艺术性劳动等。

在当代劳动市场中，随着第三产业的兴起，生产性和生活性服务劳动的比重不断增加，人力资源的流向也呈现出明显的趋势，即从传统的第一产业和第二产业向第三产业转移。这一转变带来了对劳动者新的能力要求，尤其是在情绪劳动方面。情绪劳动特指那些在服务和人际交往中需要员工表现出特定情绪以实现工作目标的劳动形式。这种劳动形式在第三产业中尤为突出，如经营管理、科学研究、文化教育等领域。为了适应情绪劳动的需求，劳动者应主动培养情绪智力，这包括自我意识、自我调节、社会技能等方面。通过提升情绪智力，劳动者能更好地应对工作中的人际交往，提高工作表现和职业竞争力。

科技的广泛应用减轻了人们在体力和脑力劳动方面的负担，使他们有余力从事精神劳动、休闲劳动——劳动的内容转向基于信息化手段的探索性劳动和艺术性劳动。这些劳动形式通常基于信息化手段，要求劳动者不仅要有技术能力，还要有深厚的审美素养。

3. 具备跨界整合与沟通协作的关键能力

在当今多元化的劳动环境中，智能化升级和工作职责的重新配置正逐步减少单一的操作性任务。随之而来的是，生产系统运维、调整等综合性任务的增加。这要求劳动者不仅要精于某一专业领域的技能，更需拓展项目管理、业务经营、产品推广等多方面的能力。未来的劳动力市场将更加偏爱那些既在特定领域有深度理解，又能跨越不同领域运用知识的"一专多能"型人才。智能生产线上，对劳动者掌控整体流程的能力要求越来越高。他们需要理解智慧生产中各个环节的相互联系，以及如何有效地统筹协调这些环节。这不仅涉及技术层面的整合，还包括沟通和协作能力的提升。据澳大利亚青年基金会的报告《新基础：大数据显示就业新常态下年轻人所需技能》显示，企业对未来人才的沟通技巧、关系构建、团队合作和表达能力的需求呈显著增长趋势。

4. 劳动对象趋向虚拟化，但人仍然要学习掌握从事实体劳动的基本劳动能力

在劳动历史的长河中，劳动对象经历了从手工时代的可再生资源，到机器时代的不可再生资源的转变，直至今日智能劳动时代的信息和数据资源。这一演进反映了人类对自然资源依赖度的降低，以及虚拟经济在劳动对象中日益增长的比重。

但是，劳动者仍需掌握实体劳动的基本技能，以适应多样化的劳动需求。我们需要明确两点：第一，当前智能劳动的诞生与发展，不会将手工劳动、机器劳动全部排挤出局；第二，新时代新旧劳动形态的更替并非完全的以旧换新，而是新旧交融。

普林斯顿大学经济学家艾伦·布林德提出，未来的劳动力市场可能不再单纯以教育水平划分，而是根据工作的性质——即可通过远程传输完成的工作和必须现场完成的工作——来区分。这强调了即使在虚拟经济日益重要的背景下，实体劳动的基本技能依然不可或缺。

第三节 劳动实践：走进乡村，调研无人机技术的应用

◆ **本节劳动实践的目标**

1. 通过调研无人机技术在乡村建设中的应用，让学生真实感受到"体力劳动随着科技发展而不断解放出来""劳动形态随时代而变化"的道理；
2. 通过调研无人机技术在乡村建设中的应用，让学生真实感受到新时代科技发展和产业变革之快，让学生树立"把握新时代劳动工具、劳动技术、劳动形态的新变化"的强烈意识，做好职业生涯规划；
3. 调研无人机技术在乡村建设中的应用，既需要科学思考的脑力劳动也需要走进乡村的体力劳动，在体力劳动与脑力劳动的过程中让学生树立正确的劳动价值观；
4. 通过了解无人机技术在乡村建设中的应用，让学生学会科学劳动，树立终身学习的意识，不断更新知识和技能以适应时代变化；
5. 让学生在调研实践的过程中，学习调研的相关知识和技能，了解无人机技术常识，注重创新劳动、提升创造力；
6. 通过学生对调研过程和结果的记录，让学生感悟劳动的不易，珍惜劳动成果。

一、实践方案

实践任务

请学生以小组形式走进周边乡村，调研无人机技术在乡村建设中是否有应用，如果有应用，应用情况又如何。

具体要求

- 调研对象：学校周边乡村；
- 调研内容：无人机技术主要应用于哪些具体的乡村领域？相关人才的供给与需求如何？乡村农民对该技术的接受程度如何？
- 调研形式：线上问卷填写、线下问卷填写、实地走访等；
- 建议6~8位同学为一组开展此活动，做好分工、协作完成；
- 调研过程要科学，有创新有亮点；
- 记录调研过程、保护好调研数据。

续表

工具准备
手机、电脑、纸笔、录音笔等。
知识准备

（1）和美乡村建设

习近平总书记在党的二十大报告（2022年10月）中指出，"全面推进乡村振兴""统筹乡村基础设施和公共服务布局，建设宜居宜业和美乡村"。2024年中央一号文件对建设宜居宜业和美乡村进行了具体部署，可查阅文件拓展学习。

（2）无人机技术的相关知识

无人机（Unmanned Aerial Vehicle，UAV），也称为遥控飞机或无人机系统（Unmanned Aerial System，UAS），是一种不需要飞行员在机上的航空器。此处简单介绍两种无人机：多旋翼无人机和固定翼无人机。

- 多旋翼无人机：市面上的小型无人机大多是多旋翼机型，这些设计在紧凑的机身上方有多个风扇。多个螺旋桨可以产生强大的升力，为飞行员提供精确的控制。这种适合垂直起降和悬停，操作灵活。

- 固定翼无人机：顾名思义，固定翼无人机看起来更像常规飞机，需要跑道或弹射器才可以发射。它们没有四轴飞行器和单旋翼无人机那样的垂直起飞能力，这种无人机系统不能悬停。这种适合长距离飞行和高速飞行。

- 无人机的组成：

飞行平台：无人机的主体部分，包括机身、翼、旋翼等。

动力系统：包括电池、发动机等，为无人机提供动力。

飞行控制系统：控制无人机的飞行姿态和航线。

通信系统：用于无人机与地面控制站之间的数据传输。

导航系统：帮助无人机定位和导航。

载荷系统：包括摄像头、传感器等，用于执行特定任务。

（3）无人机在乡村的应用

无人机技术的应用，已越来越广泛。以下是一些具体的乡村应用实例：

- 农业植保：无人机被广泛应用于农药喷洒和作物保护，提高了作业效率并减少了农药使用量。

- 乡村治理：无人机参与到乡村治理中，如北京市延庆区香营乡利用无人机进行防火、执法、环保、巡河等多项任务，提升了基层治理的现代化水平。

- 农情监测：无人机搭载的多光谱镜头可以进行农田监测，生成农业处方图，指导精准农业作业。

- 智慧农业：无人机与感应器、大数据等技术的结合，形成了农业领域的智慧化系统解决方案，推动了农业现代化的发展。

- 农作物管理：无人机在农作物管理方面，如播种、施肥等环节，提供了高效、节约资源的解决方案。

续表

知识准备
◇ 环境监测：无人机用于监测乡村环境，如河道漂浮物、垃圾、违建等问题，提高了巡查效率和治理效能。 ◇ 应急响应：在发生自然灾害或紧急情况时，无人机可以快速响应，进行现场勘查和信息收集，为应急决策提供支持。 ◇ 数字乡村建设：无人机技术在数字乡村建设中扮演重要角色，通过航测建模构建数字化地图，整合乡村物联感知信息，实现信息集成一体化管理。
技能准备
◇ 学习调研方法，掌握问卷设计的方法。 编写问卷的步骤，可按照如下进行：明确调查目标；设计问卷结构，包括导语、甄别问卷、主体问卷、背景资料和结束语；编写问题时要站在被访者角度，用词清晰准确，避免专业术语；预测试和修改问卷；执行问卷，确定样本和投放途径。 ◇ 熟悉线上和线下问卷的分发和收集技巧； ◇ 学习如何进行实地走访和采访，包括与受访者的沟通技巧； ◇ 掌握调研报告的撰写结构和技巧，学习如何清晰、逻辑地呈现调研结果。 一份调研报告一般应涵盖以下内容：调研背景和目的；调研方案（含调研对象、调研工具、调研过程）；调研结果；结论和建议。 ◇ 学习如何收集和整理来自不同来源的信息，包括文献、网络资源和实地调研数据。 ◇ 熟悉无人机在农业植保、乡村治理、农情监测等领域的具体应用案例。 ◇ 学习团队分工、沟通和协作的技巧，确保调研活动高效进行。 ◇ 准备进行实地走访，包括长距离行走和可能的户外工作。
实践成果
调查问卷、调研方案、调研报告

二、实践报告

实践活动主题：走进乡村，调研无人机技术的实际应用				
调研人		调研时间		调研地点
调研工具					
调研内容	（1） （2） （3） ……				

续表

	实践活动主题：走进乡村，调研无人机技术的实际应用
调研报告	一、调研背景和目的 二、调研对象 三、调研方法 四、调研过程 五、调研结果 六、结论和建议
实践感悟	
备注	

三、评价

学生个人、其他学生、教师分别对学生本次调研活动的表现进行综合评价。评价时，从相关知识、实践技能、实践态度、实践创新、实践成果、实践报告六个方面进行。

劳动实践活动评价表

	个人评价	学生评价	教师评价
相关知识			
实践技能			
实践态度			
实践创新			
实践成果			
实践报告			

说明：评价分为五个等级，从高到低依次为：
五星★★★★★；四星★★★★；三星★★★；两星★★；一星★

专题三

树立正确的劳动观

> "必须牢固树立劳动最光荣、劳动最崇高、劳动最伟大、劳动最美丽的观念,让全体人民进一步焕发劳动热情、释放创造潜能,通过劳动创造更加美好的生活。"
>
> ——摘自习近平总书记在同全国劳动模范代表座谈时的讲话(2013年4月28日)

◆ 导语

在时代的长河中，劳动始终是推动社会进步和文明发展的原动力。从马克思的劳动理论到我国社会主义新时代关于劳动的重要论述，我们看到了劳动在不同历史时期的共性与个性。

专题三将继续引领我们深入探索劳动的丰富内涵，从马克思主义的劳动观出发，理解劳动如何塑造人类社会和个体命运。我们将学习习近平总书记关于劳动的重要论述，感受劳动在新时代的重要地位和作用，以及它对于实现中华民族伟大复兴中国梦及其个人成长的重要意义。

通过理论学习与实践体验的结合，我们将参与到"致敬劳动者"的摄影活动中，用镜头捕捉那些在平凡岗位上默默奉献的劳动者们的身影。这不仅是一次艺术的创作，更是一次心灵的触碰，让我们在实践中感悟劳动的尊严与价值，培养对劳动的热爱和尊重。让我们带着对劳动的敬畏之心，开启这段知识与情感并重的学习之旅，一同追寻劳动的真谛，探索劳动对于个人成长、社会进步和国家发展的深远影响。

通过这一专题学习，我们拟实现以下目标：

1. 认识到劳动在人类发展和社会进步中的根本作用，明白劳动不仅创造物质财富，也创造精神财富，是推动历史发展和社会进步的动力。
2. 深刻理解并接受劳动最光荣、劳动最崇高、劳动最伟大、劳动最美丽的观念，消除对劳动和普通劳动者的轻视，尊重所有形式的劳动和劳动者。
3. 学习马克思主义关于劳动的理论，包括劳动创造人、劳动异化、劳动与人类解放等概念，以及这些理论在当代社会的应用和意义。
4. 理解习近平总书记关于劳动的重要论述，包括"劳动是幸福的源泉""劳动最光荣、劳动最崇高、劳动最伟大、劳动最美丽""劳动没有高低贵贱之分""大力弘扬劳模精神、劳动精神、工匠精神""构建德智体美劳全面培养的教育体系"等，并将这些思想作为实际生活和工作的根本遵循。
5. 通过"致敬劳动者"摄影活动等劳动实践，亲身体验劳动过程，理解劳动者的辛勤付出，培养对劳动人民的感情，提升审美和创新能力。

第一节　坚持马克思主义劳动观

◆ **本节要点**

1. 劳动在马克思主义理论中占据核心位置，马克思从不同角度深入探讨了劳动的多种形态和概念，认为劳动是人区别于动物的根本特征，是社会关系和人类社会发展的基础。
2. 马克思提出了异化劳动的概念，分析了在资本主义生产方式下劳动者与其劳动产品、生产过程以及自身人性相疏离的现象，包括劳动产品的异化、劳动过程的异化、人的异化、人与自然的异化以及人与人的异化。
3. 马克思主张通过社会革命废除私有制，实现生产资料的公有，使劳动成为自由自觉的活动，以此克服异化劳动并实现人的全面解放，包括自然、社会和人自身的解放。
4. 马克思主义劳动观强调劳动关系中的平等与公正，提倡构建和谐的劳动关系，提高劳动者的获得感和积极性，促进社会公平正义。
5. 马克思主义劳动观对于新时代坚持和发展中国特色社会主义、实现中华民族伟大复兴的中国梦具有重要意义，有助于树立正确的劳动价值观、促进社会和谐、培育和弘扬工匠精神以及实现人的全面发展。

2020年7月7日，教育部《大中小学劳动教育指导纲要（试行）》提出劳动教育的目标："正确理解劳动是人类发展和社会进步的根本力量，认识劳动创造人、劳动创造价值、创造财富、创造美好生活的道理，尊重劳动，尊重普通劳动者，牢固树立劳动最光荣、劳动最崇高、劳动最伟大、劳动最美丽的思想观念。"树立正确的劳动观念，首先我们要从马克思主义的劳动观出发，理解劳动如何塑造人类社会和个体命运。

一、马克思主义劳动观的提出与发展

劳动在马克思主义理论中占据核心地位，马克思对现实的人类社会的分析正是从劳动现象着手。尽管在马克思主义学说中没有给出劳动的严格定义，但马克思在不同时期的著作中探讨了劳动的多种形态和概念。

在《黑格尔法哲学批判》中，马克思将劳动视为市民社会各阶层生存和发展的根本，此时他的劳动观念已经带有唯物主义倾向。在《1844年经济学哲学手稿》中，他提出了异化劳动的概念，通过对劳动异化的剖析，对资本主义进行了深刻批判，并将人类社会的进步与劳动紧密相连，认为世界历史是人类通过劳动实现自我创造的过程。

相关知识

如何理解马克思的异化劳动？

马克思的异化劳动理论是其批判资本主义社会的重要工具之一。异化劳动指的是在资本主义生产方式下，劳动者在生产过程中与其劳动产品、生产过程以及自身的人性相疏离的现象。这主要涉及五个层面的异化：

劳动产品的异化：劳动者生产的产品被资本家占有，劳动者无法控制自己劳动的成果，从而感到与自己的劳动产品相异化。

劳动过程的异化：劳动过程本身成为外在的、强制的活动，劳动者在生产中感到自己被机器和生产流程所支配，失去了对劳动过程的控制。

人的异化：劳动者在异化劳动中失去了自我实现的机会，他们的身体和智力被当作商品出售，人的本质力量被剥夺，导致人的异化。

人与自然的异化：在资本主义生产中，自然被视为可以无限开发和利用的资源，劳动者与自然的关系变得对立，人对自然的控制变成了一种异化关系。

人与人的异化：资本主义生产方式导致人与人之间的关系变成了金钱和利益的关系，人的社交关系被异化为商品交换关系。

马克思认为，异化劳动是私有制的产物，只有在私有制条件下，劳动者才会与自己的劳动和劳动产品相异化。马克思提出，要克服异化劳动，必须通过社会革命废除私有制，实现生产资料的公有，使劳动成为自由自觉的活动，从而恢复人的本质。

在《资本论》中，马克思进一步分析了资本主义条件下的劳动现象，批判了资本主义制度。他从劳动的二重性出发，深入探讨了劳动与剩余价值的产生、劳动与资本的对立以及劳动与劳动者的分离等关键问题，并基于现实的经济生活对未来社会的发展方向进行了理论性的展望。

整体来看，马克思对劳动的理解是一个逐步深化和丰富的过程，他的理论不仅揭示了劳动在人类社会发展中的基础作用，也为我们理解劳动与社会、经济和个人发展之间的关系提供了深刻的洞见。

二、马克思主义劳动观的核心内容

- 劳动创造人和人类社会。

劳动是人区别于动物的根本特征，是人类生存和发展的基础。

人首先是一种自然存在物，人类在劳动过程中利用自身的自然力（手、臂、腿等），改变自然界，同时也改造自己，体现了人的主观能动性。为了生存，人类必须生产劳动，以获得生存所必需的物质资料。劳动是社会关系的起点，人们在生产劳动中结成社会关系，形成了社会。

- 劳动决定人的类本质。

劳动是人的"类特性"，是人有意识活动的表现，将人与动物区分开来。人的本质是一切社会关系的总和，这些社会关系在劳动实践中形成和发展。劳动是人的本质需要，人通过劳动满足生存和发展的需要，同时促进对自我需要的认知。

- 劳动实现人的本质的复归。

马克思提出，要实现人的本质的复归，必须消除异化劳动，实现劳动的解放。这包括自然、社会和人自身层面的解放。

自然层面的解放，是指人类在劳动实践中发现和掌握自然规律，提升改造自然的能力，增强社会生产力。

社会层面的解放，是指消灭分工和私有制，建立和谐劳动关系，实现自由和谐的劳动条件。

人自身的解放，是指劳动成为人们生活的"第一需要"，人们享有劳动自由，实现对自己本质的肯定。

三、马克思主义劳动观的当代价值

马克思主义劳动观的诞生，是人类劳动学说史上的一座里程碑。马克思主义劳动观第一次全面阐述了劳动在人类社会发展史上的决定性作用，由此揭示了人类社会发展的一般规律。马克思主义劳动观不仅在人类劳动学说史上具有重要的理论价值和历史地位，而且对新时代坚持和发展中国特色社会主义、实现中华民族伟大复兴的中国梦具有十分重要的意义。

- 树立正确的劳动价值观

马克思认为劳动是创造人类历史和社会财富的根本力量。在当代社会，这一观念有助于引导人们尊重劳动、热爱劳动，认识到体力劳动与脑力劳动的平等重要性。通过弘扬劳动精神，可以激励人们通过诚实劳动实现个人和社会的价值。

- 促进社会和谐

马克思主义劳动观强调劳动关系中的平等与公正。在资本主义社会中，劳动异化导致劳动者与资本家的矛盾。而在社会主义社会，通过加强劳动法的制定和实施，保障劳动者的合法权益，可以构建和谐的劳动关系，提高劳动者的获得感和积极性。

- 培育和弘扬工匠精神

工匠精神是追求卓越、精益求精的精神，与马克思主义劳动观高度契合。在当代社会，弘扬工匠精神有助于提升劳动者的专业技能和创新能力，促进社会对技术人才的尊重和重视，为社会主义现代化建设提供人才保障。

- 实现人的全面发展

马克思主义劳动观认为劳动是实现人的自由全面发展的途径。在当代社会，通过劳动，人们不仅满足物质需求，还能实现精神追求和自我价值的提升，促进人的全面发展。

- 促进社会公平正义

马克思主义劳动观倡导按劳分配原则，强调公平合理的分配制度。在当代社会，通过提高劳动者劳动报酬在初次分配中的比重，再分配更加注重公平，可以确保劳动者得到应有的回报，实现社会公平正义。

思考

"当今科学技术和劳动工具的发展，使得人类更多地从体力劳动中解放出来，甚至一些常规性的脑力劳动也开始更多地解放出来。因此，青少年不想劳动、不会劳动、轻视体力劳动、轻视普通劳动者的现象不必大惊小怪。"——这种说法合理吗？

第二节 新时代青年要树立正确的劳动价值观

◆ 本节要点

1. 习近平总书记关于劳动的重要论述，既富有朴素的人生哲理，又蕴含深刻的价值逻辑，为解决新时代树立什么样的劳动价值观、如何树立正确劳动价值观等基础性问题提供了根本遵循。
2. 劳动是幸福的源泉；幸福不会从天而降，美好生活需要靠劳动创造。
3. 劳动没有高低贵贱之分，所有职业都应受到尊重。
4. 劳动最光荣、劳动最崇高、劳动最伟大、劳动最美丽。
5. 劳模精神、劳动精神、工匠精神是新时代推动社会主义事业发展的重要精神力量。
6. 劳动教育是中国特色社会主义教育制度的重要内容，要以习近平新时代中国特色社会主义思想为指导，把劳动教育纳入人才培养全过程，与时俱进，德智体美劳五育并举，促进学生形成正确的世界观、人生观、价值观。

人民创造历史，劳动开创未来。党的十八大以来，习近平总书记立足中国国情，密切关心劳动人民，适应新时代需要，多次围绕劳动、劳动者、劳动精神、劳动者素质等内容进行深刻阐述。习近平总书记关于劳动的重要论述，既富有朴素的人生哲理，又蕴含深刻的价值逻辑，是新时代开展劳动教育和活动的根本遵循。

中工网在《马克思主义劳动理论的丰富和发展——学习领会习近平总书记关于劳动的重要论述》一文中有这么一段话：

"作为当代中国马克思主义、21世纪马克思主义，习近平新时代中国特色社会主义思想继承发展了马克思主义劳动理论。习近平总书记有一系列关于劳动的重要论述，回答了新时代为何依然需要劳动、需要什么样的劳动、如何看待劳动者尤其是工人阶级的地位、如何构建和谐的劳动关系、应弘扬哪些关于劳动的精神等问题，值得深入学习领会。"[1]

---

[1] 马克思主义劳动理论的丰富和发展——学习领会习近平总书记关于劳动的重要论述［N］．中工网，2022-05-09．

2017年10月，习近平总书记在党的十九大报告中指出："经过长期努力，中国特色社会主义进入了新时代，这是我国发展新的历史方位。"[①] 这一重大政治论断是对当代中国发展新阶段新特征的高度概括。

当前，我们实现了第一个百年奋斗目标，在中华大地上全面建成了小康社会，正是风展红旗如画，江山如此多娇之时。一切前途光明，但又任重道远。党的第十九大报告指出，"随着中国特色社会主义进入新时代，我国社会主要矛盾已经转化为人民日益增长的美好生活需要和不平衡不充分的发展之间的矛盾"[②]。新时代实现中华民族伟大复兴的中国梦，需要学习并坚守习近平总书记关于劳动的重要论述和指示。习近平总书记关于劳动的重要论述和指示，揭示了新时代劳动的客观规律和本质要求，为解决新时代树立什么样的劳动价值观、如何树立正确劳动价值观等基础性问题提供了根本遵循。

一、劳动是幸福的源泉

（一）劳动的价值

习近平总书记坚定地认可劳动的深远意义，指出"人民创造历史，劳动开创未来。劳动是推动人类社会进步的根本力量"[③]。同时，他根据时代的发展和实践的需要，从多个角度深入探讨了劳动的价值，强调了劳动在社会发展中的多维价值。

在个人层面上，劳动是实现个人全面发展的现实途径。习近平总书记指出，"劳动是财富的源泉，也是幸福的源泉"[④]"人人都有通过勤奋劳动实现自身发展的机会"[⑤]。

在国家、民族层面上，劳动是推动整个国家民族繁荣发展的必经之路。习近平总书记强调，"劳动创造了中华民族，铸就了中华民族的辉煌历史，也必将创造出中

[①] 习近平. 决胜全面建成小康社会夺取新时代中国特色社会主义伟大胜利——在中国共产党第十九次全国代表大会上的报告[M]. 北京：人民出版社，2017.

[②] 习近平. 决胜全面建成小康社会夺取新时代中国特色社会主义伟大胜利——在中国共产党第十九次全国代表大会上的报告[M]. 北京：人民出版社，2017.

[③] 习近平. 在同全国劳动模范代表座谈时的讲话（2013年4月28日）[N]. 人民日报，2013-04-29.

[④] 习近平. 在同全国劳动模范代表座谈时的讲话（2013年4月28日）[N]. 人民日报，2013-04-29.

[⑤] 习近平. 高举中国特色社会主义伟大旗帜为全面建设社会主义现代化国家而团结奋斗——在中国共产党第二十次全国代表大会上的报告[N]. 人民日报，2022-10-26.

华民族的光明未来"①。我们需重视劳动本身的价值、劳动对个体成长的价值，还注重劳动对整个民族的价值，不仅重视劳动的历史价值、现实价值，还注重劳动的未来价值。2013 年 3 月 17 日，习近平总书记在第十二届全国人民代表大会第一次会议上的讲话时谈到，"'功崇惟志，业广惟勤。'我国仍处于并将长期处于社会主义初级阶段，实现中国梦，创造全体人民更加美好的生活，任重而道远，需要我们每一个人继续付出辛勤劳动和艰苦努力"②。

（二）劳动幸福观

劳动幸福观是习近平总书记有关劳动论述中的核心理念，强调劳动与幸福之间的内在联系。"劳动是财富的源泉，也是幸福的源泉"③，劳动不仅是创造物质财富的过程，更是实现个人幸福和精神满足的途径。

习近平总书记在不同场合多次谈到劳动和幸福的关系。在 2015 年 6 月 1 日会见中国少年先锋队第七次全国代表大会全体代表时的讲话中，习近平总书记提到："幸福不是毛毛雨，幸福不是免费午餐，幸福不会从天而降。人世间的一切成就、一切幸福都源于劳动和创造。"

在 2013 年 4 月 28 日的全国劳动模范代表座谈会上，习近平总书记强调："人世间的美好梦想，只有通过诚实劳动才能实现；发展中的各种难题，只有通过诚实劳动才能破解；生命里的一切辉煌，只有通过诚实劳动才能铸就。""幸福不会从天而降，梦想不会自动成真。实现我们的奋斗目标，开创我们的美好未来，必须紧紧依靠人民、始终为了人民，必须依靠辛勤劳动、诚实劳动、创造性劳动。我们说'空谈误国，实干兴邦'，实干首先就要脚踏实地劳动。"④

2014 年 4 月 30 日，习近平总书记在乌鲁木齐接见劳动模范和先进工作者、先进人物代表时指出："劳动是一切成功的必经之路。当前，全国各族人民正满怀信心为实现两个一百年奋斗目标而努力。实现我们确立的奋斗目标，归根到底要靠辛勤劳动、诚实劳动、科学劳动。"⑤

---

① 习近平. 在同全国劳动模范代表座谈时的讲话（2013 年 4 月 28 日）[N]. 人民日报，2013-04-29.
② 习近平. 在第十二届全国人民代表大会第一次会议上的讲话 [M]. 北京：人民出版社，2013.
③ 习近平. 在同全国劳动模范代表座谈时的讲话（2013 年 4 月 28 日）[N]. 人民日报，2013-04-29.
④ 习近平. 在同全国劳动模范代表座谈时的讲话（2013 年 4 月 28 日）[N]. 人民日报，2013-04-29.
⑤ 习近平在乌鲁木齐接见劳动模范和先进工作者、先进人物代表向全国广大劳动者致以"五一"节问候 [N]. 人民日报，2014-05-01.

2017年6月23日，习近平总书记在深度贫困地区脱贫攻坚座谈会上指出："一个健康向上的民族，就应该鼓励劳动、鼓励就业、鼓励靠自己的努力养活家庭，服务社会，贡献国家。"①

这些讲话体现了习近平总书记对劳动和幸福之间关系的深刻理解，强调了劳动在创造幸福和实现社会进步中的重要作用。

二、劳动最光荣、最崇高、最伟大、最美丽

2013年4月28日，习近平总书记在同全国劳动模范代表座谈时的讲话中强调："'一勤天下无难事'。必须牢固树立劳动最光荣、劳动最崇高、劳动最伟大、劳动最美丽的观念，让全体人民进一步焕发劳动热情、释放创造潜能，通过劳动创造更加美好的生活。"②

2013年10月23日，习近平总书记在同中华全国总工会新一届领导班子集体谈话时的讲话中指出："要在全社会大力弘扬我国工人阶级的优秀品质，大力宣传劳动模范和其他典型的先进事迹，加强对广大青少年的教育，让劳动最光荣、劳动最崇高、劳动最伟大、劳动最美丽的观念蔚然成风，让全体人民进一步焕发劳动热情、释放创造潜能，通过劳动创造更加美好的生活。"③

2015年4月28日，习近平总书记在庆祝"五一"国际劳动节暨表彰全国劳动模范和先进工作者大会上的讲话指出："三百六十行，行行出状元。任何一名劳动者，要想在百舸争流、千帆竞发的洪流中勇立潮头，在不进则退、不强则弱的竞争中赢得优势，在报效祖国、服务人民的人生中有所作为，就要孜孜不倦学习、勤勉奋发干事。一切劳动者，只要肯学肯干肯钻研，练就一身真本领，掌握一手好技术，就能立足岗位成长成才，就能在劳动中发现广阔的天地，在劳动中体现价值、展现风采、感受快乐。"④

---

① 中共中央党史和文献研究院. 习近平扶贫论述摘编[M]. 北京：中央文献出版社，2018.
② 习近平. 在同全国劳动模范代表座谈时的讲话（2013年4月28日）[N]. 人民日报，2013-04-29.
③ 习近平在同中华全国总工会新一届领导班子集体谈话时强调竭诚服务职工群众维护职工群众权益为实现中国梦再创新业绩再建新功勋[J]. 中国工运，2013（11）.
④ 习近平. 在庆祝"五一"国际劳动节暨表彰全国劳动模范和先进工作者大会上的讲话（2015年4月28日）[N]. 人民日报，2015-04-29.

2016年4月26日，习近平总书记在知识分子、劳动模范、青年代表座谈会上的讲话中谈道："梦想属于每一个人，广大劳动群众要敢想敢干、敢于追梦。说到底，实现中华民族伟大复兴的中国梦，要靠各行各业人们的辛勤劳动。现在，党和国家事业空间很大，只要有志气有闯劲，普通劳动者也可以在宽广舞台上展示自己的人生价值。许多劳动模范平凡而感人的事迹，都充分说明了这一点。我们要在全社会大力弘扬劳动精神，提倡通过诚实劳动来实现人生的梦想、改变自己的命运，反对一切不劳而获、投机取巧、贪图享乐的思想。"①

2018年4月30日，习近平总书记在给中国劳动关系学院劳模本科班学员的回信中说了这么一段话："我一直强调，劳动最光荣、劳动最崇高、劳动最伟大、劳动最美丽。全社会都应该尊敬劳动模范、弘扬劳模精神，让诚实劳动、勤勉工作蔚然成风。"②

2020年11月24日，习近平总书记在全国劳动模范和先进工作者表彰大会上的讲话中强调："全社会要崇尚劳动、见贤思齐，加大对劳动模范和先进工作者的宣传力度，讲好劳模故事、讲好劳动故事、讲好工匠故事，弘扬劳动最光荣、劳动最崇高、劳动最伟大、劳动最美丽的社会风尚。"③

三、尊重劳动、尊重劳动者

党的十八大报告提出"四个尊重"，即"要尊重劳动、尊重知识、尊重人才、尊重创造"。"尊重劳动"为"四个尊重"之首，不能离开"尊重劳动"去讲时代精神。

习近平总书记一再强调要尊重劳动、尊重劳动者。习近平总书记指出："在我们社会主义国家，一切劳动，无论是体力劳动还是脑力劳动，都值得尊重和鼓励；一切创造，无论是个人创造还是集体创造，也都值得尊重和鼓励。"④

---

① 习近平. 在知识分子、劳动模范、青年代表座谈会上的讲话（2016年4月26日）[N]. 人民日报，2016-04-30.
② 习近平. 习近平给中国劳动关系学院劳模本科班学员的回信[J]. 人民政坛，2018（5）：1.
③ 习近平. 在全国劳动模范和先进工作者表彰大会上的讲话（2020年11月24日）[N]. 人民日报，2020-11-25（02）.
④ 习近平. 在庆祝"五一"国际劳动节暨表彰全国劳动模范和先进工作者大会上的讲话（2015年4月28日）[N]. 人民日报，2015-04-29.

2016年4月26日，习近平总书记在知识分子、劳动模范、青年代表座谈会上的讲话中谈道："劳动没有高低贵贱之分，任何一份职业都很光荣。"[①]

2013年4月28日，习近平总书记在同全国劳动模范代表座谈时，指出："全社会都要贯彻尊重劳动、尊重知识、尊重人才、尊重创造的重大方针，维护和发展劳动者的利益，保障劳动者的权利。要坚持社会公平正义，排除阻碍劳动者参与发展、分享发展成果的障碍，努力让劳动者实现体面劳动、全面发展。"[②]

2014年4月30日，习近平总书记在乌鲁木齐接见劳动模范和先进工作者、先进人物代表时，谈道："我们要在全社会大力弘扬劳动光荣、知识崇高、人才宝贵、创造伟大的时代新风，促使全体社会成员弘扬劳动精神，推动全社会热爱劳动、投身劳动、爱岗敬业，为改革开放和社会主义现代化建设贡献智慧和力量。劳动模范和先进工作者、先进人物不仅自己要做好工作，而且要身体力行向全社会传播劳动精神和劳动观念，让勤奋做事、勤勉为人、勤劳致富在全社会蔚然成风。"[③]

2020年9月11日，习近平总书记在科学家座谈会上强调："各级党委和政府以及各级领导干部要认真贯彻党中央关于科技创新的决策部署，落实好创新驱动发展战略，尊重劳动、尊重知识、尊重人才、尊重创造，遵循科学发展规律，推动科技创新成果不断涌现，并转化为现实生产力。"[④]

2015年4月28日，习近平总书记在庆祝"五一"国际劳动节暨表彰全国劳动模范和先进工作者大会上的讲话中指出："我们所处的时代是催人奋进的伟大时代，我们进行的事业是前无古人的伟大事业，我们正在从事的中国特色社会主义事业是全体人民的共同事业。全面建成小康社会，进而建成富强民主文明和谐的社会主义现代化国家，根本上靠劳动、靠劳动者创造。因此，无论时代条件如何变化，我们始终都要崇尚劳动、尊重劳动者，始终重视发挥工人阶级和广大劳动群众的主力军作用。这就是我们今天纪念"五一"国际劳动节的重大意义。"[⑤]

[①] 习近平. 在知识分子、劳动模范、青年代表座谈会上的讲话（2016年4月26日）[N]. 人民日报，2016-04-30.

[②] 习近平. 在同全国劳动模范代表座谈时的讲话（2013年4月28日）[N]. 人民日报，2013-04-29.

[③] 习近平在乌鲁木齐接见劳动模范和先进工作者、先进人物代表向全国广大劳动者致以"五一"节问候[N]. 人民日报，2014-05-01.

[④] 习近平. 在科学家座谈会上的讲话（2020年9月11日）[N]. 新华网，2020-09-11.

[⑤] 习近平. 在庆祝"五一"国际劳动节暨表彰全国劳动模范和先进工作者大会上的讲话（2015年4月28日）[N]. 人民日报，2015-04-29.

四、大力弘扬劳模精神、劳动精神、工匠精神

劳动精神是劳动者在劳动过程中展现的精神状态和品质，体现了劳动的光荣、崇高、伟大和美丽。它不仅是劳动者的精神财富，也是激励人们实现自身价值的精神指引。劳动精神与时代精神紧密相连，推动着社会主义事业的发展。

2020年11月24日，习近平总书记在全国劳动模范和先进工作者表彰大会上强调："大力弘扬劳模精神、劳动精神、工匠精神。'不惰者，众善之师也。'在长期实践中，我们培育形成了爱岗敬业、争创一流、艰苦奋斗、勇于创新、淡泊名利、甘于奉献的劳模精神，崇尚劳动、热爱劳动、辛勤劳动、诚实劳动的劳动精神，执着专注、精益求精、一丝不苟、追求卓越的工匠精神。劳模精神、劳动精神、工匠精神是以爱国主义为核心的民族精神和以改革创新为核心的时代精神的生动体现，是鼓舞全党全国各族人民风雨无阻、勇敢前进的强大精神动力。"[1]

2016年4月26日，习近平总书记在知识分子、劳动模范、青年代表座谈会上对广大的劳动者提出了这一要求："无论从事什么劳动，都要干一行、爱一行、钻一行。在工厂车间，就要弘扬'工匠精神'，精心打磨每一个零部件，生产优质的产品。在田间地头，就要精心耕作，努力赢得丰收。在商场店铺，就要笑迎天下客，童叟无欺，提供优质的服务。只要踏实劳动、勤勉劳动，在平凡岗位上也能干出不平凡的业绩。"[2]

2013年4月28日，习近平总书记在同全国劳动模范代表座谈时的讲话时，指出："必须大力弘扬劳模精神、发挥劳模作用。榜样的力量是无穷的。劳动模范是民族的精英、人民的楷模"，"实现我们的发展目标，不仅要在物质上强大起来，而且要在精神上强大起来。全国各族人民都要向劳模学习，以劳模为榜样，发挥只争朝夕的奋斗精神，共同投身实现中华民族伟大复兴的宏伟事业"。[3]

2015年4月28日，习近平总书记在庆祝"五一"国际劳动节暨表彰全国劳动模范和先进工作者大会上鼓舞我们："一定要在全社会大力弘扬劳模精神、劳动精神，

---

[1] 习近平. 在全国劳动模范和先进工作者表彰大会上的讲话（2020年11月24日）[N]. 人民日报，2020-11-25（02）.

[2] 习近平. 在知识分子、劳动模范、青年代表座谈会上的讲话（2016年4月26日）[N]. 人民日报，2016-04-30.

[3] 习近平. 在同全国劳动模范代表座谈时的讲话（2013年4月28日）[N]. 人民日报，2013-04-29.

大力宣传劳动模范和其他典型的先进事迹，引导广大人民群众树立辛勤劳动、诚实劳动、创造性劳动的理念，让劳动光荣、创造伟大成为铿锵的时代强音，让劳动最光荣、劳动最崇高、劳动最伟大、劳动最美丽蔚然成风。要教育孩子们从小热爱劳动、热爱创造，通过劳动和创造播种希望、收获果实，也通过劳动和创造磨炼意志、提高自己。"①

五、重视劳动教育

2018年9月10日，习近平总书记在全国教育大会上指出："要努力构建德智体美劳全面培养的教育体系，形成更高水平的人才培养体系。要在学生中弘扬劳动精神，教育引导学生崇尚劳动、尊重劳动、懂得劳动最光荣、劳动最崇高、劳动最伟大、劳动最美丽的道理，长大后能够辛勤劳动、诚实劳动、创造性劳动。"这一指示体现了中国特色社会主义新时代对劳动教育的高度重视，将劳动教育纳入国家教育方针，符合学生成长规律和社会对高素质人才的需求。这不仅是对教育内容的丰富，也是对教育理念的深化，旨在培养全面发展的社会主义建设者和接班人。②

中共中央、国务院《关于全面加强新时代大中小学劳动教育的意见》（2020年3月20日）指出"劳动教育是中国特色社会主义教育制度的重要内容，直接决定社会主义建设者和接班人的劳动精神面貌、劳动价值取向和劳动技能水平"。该文件也明确了新时代劳动教育的指导思想，即"以习近平新时代中国特色社会主义思想为指导，全面贯彻党的教育方针，落实全国教育大会精神，坚持立德树人，坚持培育和践行社会主义核心价值观，把劳动教育纳入人才培养全过程，贯通大中小学各学段，贯穿家庭、学校、社会各方面，与德育、智育、体育、美育相融合，紧密结合经济社会发展变化和学生生活实际，积极探索具有中国特色的劳动教育模式，创新体制机制，注重教育实效，实现知行合一，促进学生形成正确的世界观、人生观、价值观"。③

---

① 习近平. 在庆祝"五一"国际劳动节暨表彰全国劳动模范和先进工作者大会上的讲话（2015年4月28日）[N]. 人民日报，2015-04-29.

② 习近平在全国教育大会上强调坚持中国特色社会主义教育发展道路培养德智体美劳全面发展的社会主义建设者和接班人[J]. 党建，2018（10）：4-6.

③ 中共中央、国务院关于全面加强新时代大中小学劳动教育的意见[N]. 人民日报，2020-03-27.

自从教育从生产劳动者分离出来，劳动教育就成了教育领域的永恒话题。当下国内矛盾已经转移、国际局势依然紧张，以强劲的外在驱动力与内在驱动力激发社会大众的劳动精神，以劳动创造美好生活，以劳动托起中国梦——这是新时代劳动教育的使命。科技仍在发展，时代仍在变迁，社会仍在进步，教育事业仍要不断变革——劳动教育要立足于时代需求、在与时俱进中不断创新。当下社会正在进入人工智能时代，"数字公民"的劳动形态在未来社会发展的长时间内将发生更加天翻地覆的变化，人工智能的大规模使用，智能劳动的普及，将对劳动教育提出新的挑战。遵循劳动规律、把握时代变化，在与时俱进中开展"全面"发展的人的劳动教育——这是劳动教育的一条重要准则。

拓展阅读

习近平总书记的劳动经历

习近平总书记七年知青岁月的劳动经历是他劳动思想的实践起点，坚定了习近平总书记通过辛勤劳动实现自身价值的理想信念。习近平总书记初到农村插队时，遇到了"四关"——跳蚤关、饮食关、劳动关、思想关[1]。对于其中的劳动关，有一段采访实录是这样讲的："实事求是地讲，我们刚到生产队时劳动积极性都不那么高。一是我们尚未形成劳动的习惯，也不适应强度较高的劳动。"[2]但是，过关之后的习近平总书记不服输、不怕苦，始终发扬中华民族吃苦耐劳、辛勤劳动、诚实劳动的精神。习近平总书记在这段岁月中扎根群众，虚心向人民群众学习，"种地、拉煤、打坝、挑粪什么活儿都干过，什么苦都吃过""在乡亲们眼中，能挑一二百斤麦子走10里山路长时间不换肩的习近平，是个'吃苦耐劳的好后生'"[3]。

习近平总书记在青年时与百姓同吃同住的基层劳动经历更加坚定了他为人民群众服务的理想。"他对人民的深情和对脚下这片土地的担当，深深融入他的人生追求之中。"[4]

在1988年6月，习近平同志被任命到福建宁德，一个曾经是全国贫困地区之一

---

[1] 习近平. 我是黄土地的儿子[N]. 人民网, 2019-03-06.
[2] 习近平的七年知青岁月[M]. 北京：中共中央党校出版社, 2017.
[3] 习近平总书记田间地头话农事[N]. 新华网, 2024-04-13.
[4] 人民日报. "人民群众是我们力量的源泉"——记中共中央总书记习近平[EB/OL]. 人民网, 2012-12-25.

的地方工作。宁德地区地形复杂，海岸多悬崖峭壁，内陆则是连绵的大山。在任期间，他坚持实地考察，走遍了几乎所有乡镇，甚至在交通不便的情况下，也亲自前往了三个未通路的乡。

除了身体力行参与劳动，习近平总书记还深入思考劳动的意义与改革的必要性。在《摆脱贫困》一书中，他曾写道："农村劳动力如果继续束缚在原有规模的耕地上，倚锄舞镰，沿袭几千年来日出而作、日落而息的耕作老传统，进行慢节奏、低效率的生产劳动，那就不是一件好事。反之，用改革开放的眼光看待劳动力的大量转移，会惊喜地发现，我们又获得了一种极其宝贵、可待开发、可能创造巨大价值的崭新资源。"[1]

习近平总书记通过自己的辛勤劳动为百姓解决了很多生活中的难题，赢得了百姓对他的认可，他也积极鼓励百姓通过辛勤劳动、诚实劳动来创造美好生活。

---

[1] 习近平. 摆脱贫困[M]. 福州：福建人民出版社，1992.

第三节 劳动实践:"致敬劳动者"摄影活动

◆ **本节劳动实践的目标**

1. 通过摄影活动,让学生深刻理解劳动的尊严和价值,认识到劳动是创造美好生活的基石,树立尊重劳动、尊重劳动者的正确观念;
2. 鼓励学生通过镜头捕捉劳动者的风采,培养他们对劳动场景的观察力和对劳动者工作状态的深刻理解,同时提升审美能力;
3. 在摄影活动中,鼓励学生运用创意思维,探索不同角度和方式来表达对劳动者的敬意,提高实践操作能力和创新能力;
4. 通过记录不同行业劳动者的工作状态,让学生感受到社会的发展离不开每一位劳动者的贡献,增强社会责任感和服务社会的意识;
5. 让学生在摄影过程中与劳动者进行交流,体会劳动者的辛勤付出,培养对劳动人民的深厚感情,理解劳动不分贵贱,每一种劳动都值得尊重;
6. 鼓励学生在摄影活动中分工合作,相互协助,共同完成拍摄任务,体会团队合作的重要性;
7. 通过摄影作品记录劳动者的故事,传播劳动文化,弘扬劳动精神,影响更多人对劳动的认识和态度;
8. 在活动结束后,组织学生进行作品展示和交流,反思拍摄过程中的体验和感悟,以及对劳动价值的重新认识。

一、实践方案

实践任务
以班级为单位开展"致敬劳动者"摄影活动,鼓励每位学生参与到活动之中,通过拍摄不同行业的劳动者,展现他们的工作状态和精神风貌,然后在课堂上对劳动成果进行展示。
具体要求
⊘ 每幅作品需围绕"致敬劳动者"的主题,体现劳动者的工作状态和精神风貌。

续表

具体要求
◯ 作品应真实反映劳动者的工作环境和状态，避免过度修饰。 ◯ 在拍摄过程中，要尊重劳动者的隐私和工作，取得同意后方可拍摄。 ◯ 提交的作品必须是学生原创，不得抄袭或使用他人作品。 ◯ 有条件的话，教师可在活动正式开始前邀请专业人士对学生进行摄影知识和技能的培训。 ◯ 建议学生分组进行实地拍摄，每组选择不同的劳动者群体。 ◯ 按照规定格式提交摄影作品和相关文档。可参考如下规格：图片需画面清晰美观，图片作品应为 JPG 格式，单张图片大小不超过 10M，可单张或组图（2~5 张）；视频 30 秒 ~3 分钟，视频作品应为 MP4 格式，单个视频大小不超过 200M；每幅作品附上简短的文字说明（不超过 300 字，宋体小四，固定行距 20 磅），描述拍摄背景、劳动者的故事以及个人感悟。 ◯ 建议组织成果展示活动，邀请师生和劳动者参与交流，扩大活动的劳动教育群体。 ◯ 熟悉摄影环境、注意安全。
工具准备
数码相机或高像素智能手机、三脚架、照片编辑软件、展板或展示架、标签或说明牌、防水防尘套、记录本或录音笔、知情同意书等。
知识准备
◯ 劳动观："劳动创造价值，劳动创造幸福、劳动最光荣、劳动最崇高、劳动最伟大、劳动最美丽"的劳动伟大精神，劳动没有高低贵贱之分，必须尊重一切劳动；要弘扬"爱岗敬业、争创一流、艰苦奋斗、勇于创新、淡泊名利、甘于奉献"的劳动者伟大精神，弘扬劳模精神和工匠精神。 ◯ 摄影理论：学习摄影的基本原理，包括光线、构图、色彩等基础知识。 ◯ 劳动者权益：了解劳动者的基本权益，包括工作条件、工作时间等法律规定。
技能准备
◯ 摄影技能：掌握使用相机或手机进行摄影的基本技能，包括对焦、曝光、快门速度等。 ◯ 后期处理：学习基本的照片后期处理技能，如裁剪、调色、对比度调整等。 ◯ 沟通能力：培养与劳动者沟通的能力，以便在拍摄过程中建立良好的互动关系。
实践成果
◯ 摄影作品：每位学生提交至少一组（3~5 张）以"致敬劳动者"为主题的摄影作品。 ◯ 作品说明：为每幅作品附上简短的文字说明，描述拍摄背景、劳动者的故事以及个人感悟。 ◯ 实践报告：撰写一份实践报告，总结参与活动的体验、学习到的知识和技能，以及对劳动价值的深入理解。 ◯ 成果展示：组织一次摄影展或在线展览，展示学生的作品。

二、实践报告

实践活动主题："致敬劳动者"摄影活动				
摄影人		摄影时间		摄影地点	
所用工具	
拍摄过程	（1） （2） （3） ……
作品说明	1. 拍摄背景 2. 劳动者的故事
作品图片	
实践感悟	
备注	拍摄知情同意书 _____ _____ _____ _____ _____

三、评价

学生个人、其他学生、教师分别对学生本次展示活动的表现进行综合评价。评价时，从相关知识、实践技能、实践态度、实践创新、实践成果、实践报告六个方面进行。

劳动实践活动评价表

	个人评价	学生评价	教师评价
相关知识			
实践技能			
实践态度			
实践创新			
实践成果			
实践报告			

说明：评价分为五个等级，从高到低依次为：
五星★★★★★；四星★★★★；三星★★★；两星★★；一星★

专题四

劳动精神

"在全社会弘扬劳动精神、奋斗精神、奉献精神、创造精神、勤俭节约精神,培育时代新风新貌。"

——摘自习近平总书记《在中国共产党第二十次全国代表大会上的报告》

◆ 导语

在历史的长河中，是劳动推动了时代的车轮，是劳动塑造了人类的精神面貌。劳动精神，不仅仅是辛勤的汗水和坚实的臂膀，它更是一种态度、一种力量、一种追求卓越的境界。

党的十八大以来，习近平总书记反复强调劳动创造，礼赞劳模精神、劳动精神、工匠精神。这三种精神，是"以爱国主义为核心的民族精神和以改革创新为核心的时代精神的生动体现"[1]，引领着全社会弘扬劳动光荣、技能宝贵、创造伟大的时代风尚，鼓舞着全党全国各族人民风雨无阻、勇敢前进。

在当今时代，劳动精神被赋予了新的含义。它代表着创新、奋斗、奉献和创造，是我们每一个人在各自岗位上追求卓越的精神力量。专题四《劳动精神》将引领我们深入探讨劳动精神的丰富内涵，理解它在新时代的价值和意义。我们将一起学习劳动精神的历史渊源，探讨它在现代社会中的实践应用，以及如何在日常生活和未来职业生涯中发扬光大。

让我们怀着对劳动的尊重和热爱，开启这段探索劳动精神的旅程，一起发现劳动之美，体验劳动之乐，创造劳动之果。

通过这一专题学习，我们拟实现以下目标：

1. 掌握劳动精神的定义，包括尊重劳动、热爱劳动、辛勤劳动、诚实劳动等核心要素，并理解劳动精神在新时代的表现形式和重要性。
2. 认识到劳动精神在个人成长、社会进步和国家发展中的关键作用，以及它在推动社会主义现代化建设中的重要性。
3. 通过学习和实践活动，培养学生的劳动精神，鼓励他们积极参与劳动，体验劳动的价值和意义。
4. 让学生亲手制作美食，体验劳动过程，通过出力流汗，接受锻炼，磨炼意志，从而更加深刻地理解和体会劳动的独特育人价值。

---

[1] 习近平. 在全国劳动模范和先进工作者表彰大会上的讲话（2020年11月24日）[N]. 人民日报，2020-11-25（02）.

第一节　深刻认识新时代劳动精神

◆ 本节要点

1. 劳动精神被定义为劳动者在劳动过程中展现的精神状态、面貌和品质，兼具时代性与传统性、精神性与物质性。

2. 新时代我们所强调的劳动精神，主要包括尊重劳动、崇尚劳动、热爱劳动的劳动理念，以及勤俭、奋斗、创新、奉献的劳动风貌，和诚实劳动、创造性劳动、幸福劳动的劳动品格。

3. 新时代的劳动者不仅要辛勤劳动和诚实劳动，还要勇于创新和开展创造性劳动，以实现个人和社会的全面发展。

4. 习近平总书记在多个场合强调了劳动精神的重要性，倡导全社会"大力弘扬劳动光荣、知识崇高、人才宝贵、创造伟大的时代新风，促使全体社会成员弘扬劳动精神，推动全社会热爱劳动、投身劳动、爱岗敬业，为改革开放和社会主义现代化建设贡献智慧和力量"[1]。我们要在教育中弘扬劳动精神，构建德智体美劳全面培养的教育体系。

5. 劳动精神的培育需要在全社会范围内进行，通过教育和实践训练，引导学生和其他所有劳动者崇尚劳动、热爱劳动，并在劳动中实现个人价值和社会价值。

6. 劳动精神不仅是个人发展的基础，也是国家繁荣和民族振兴的重要动力，它体现了中华民族勤劳勇敢的传统美德，并在新时代被赋予了新的内涵和使命。

7. 通过案例分析"棒棒精神"，展示了劳动精神在现实生活中的体现，以及它如何激励人们面对困难、勇于担当、不断前行。

劳动精神，可以简单理解为：劳动者在劳动中展现的精神状态、精神面貌、精神品质。

习近平总书记在党的十九大报告中指出："随着中国特色社会主义进入新时代，我国社会主要矛盾已经转化为人民日益增长的美好生活需要和不平衡不充分的发展之间的矛盾。"①。社会生产领域劳动技术发展迅速、劳动方式已发生很大改变。新的劳动形态对劳动者提出了更高要求，需要秉持正确的价值观念和情感态度、保持高昂的奋斗面貌、坚守高尚的道德原则等。

一、党的十八大以来关于劳动精神的重要论述

立足于新时代的经济社会的发展实际以及劳动实践问题，习近平总书记围绕劳动精神发表了很多重要讲话，逐步强调并深化了劳动精神的科学内涵，回答了新时代应该倡导什么样的劳动精神。

2014年4月30日，习近平总书记在乌鲁木齐接见劳动模范和先进工作者、先进人物代表时，提出"劳动精神"。①

2020年11月24日，习近平总书记在全国劳动模范和先进工作者表彰大会的讲话中指出："在长期实践中，我们培育形成了崇尚劳动、热爱劳动、辛勤劳动、诚实劳动的劳动精神。"②此次讲话，更加明确了新时代劳动精神的科学内涵，也为在劳动实践中弘扬劳动精神指出了更明确的方向。

2020年3月20日，中共中央、国务院公开颁布《关于全面加强新时代大中小学劳动教育的意见》，提出"培养勤俭、奋斗、创新、奉献的劳动精神"。③这为在社会主义新时代积极开展劳动教育、大力培养新时代学生的劳动精神指明了方向。

相关知识

党的十八大以来关于劳动精神的重要论述

"我们要在全社会大力弘扬劳动光荣、知识崇高、人才宝贵、创造伟大的时代新风，促使全体社会成员弘扬劳动精神，推动全社会热爱劳动、投身劳动、爱岗敬业，

---

① 习近平. 决胜全面建成小康社会夺取新时代中国特色社会主义伟大胜利——在中国共产党第十九次全国代表大会上的报告［M］. 北京：人民出版社，2017.

① 陈刚. 大力弘扬劳模精神劳动精神工匠精神［N］. 人民日报，2022-04-27.

② 习近平. 在全国劳动模范和先进工作者表彰大会上的讲话（2020年11月24日）［N］. 人民日报，2020-11-25（02）.

③ 中共中央国务院关于全面加强新时代大中小学劳动教育的意见［N］. 人民日报，2020-03-27.

为改革开放和社会主义现代化建设贡献智慧和力量。"①

——习近平总书记在乌鲁木齐接见劳动模范和先进工作者、先进人物代表时的讲话（2014年4月30日）

"要始终弘扬劳模精神、劳动精神，为中国经济社会发展汇聚强大正能量……"②

——习近平在庆祝"五一"国际劳动节暨表彰全国劳动模范和先进工作者大会上的讲话（2015年4月28日）

"要在全社会大力弘扬劳动精神，提倡通过诚实劳动来实现人生的梦想、改变自己的命运。"③

——习近平总书记在知识分子、劳动模范、青年代表座谈会上的讲话（2016年4月26日）

"要在学生中弘扬劳动精神，教育引导学生崇尚劳动、尊重劳动……要努力构建德智体美劳全面培养的教育体系。"④

——习近平总书记在全国教育大会上的讲话（2018年9月10日）

"体会劳动创造美好生活，体认劳动不分贵贱，热爱劳动，尊重普通劳动者，培养勤俭、奋斗、创新、奉献的劳动精神"。⑤

——中共中央 国务院《关于全面加强新时代大中小学劳动教育的意见》（2020年3月20日）

"形成培养勤俭、奋斗、创新、奉献的劳动精神""培育积极的劳动精神。领会

---

① 习近平. 在乌鲁木齐接见劳动模范和先进工作者、先进人物代表向全国广大劳动者致以"五一"节问候[N]. 人民日报, 2014-05-01.
② 习近平. 在庆祝"五一"国际劳动节暨表彰全国劳动模范和先进工作者大会上的讲话（2015年4月28日）[N]. 人民日报, 2015-04-29.
③ 习近平. 在知识分子、劳动模范、青年代表座谈会上的讲话（2016年4月26日）[N]. 人民日报, 2016-04-30.
④ 习近平. 在全国教育大会上强调坚持中国特色社会主义教育发展道路培养德智体美劳全面发展的社会主义建设者和接班人[J]. 党建, 2018（10）: 4-6.
⑤ 中共中央国务院关于全面加强新时代大中小学劳动教育的意见[N]. 人民日报, 2020-03-27.

'幸福是奋斗出来的'内涵与意义，继承中华民族勤俭节约、敬业奉献的优良传统，弘扬开拓创新、砥砺奋进的时代精神"。①

——教育部《大中小学劳动教育指导纲要（试行）》（2020年7月7日）

在长期实践中，我们培育形成了爱岗敬业、争创一流、艰苦奋斗、勇于创新、淡泊名利、甘于奉献的劳模精神，崇尚劳动、热爱劳动、辛勤劳动、诚实劳动的劳动精神，执着专注、精益求精、一丝不苟、追求卓越的工匠精神。②

——习近平总书记在全国劳动模范和先进工作者表彰大会上的讲话（2020年11月24日）。

"要大力弘扬劳模精神、劳动精神、工匠精神，发挥好劳模工匠示范引领作用，激励广大职工在辛勤劳动、诚实劳动、创造性劳动中成就梦想。"③

——习近平总书记在同中华全国总工会新一届领导班子成员集体谈话时的讲话（2023年10月23日）

二、解读新时代劳动精神的内涵

劳动精神，从根源上产生于人类的劳动实践活动。

劳动精神的具体内涵不是一成不变的，会因时代主题和实践任务的变化而不同。我们所强调的新时代劳动精神，是中国特色社会主义劳动精神，是中国共产党团结带领全体劳动人民发展经济、脱贫致富、实现中国梦的精神写照，兼具时代性与传统性、精神性与物质性。

在新的时代背景下，习近平总书记关于劳动精神的一系列论述深刻阐释了新时代劳动精神。很多专家学者也从多方面对劳动精神进行了解读，这将帮助我们深刻

---

① 教育部关于印发《大中小学劳动教育指导纲要（试行）》的通知. 中华人民共和国教育部, 2020-07-07.

② 习近平. 在全国劳动模范和先进工作者表彰大会上的讲话（2020年11月24日）[N]. 人民日报, 2020-11-25（02）.

③ 习近平在同中华全国总工会新一届领导班子成员集体谈话时强调 坚持党对工会的全面领导 组织动员亿万职工积极投身强国建设民族复兴伟业 [N]. 新华社, 2023-10-23.

把握劳动精神的内涵，也帮助我们学会如何在新时代用行动彰显劳动精神。

《南方论刊》所刊发的"中国特色社会主义劳动精神的内涵"一文（贺兰英，2018）是这样解释"劳动精神"的：中国特色社会主义劳动精神内涵丰富，体现在劳动者的劳动理念、劳动态度、劳动品德、劳动习惯等方面。具体是指"劳动光荣、劳动伟大"的劳动理念、"爱岗敬业、争创一流"的劳动态度、"淡泊名利、甘于奉献"的劳动品德、"艰苦奋斗、勇于创新"的劳动习惯。

《中国青年报》在2020年9月10日特别刊发了文章《习近平总书记关于劳动精神重要论述的科学内涵》，对劳动精神作了细致全面的解读："劳动精神是关于劳动的理念认知、价值追求和劳动状态、行为实践的集中体现，在理念认知上表现为全社会尊重劳动、崇尚劳动、热爱劳动、敬畏劳动，因劳获义，追求劳动幸福；在行为实践上表现为劳动者辛勤劳动、诚实劳动、创造性劳动，以及在这些劳动过程中展现的精神状态、精神面貌、精神品质。"显然，这种解读可将劳动精神分为三个层次：（1）劳动实践过程，包括辛勤劳动、诚实劳动、创造性劳动等；（2）劳动理念，包括尊重劳动、崇尚劳动、热爱劳动、敬畏劳动等；（3）精神状态、精神面貌、精神品质。

《中国青年社会科学》在2023年4月刊发了《在青少年学生中有效培育劳动精神的路径探赜》（何云峰等，2023）一文，指出"劳动精神"的概念所体现的是"职业+"的精神追求。这种"职业+"的精神追求，总体涵盖了人们在三种意义层面上对于劳动精神的理解：（1）广义上，劳动精神可理解为"在劳动中所持有的伦理精神"，如高度投入、精益求精、术业专攻等；（2）狭义上，劳动精神可理解为"对待劳动的态度，即积极投入、不怕苦不怕累"；（3）转义上，劳动精神是一种"为人"应有的最基本的精神品格、责任担当、价值追求等。这三种理解的共性，即"职责+"的精神：把分内事情做好，同时主动承担比分内更多的责任与担当。

思考

在新时代背景下，高职院校学生如何培养和践行"职业+"的劳动精神？

提示：可从以下方面展开分析与讨论：

（1）分析在劳动中持有的伦理精神，如高度投入、精益求精、术业专攻等，如何体现在你的专业学习和未来工作中。

（2）探讨如何培养积极投入、不怕苦不怕累的劳动态度，并分享你如何在面对挑战时保持这种态度。

（3）讨论作为高职院校学生，应如何理解和实践劳动精神中的基本精神品格和责任担当。

（4）分享你如何计划在完成分内工作的同时，主动承担更多的责任与担当，以及这对你的职业发展有何积极影响。

（5）结合你的专业和职业规划，讨论如何将劳动精神融入你的学习和未来的工作中，以及这如何帮助你实现职业目标。

（6）如何通过践行劳动精神，为社会做出贡献，并在实践中提升自身的社会价值。

综上所述，新时代的劳动精神，体现在每位劳动者为创造美好生活的劳动过程之中，包括所秉承的劳动态度、劳动理念及其展现出的劳动精神风貌。我们可以对"新时代劳动精神"理解如下："尊重劳动、崇尚劳动、热爱劳动"的劳动理念，"勤俭、奋斗、创新、奉献"的劳动风貌，以及"诚实劳动、创造性劳动、幸福劳动"的劳动品格。劳模精神是劳动精神在新时代的生动诠释，工匠精神是劳动精神在新时代的高度升华。在劳动过程中，辛勤劳动和诚实劳动是基础，创造性劳动是关键，劳动光荣、劳动美丽、劳动崇高、劳动伟大既是劳动价值的表达，也是一种劳动风尚。劳动创造美好生活——通过劳动，个人层面可以脱贫致富；国家层面，是实现中国梦的力量之源。

相关知识

"棒棒精神"[①]

在重庆，"负重前行、爬坡越坎"的"棒棒军"一直是一道独特的风景，他们以棍棒、绳索为劳动工具，帮人搬运货物，为千家万户提供便利。

"棒棒"的出现，源于重庆独特的地形和文化。地处长江、嘉陵江交汇处的重庆，山峦纵横，有"山城"之称，一直以来是长江上游地区的水运重镇，货物进出码头都需要大量的搬运工。山城"出门即爬坡，下船就上坎"的地形导致搬东西不

---

① 此资料摘自《重庆的棒棒文化不可丢失》，社会生活人生百态，有改动。在此表示感谢！如不合适，请联系删除。

便,"棒棒"应运而生。

  曾经在重庆的街道上"棒棒"随处可见,人数也非常庞大,有三四十万,年龄从十几岁到五六十岁不等。他们多数来自重庆和四川的农村,一根竹棒、几捆绳就是全部劳动工具;他们活跃在车站码头、大街小巷,无所不搬,大到家电家具,小到青菜豆腐,只要谈定价格,喊一声"走起!"挑上就走。你根本不用担心他们会把东西拐走,因为"棒棒"都是有职业道德的。

  2014年4月27日下午,在重庆万州考察的李克强总理来到港口码头和群众亲切交流。在万州港码头,李克强对"棒棒"们深情地说:"你们很了不起!每一分钱都是流汗挣来的,是中国人民勤劳的象征。"他说,中国发展有潜力,有韧性,最重要的是人民勤劳。推动中国发展需要负重前行、爬坡越坎、敢于担当、不负重托的"棒棒精神"。"棒棒精神"是一种乐于负重、善于越坎、敢于担当、志在前行的精神;是中国人民勤劳的象征;是中国发展所需要的精神动力;是实现"中国梦"而力行实干的力量源泉。

  随着城市建设,交通改善,私家车拥有率及出租车、网络约车使用率的不断上升,高层也装了电梯,市民生活越发方便的同时,对"棒棒军"的需求也慢慢降低。加上年轻人并不愿意加入这个队伍,"棒棒"群体也会越来越少。随着未来智能化引领下的产业生态,"棒棒"的"退场",也可能是必然趋势。

  "棒棒"终将随着时代的发展而逐渐消失,但是"棒棒精神"会永远激励着重庆人一往无前,负重前行。它永远会成为我们内心深处的美好回忆,"棒棒精神"永远不会被历史淘汰,"棒棒文化"终将被后人铭记。

第二节　弘扬新时代劳动精神

◆ **本节要点**

1. 劳动精神是社会支柱精神，其价值存在于社会整体层面，不局限于特定领域或群体。它体现了广大劳动者的劳动态度、理念和风貌，对社会发展具有基础性作用。
2. 劳动精神包括尊重劳动、热爱劳动和诚实劳动等核心要素，要求劳动者尊重所有形式的劳动和劳动者，以及劳动创造的成果。
3. 新时代劳动精神要求劳动者具备诚实劳动、辛勤劳动和创造性劳动的品格，强调在市场经济和科技发展背景下，劳动者应坚持诚信、创新和奉献。
4. 要在教育中弘扬劳动精神，培养青年学生尊重劳动、崇尚劳动、热爱劳动，以劳动为荣，为社会主义现代化建设贡献力量。
5. 劳动精神与社会主义核心价值观紧密相连，是实现中华民族伟大复兴中国梦的重要精神动力。
6. 新时代劳动精神体现在劳动者的日常工作中，无论是体力劳动还是脑力劳动，都应得到尊重和推崇，劳动者应以实际行动展现劳动精神。
7. 劳动精神对于激发劳动者的积极性、主动性和创造性，推动经济社会发展和科技进步具有重要意义。
8. 劳动精神鼓励个人通过诚实劳动实现自我价值，促进个人全面发展，同时为社会做出贡献。
9. 在传承中华民族勤劳精神的同时，新时代劳动精神强调创新和创造性劳动，以适应新一轮科技革命和产业变革的要求。

劳动精神是每一位劳动者为创造美好生活而在劳动过程中秉持的劳动态度、劳动理念及其展现出的劳动精神风貌。劳动精神的主体，是广大的劳动者，这包括普通人民群众、青年学生、企业职工、党员干部和劳动模范、先进工作者等。他们都"用自己的方式去创造属于自己的幸福，努力使自己成为一种'人'的存在，反抗并远离'非人'的存在"（何云峰等，2022）。

在我们的社会，劳动精神是社会的支柱精神。我们需要明确：劳动精神并不是在某个领域或某个群体所特有的，而是在社会整体层面上存在着。在我们的社会，劳动精神是社会的支柱精神。作为社会支柱的劳动精神，只有被真正激活、被广大劳动者所践行，才能真正起到支柱作用。

中华民族自古以来就以勤劳著称，这一优良传统需要一代代传承下去。"劳动模范可谓劳动精神的最高示范者、引领者，工人阶级可谓劳动精神的主要承载者、实践者，青年学生可谓劳动精神的主要学习者、传承者。"[1] 青年学生，这一群体代表着国家的未来和民族的希望，需要从学生时代起就着手培养他们，使其具备勤奋、诚信和创新的劳动精神，继而成为劳动精神的积极传承者和实践者。

思考

新时代青年大学生，应如何秉持"勤俭、奋斗、创新、奉献"的劳动风貌？

提示：从厉行勤俭、艰苦奋斗、提高创造性劳动能力、培养甘于奉献的精神等方面，结合自己的生活、学习和未来的职业规划来谈。

一、必须具备"尊重劳动、崇尚劳动、热爱劳动"的劳动理念，增强劳动主体自觉性

（一）尊重劳动

在当今科技迅猛发展的背景下，脑力劳动与体力劳动之间的价值差异日益明显，这突出了劳动精神中对劳动的尊重这一核心价值。随着数字和智能技术在现代社会的广泛应用，新的劳动形式如数字劳动和智能劳动正在逐步取代一些传统的、重复性的工作，这导致一些劳动被现代智能系统所取代。科技与资本的结合使得脑力劳动在社会劳动中的比重不断增加，而体力劳动逐渐被边缘化，体力劳动者的就业机会减少，社会地位降低，社会上出现了一些贬低体力劳动和普通劳动者的现象。

---

[1] 王岩，程恩富. 弘扬辛勤、诚实、创造性劳动理念[N]. 解放日报，2020-09-08.

为了弘扬新时代的劳动精神，我们需要纠正那些错误的观念，如认为脑力劳动优于体力劳动、体力劳动低人一等、体力劳动简单等。建立正确的劳动价值观，认识到劳动的根本价值和劳动者在社会中的作用。尊重劳动意味着要尊重劳动本身、尊重劳动者以及劳动创造的成果。劳动不应有高低之分，所有的人类文明成就都是脑力劳动和体力劳动共同作用的结果，纯粹的体力或脑力劳动是不存在的。因此，所有对我国社会主义现代化建设有贡献的劳动者都应受到尊重和推崇。

尊重劳动还要求我们尊重劳动者的职业和他们的劳动成果。每一种职业都有其尊严和价值，都应得到尊重。同时，我们也应该鼓励那些能够代表先进生产力发展方向的创造性劳动。随着科技创新日益成为劳动的主要形式，面对新一轮的科技革命和产业变革，我们必须尊重劳动的发展规律，加速形成新质生产力，以塑造新的动能和优势。

（二）热爱劳动

随着我国经济进入新常态，劳动人民的积极性和主动性受到了多方面因素的影响，这使得"热爱劳动"这一劳动精神的价值更加凸显。目前，我国的经济发展模式正在经历深刻的变革，经济结构也在进行调整，社会经济的多元化特点日益明显。一些矛盾和问题交织，在一定程度上削弱了劳动的积极性。同时，西方资本主义的意识形态以更加隐蔽的方式渗透，拜金主义、消费主义、享乐主义等错误思潮对人们的劳动观念和情感产生了负面影响。

为了弘扬新时代的劳动精神，我们需要用马克思主义的劳动观来武装自己，识别劳动中的不同性质，如异化与自由、消极与积极等。通过劳动实践，我们可以从劳动成果中获得社会的认可，从与他人的劳动交往中获得认同，从劳动过程中获得自我价值的确认。热爱劳动意味着人们在面对劳动时持有的积极情感和愿意参与劳动的心理状态。

热爱劳动要求我们热爱实际的劳动，而不是停留在理论上的劳动。实际的劳动需要克服种种障碍，超越外在的必然性，摆脱异化劳动，实现自由劳动，这个过程可能会伴随着劳动者的困难和挑战。我们必须抵制不劳而获、投机取巧、贪图享乐的思想，通过实际的劳动来实现个人价值、展现个人风采、体验劳动的快乐。

热爱劳动还要求我们热爱自己的本职工作。广大劳动者应该在自己的岗位上，将个人理想、家庭幸福与国家的繁荣、民族的复兴结合起来，展现出对本职工作的认同感、荣誉感和自豪感，同时也展现出强烈的历史使命感和责任感。

二、锻造"诚实劳动、辛勤劳动、创造性劳动"的劳动品格

（一）诚实劳动

随着我国社会主义市场经济体制的不断成熟，创造了世界上少有的经济增长奇迹，但市场体系仍需进一步完善，以适应高质量发展的要求。这要求劳动主体自觉遵循诚信的经营规范，体现了劳动精神中"诚实劳动"的价值。

市场经济虽然能提高经济效率和促进生产力发展，但它的竞争性和利益驱动也可能导致利己主义、拜金主义和享乐主义的滋生，诱发不道德行为。同时，数字技术的快速发展和数字经济的兴起，带来了生产效率的提升和社会进步，也伴随着平台垄断、数据安全等问题，而市场监管和法律约束相对滞后，新经济领域的诚信问题引起了社会的广泛关注。

为了弘扬新时代的劳动精神，我们需要抵制一切不诚实的行为，鼓励通过诚实劳动实现美好梦想、解决发展难题、创造生命的辉煌。诚实劳动要求我们在劳动活动和交往中，坚持踏实做事、诚信做人的原则。在劳动过程中，我们不能弄虚作假，要避免表面文章和花拳绣腿，以实际行动推动工作的落实和效果。

诚实劳动还要求我们信守承诺、诚恳待人，在劳动交往中遵守以诚待人、守信践诺的道德准则，通过诚实守信建立人与人之间的互信。此外，诚实劳动要求我们恪守信用、依法经营。正如习近平总书记所强调的，"各类企业都要把守法诚信作为安身立命之本，依法经营、依法治企、依法维权。法律底线不能破，偷税漏税、走私贩私、制假贩假等违法的事情坚决不做，偷工减料、缺斤短两、质次价高的亏心事坚决不做。各类企业要把守法诚信作为生存和发展的基础，坚持依法经营、依法治企、依法维权"[①]。

（二）辛勤劳动

辛勤劳动强调的是劳动者勤劳而肯于吃苦的劳动状态，是中华民族代代相传的

---

① 引自习近平总书记在2016年3月4日全国政协民建、工商联界委员联组会上的讲话。

优秀品质。习近平总书记多次强调了要辛勤劳动、艰苦实干。他曾在2023年新春中共中央国务院春节团拜会上指出："新征程是充满光荣和梦想的远征，没有捷径，唯有实干。'实干'不仅是坚定不移、克服困难的工作方式，也是一种基于事实、摒弃虚假的工作方法。"①

天津港第一港埠有限公司的拖头队副队长成卫东，通过八年的不懈努力，练就了一项提高拖车效率的绝技。他带领的班组在完成相同运输任务时，效率比同行高出30%。而"90后"的核级焊工师延财，通过在手腕上悬挂两块砖头，刻苦练习焊接技术，最终成了公认的"免检焊工"，为核电站的稳定运行提供了坚实的保障。无论是成卫东还是师延财，他们所取得的每一份成就和收获，都是通过脚踏实地、辛勤付出，一步一个脚印地努力工作得来的。他们的故事告诉我们，只有通过不懈的努力和坚持，才能在各自的领域取得卓越的成绩。

在党的二十大上，习近平总书记的话语发人深思、给人力量："新时代的伟大成就是党和人民一道拼出来、干出来、奋斗出来的！"② 这要求广大劳动者树立正确的劳动观念，发扬奋斗精神，坚持努力工作，将个人利益与国家利益相结合，将个人发展与时代发展相结合。要确立"付出就有回报"的劳动观念，自觉抵制不劳而获、投机取巧的错误思想，尊重他人的劳动成果，避免依赖他人、贪图享乐和无功受禄。正如谚语所说，"天上不会掉馅饼"，"天下没有免费的午餐"，只有通过辛勤劳动，才能在各个领域取得优异的成绩，实现幸福和梦想。

（三）勇于创新、敢为人先，以创造性劳动引领未来

勇于创新、敢为人先，是新时代劳动者的优秀品质。随着科技革命和产业变革的加速推进，全球范围内对科技实力的竞争愈发激烈，对高素质人才的渴求也日益强烈，这进一步凸显了创新劳动的价值。无论是在高性能设备、激光技术制造领域的突破，还是在硬质合金微钻、纳米微球、超薄钢材等尖端制造工艺上的新成就，亦或是在人工智能、区块链技术、量子通信、自动驾驶等领域的连续创新，所有这些高质量发展的成果都是劳动者们勇于探索、敢于实践的结晶，它们激励着更多的奋斗者去发掘和释放自己的创新潜力。展望未来，无论我们身处何种职业岗位，都

---

① 习近平. 在二〇二三年春节团拜会上的讲话［N］. 人民日报，2023-01-21.
② 习近平. 高举中国特色社会主义伟大旗帜为全面建设社会主义现代化国家而团结奋斗——在中国共产党第二十次全国代表大会上的报告［N］. 人民日报，2022-10-26.

应致力于不断学习、深入研究，勇于创新，持续提升自身的专业技能，努力开拓事业的新境界，共同创造一个更加辉煌的未来。

拓展阅读

当代"愚公"毛相林：凿通脱贫致富的"天路"[①]

毛相林，一位普通的村委会主任，却以不平凡的事迹感动了整个中国。他的故事，是一段关于信念、勇气和坚持的传奇。2021年2月17日，《感动中国》节目在中央电视台综合频道播出，毛相林被评为感动中国2020年度人物，他的名字和下庄村的故事，从此传遍了祖国的大江南北。

重庆市巫山县竹贤乡下庄村，一个曾经闭塞、贫困的小山村，在毛相林的带领下，发生了翻天覆地的变化。1997年，他带领村民用最原始的方式，在绝壁上凿出了一条长达8公里的"天路"。这是一条连接山外世界的路，更是一条通往幸福生活的路。历时7年的艰苦奋斗，毛相林和村民们用双手和汗水，书写了一段传奇。

1995年12月，毛相林接任下庄村党支部书记兼村主任。当时的下庄，交通闭塞，信息不畅，生活贫困。全县村级干道建设规划中，下庄因地势险峻而未被列入。但毛相林深知，要想改变下庄的面貌，修路是唯一的出路。他坚信，只有修通从"井底"到"井口"的公路，下庄人才能走出贫困，走向富裕。

在全村党员干部会上，毛相林坚定地说："山凿一尺宽一尺，路修一丈长一丈，就算我们这代人穷十年、苦十年，也一定要让下一辈人过上好日子！"这番话，点燃了村民们的希望，也坚定了他们修路的决心。

1997年冬，毛相林带领村民正式动工修路。他们腰系长绳，吊在悬崖上打炮眼，放炮炸开缺口，一步步向前推进。毛相林身先士卒，白天翻山越岭巡查安全，晚上总结安排工作。为了修路，他最长在工地驻扎了3个月没回家，磨破了无数双胶鞋，手上脚上磨起了血泡。

2004年，经过7年的艰苦奋斗，毛相林带领村民终于在悬崖绝壁上抠出了一条8公里长的"天路"。这条"天路"，不仅修通了下庄与外界的联系，更点燃了村民们脱贫致富的希望。

---

① 毛相林. 凿通脱贫致富的"天路"[N]. 光明日报，2020-11-17.

路通了，青壮年走出了下庄，但毛相林选择留下来。他看到留在村里的老人、小孩，还有成片撂荒的土地，决心在这片土地上开拓一条致富路。他请来农业专家，确定了发展柑橘、桃树、西瓜三大产业。为打消村民顾虑，他争取补助，组织考察，率先种植柑橘，无偿提供技术支持。几年下来，全村种下650亩柑橘，成立专业合作社，每年增收200万元左右。

2019年，下庄村居民人均可支配收入达到12670元，是修路前的40多倍。毛相林带领村民历时15年，探索培育出"三色"经济，发展乡村旅游，将绿水青山变成金山银山，蹚出了一条"致富路"。

毛相林常说："虽然现在条件好了，但下庄精神丢不得，还要一代一代传下去。下庄人的步伐不会止于打通绝壁上的天路，不会止步于脱贫路，还要走好乡村振兴的路，走上小康路！"他深知，精神的力量是无穷的，只有将下庄精神传承下去，才能激励一代又一代人继续奋斗。

2018年年底，毛相林向县、乡两级申请，在下庄村建立一个下庄人事迹陈列室。2020年4月，在县、乡两级的支持下，陈列室在下庄村文化广场建成。广场上还屹立着一座"下庄筑路英雄谱"，上面刻着108位当年以生命挑战悬崖的村民姓名，彰显了下庄人用生命和汗水铸就的"下庄精神"。

2004年通路以后，下庄村有36人外出上小学、132人外出上中学，29人考上了大学。毛相林希望这些有知识、有见地、有文化的年轻人能回到下庄，用自己学到的知识改变下庄的面貌。

毛相林说，等他从村主任岗位上退下来，他就做下庄人事迹陈列室的义务讲解员，为大家讲述下庄人脱贫奔小康的故事。他要把下庄精神传承下去，让来到下庄的人们懂得珍惜党和国家的好政策，珍惜现在的美好生活，建设和谐富足的美丽乡村。

毛相林的故事，是一段关于信念、勇气和坚持的传奇。他用自己的行动，诠释了什么是责任，什么是担当。他用双手和汗水，为下庄人铺就了一条通往幸福生活的路。他的故事，激励着每一个人，无论面对多大的困难，只要有信念，有勇气，有坚持，就一定能够创造奇迹。

第三节 劳动实践："美食传承，文化共飨"烹饪活动

◆ 本节劳动实践的目标

1. 通过从食材准备到烹饪再到清洁的全过程，让学生理解劳动的价值和意义，认识到劳动是创造美好生活的基础，培养他们尊重劳动和劳动者的态度。

2. 在烹饪过程中体验劳动的艰辛和乐趣，培养学生的勤俭、奋斗、创新和奉献精神，激发他们对劳动的热情和对美食文化的兴趣。

3. 通过烹饪活动，让学生养成认真负责、安全规范、坚持不懈的劳动习惯，同时培养他们吃苦耐劳的品质。

4. 让学生亲手制作美食，体验劳动过程，通过出力流汗，接受锻炼，磨炼意志，从而更加深刻地理解和体会劳动的独特育人价值。

5. 通过学习和制作具有地域特色的传统美食，学生能够了解和传承中国丰富的饮食文化，增强文化自信和民族自豪感。

一、实践方案

实践任务
请选择某种地方特色美食，了解该美食的历史背景、文化意义和烹饪技艺，然后尝试烹饪这一道美食，并和老师同学分享该美食。
具体要求
⊙ 有条件的同学可在专业厨师或教师的指导下学习某种地方美食的烹饪技巧。 ⊙ 分组合作完成食材采购、烹饪准备和现场烹饪，注意团队间的沟通与协作。 ⊙ 每位参与者都应参与到食材准备、烹饪过程和清洁工作中，确保全面体验劳动过程。 ⊙ 强调劳动纪律，确保活动安全有序。 ⊙ 鼓励学生在活动中积极交流，分享学习心得和文化理解。 ⊙ 熟悉食品安全知识。 ⊙ 组织美食分享会，向班上师生展示并介绍烹饪成果，分享文化故事。

续表

工具准备
- 基础烹饪工具：简易的刀具、砧板、锅具等。 - 清洁工具：洗洁精、洗碗布、垃圾桶、扫把、拖把等。 - 安全工具：急救包、灭火器、防滑垫等。
知识准备
（1）食材识别 - 学会如何通过观察、闻香、触摸等方式判断食材的新鲜度； - 了解不同季节对应的时令食材，以及它们的最佳食用时期； - 识别各种蔬菜、肉类、海鲜、豆制品、谷物等，以及它们的基本特性； - 学习如何正确储存各类食材，以保持其新鲜度和延长保质期。 （2）食品安全 - 食材储存时注意温度控制，或冷藏，或冷冻；将生熟食品分开存放，避免交叉污染；检查食材的保质期，避免使用过期食品；使用保鲜盒或密封袋封装食材，确保清洁卫生。 - 食材处理时，注意个人卫生，处理食材前要洗手，处理生肉、海鲜等后要再次洗手；工作台面、刀具和砧板在使用前后要清洁消毒；生熟分开，使用不同的刀具和砧板处理生熟食品，避免交叉污染。 - 食材清洗时，在处理前要彻底清洗蔬果，去除表面的污物和残留农药；清洗肉类和海鲜时，要避免水花四溅，防止细菌传播；及时丢弃不需要的食材，并将废弃物放入密闭的垃圾桶中。 - 烹饪过程中，要确保食物煮熟，特别是肉类、禽类和海鲜，以杀死可能存在的有害细菌；避免在烹饪过程中烫伤，如使用热锅或热油时要小心操作；学会使用防火设施，如油锅起火时使用锅盖盖灭，而不是水；妥善存放清洁剂和其他化学物品，避免误食。 - 注意了解食物过敏源，如坚果、海鲜、牛奶等，并在烹饪时采取预防措施。 （3）美食文化知识 对所选美食的文化知识介绍一般包括所选美食的文化背景和历史。具体可从以下方面展开： - 美食的起源故事和历史演变：包括它的发明者、发明时间和地点、最初的制作方式，还可以再深入探究这道美食是如何随着时间的推移而发展变化的，包括食材的更迭、烹饪技术的改进等。 - 美食相关的地域文化特色：了解特定地区的气候、土壤、植被等如何影响当地食材的生产和美食的形成；研究不同地区的烹饪习惯和口味偏好，如川菜的麻辣、粤菜的清淡等。 - 传统节庆与美食：探究某些美食与特定节日或庆典的关联，如端午节的粽子、中秋节的月饼等，分析这些美食在节庆中所承载的文化意义和象征。 - 社会与经济影响：研究特定美食在社会中的地位，以及它如何反映社会文化差异；探讨美食产业对当地经济的贡献，以及美食如何成为吸引游客和推动地区发展的重要因素。

续表

知识准备

- 食材的文化意义：分析某些食材在特定文化中的象征意义，如某些文化中认为某些食材代表吉祥和繁荣；研究食材如何随着贸易和文化交流在不同地区间传播，以及它们如何被不同文化所接纳和改良。
- 烹饪技艺的传承与创新：了解特定美食的传统烹饪方法，以及这些技艺是如何一代代传承下来的；探讨现代厨师如何将传统技艺与现代烹饪技术相结合，创造出新的菜品。
- 食物与健康的关系：研究传统医学中关于食物与健康关系的理念，如中医中的药膳；结合现代营养学的知识，分析传统美食的营养价值和健康效益。
- 美食与文学艺术：分析文学作品中对特定美食的描述，以及这些描述如何增强文化体验；探讨艺术家如何通过绘画、雕塑等艺术形式表现美食，以及这些作品如何反映社会文化。

技能准备

（1）基本切割技巧

①了解不同刀具的用途和正确的使用方法，如菜刀、剁刀、水果刀等；

②学习正确的握刀和支撑手势，保持稳定和安全。基本刀法有：

- 切丁：适用于快速烹饪的食材，如蔬菜丁、肉丁等。
- 切片：均匀切片，适用于炒菜和炖菜，如土豆片、肉片等。
- 切丝：适用于需要快速烹饪或凉拌的食材，如胡萝卜丝、肉丝等。
- 切块：适用于炖菜和烘烤，如土豆块、肉块等。
- 特殊切割：学习如何切花刀、滚刀块等特殊形状，增加菜品美观度。

（2）简单烹饪方法

- 水煮，其中清煮适用于蔬菜、面条等，保持食材原味；焯水是去除食材的腥味和杂质，如肉类、海鲜等。
- 炒制，分为快炒和慢炒。快炒适用于蔬菜和肉类，保持口感和营养；慢炒适用于需要长时间烹饪的食材，如红烧肉等。
- 蒸制，分为清蒸和粉蒸。清蒸适用于海鲜和蛋类，突出食材的鲜美；粉蒸适用于肉类，增加风味。
- 烘烤：要学习如何使用烤箱，并掌握烘烤时间和温度；并且要了解适合烘烤的食材及其预处理方法。
- 凉拌：要学习如何调制适合凉拌菜的调味汁，如醋、酱油、蒜泥等；还要了解适合凉拌的食材及其处理方法，如切丝、拍松等。

实践成果

学生亲手烹饪的美食。

介绍所选美食的文化背景和历史。

记录劳动过程、技能学习、团队合作和个人感悟等。

二、实践报告

实践活动主题:"美食传承,文化共飨"烹饪活动				
烹饪人		烹饪时间		烹饪地点
烹饪工具				
烹饪流程 (从准备到 分享)	(1) (2) (3) ……			
美食文化	(1) (2) (3) ……			
美食图片				
实践感悟				
备注				

三、评价

学生个人、其他学生、教师分别对学生本次展示活动的表现进行综合评价。评价时，从相关知识、实践技能、实践态度、实践创新、实践成果、实践报告六个方面进行。

劳动实践活动评价表

	个人评价	学生评价	教师评价
相关知识			
实践技能			
实践态度			
实践创新			
实践成果			
实践报告			

说明：评价分为五个等级，从高到低依次为：
五星★★★★★；四星★★★★；三星★★★；两星★★；一星★

专题五

劳模精神

> 劳动模范是民族的精英、人民的楷模，是共和国的功臣。
>
> ——习近平总书记在全国劳动模范和先进工作者表彰大会上的讲话（2020年11月25日）

◆ **导语**

有这样一群人，他们以平凡的双手铸就了不平凡的成就，他们以坚定的信念和不懈的努力，成为时代的楷模。他们，就是劳动模范，一个在各个时代都闪耀着光辉的名字。

劳动模范，不仅是荣誉的象征，更是精神的丰碑。劳模精神，是中国共产党人精神谱系的重要内容之一[1]，是中国共产党团结带领广大人民群众在革命、建设和改革的辉煌历程中形成的伟大精神。习近平总书记指出，"劳动模范是劳动群众的杰出代表，是最美的劳动者。劳动模范身上体现的'爱岗敬业、争创一流、艰苦奋斗、勇于创新、淡泊名利、甘于奉献'的劳模精神，是伟大时代精神的生动体现"[2]。

专题五《劳模精神》将带领我们走进这些时代先锋的世界，去探索他们背后的故事，去感悟他们精神的力量。我们将一起学习劳模精神的内涵，理解它在新时代的价值和意义，并通过实践活动，体验劳模精神在现实生活中的体现。

通过这一专题学习，我们拟实现以下目标：

1. 掌握劳模精神的核心要素，包括爱岗敬业、争创一流、艰苦奋斗、勇于创新、淡泊名利、甘于奉献等，并理解这些要素在新时代背景下的体现和价值。
2. 了解劳模精神在不同历史时期的发展和演变。
3. 了解劳动模范的榜样作用。
4. 通过了解劳动模范的事迹和精神，感悟他们的榜样力量，激励自己在学习、工作和生活中追求卓越、勇于创新和无私奉献。
5. 增进对不同劳动群体，特别是景区讲解员等职业的理解，体会他们的辛勤工作和专业精神，培养尊重各种劳动的态度。
6. 提升创造性劳动能力。
7. 在劳动实践中体验职业角色，积累实践经验，增强服务意识、团队合作精神和社会责任感。

---

[1] 中国共产党人精神谱系第一批伟大精神正式发布[N]. 新华社，2021-09-29.
[2] 习近平. 在全国劳动模范和先进工作者表彰大会上的讲话（2020年11月24日）[N]. 人民日报，2020-11-25（02）.

第一节　深刻认识新时代下的劳模精神

◆ **本节要点**

1. 劳模精神是劳动模范和先进工作者身上所承载与彰显的精神，其内涵随时代变化而不断丰富发展。
2. 劳模评选制度从中华苏维埃共和国临时中央政府时期开始探索，经过不同历史阶段的发展，形成了如今的评选机制，体现了不同时期的社会价值观和劳动观念。
3. 新时代的劳模精神被高度概括为"爱岗敬业、争创一流，艰苦奋斗、勇于创新，淡泊名利、甘于奉献"，这24字精神内涵体现了劳模精神在当代的核心价值和实践要求。
4. 劳模精神鼓励广大劳动者在各自的岗位上追求卓越、勇于创新，为实现个人价值和社会进步贡献力量。
5. 劳模评选已经形成常态化和制度化的表彰机制，覆盖面广泛，评选过程更加科学和民主，强调了对社会有显著贡献的重要性。
6. 劳模精神被视为社会主义核心价值观的重要内容，是民族精神和时代精神的重要组成部分，对于推动社会主义现代化建设具有重要意义。

劳模精神是指劳模模范和先进工作者身上所承载与彰显的精神，随着时代变迁，其内涵也相应得到丰富发展。

一、劳模评选制度

"劳动模范"，简称"劳模"，是指那些在社会主义建设中取得显著成就的劳动者。他们通常通过职工的民主选举，经过相关部门的审核和政府的批准，获得这一荣誉认可。

劳模分为不同级别，包括全国性的和地方性的，如省级、部委级。一些市、县级地区以及大型企业也会开展劳模的评选活动。由中共中央和国务院授予的"全国劳动模范"称号,代表了中国劳动者的最高荣誉。与此相等级别的荣誉还有"全国先进生产者"和"全国先进工作者"等称号。

劳模评选制度创始于中华苏维埃共和国临时中央政府时期,成形于陕甘宁边区政府时期,普及于社会主义革命和建设时期,转型于改革开放时期,光荣绽放在新时代。我国劳模评选制度形成的四个阶段,见表5.1.1。

表 5.1.1　我国劳模评选制度形成的四个阶段[①]

发展阶段	背景	核心精神	典型特征
探索时期 （1931— 1949年）	两个特殊时期的生产需要：中华苏维埃共和国临时中央政府时期,集中精力抓苏区的经济建设；抗战时期,需要打破敌人对陕甘宁边区经济封锁、进行革命根据地建设	为革命献身、革命加拼命、苦干加巧干、经验加创新	劳动模范评选制度从无到有； 服务于战争； 以群众性劳动竞赛运动和军民大生产运动为主要形式； 劳模评选经过了从个人到集体、从农业生产领域到各行各业,从重数量到重质量的过程
前行时期 （1949— 1976年）	新中国成立初期,百废待兴	"艰苦奋斗、无私奉献"的"老黄牛"精神	受表彰对象来自工、农、教、文、卫、体等各条战线； 凸显了工人阶级作为领导阶级的政治地位； 将"人民是国家的主人"的理念转化为全民族的劳动实践
变革时期 （1977— 1988年）	党的十一届三中全会前后党的路线方针政策产生了重大转变	无私奉献、拼命苦干的"老黄牛"精神；促进生产力发展；致力于改革开放事业	对"先进"进行了理论概括,生产力标准（即"各条战线的劳动模范和先进集体,必须是先进生产力的优秀代表,能够体现社会发展的方向"）成为这一时期劳模评选的主要标准； 明确了"知识分子是工人阶级的一部分"方针,袁隆平、陈景润等知识分子和科研工作者成为劳动模范队伍中的新成员
1989年至今 （发展时期）	中国特色社会主义事业的不断推进	爱岗敬业、争创一流、艰苦奋斗、勇于创新、淡泊名利、甘于奉献	表彰名称、表彰频率、表彰人数、表彰对象逐步趋于稳定一致,劳模评选表彰进入常态化制度化阶段

随着中国特色社会主义事业的不断发展,劳模评选机制呈现以下特点:

---

① 此表格的内容参考了以下两篇文献:①李珂. 楷模与引领：劳动模范评选制度的嬗变与省思[J]. 教学与研究,2018（6）：77-81.；②李珂. 劳模评选制度如何形成[N]. 人民日报,2021-05-01.

- 评选更加科学、更加民主化。
- 评选标准也更加合理，不仅强调"无私奉献"的精神，还将"对社会有显著贡献"作为评选劳模的关键条件，并且在评价体系中将敬业精神、创新精神和职业道德等要素被赋予了更多权重。
- 评选覆盖面更加广泛，个体经营者和私营企业主现在也有资格参与全国劳模的评选。同时，评选过程中注重提高一线职工和农民的劳模比例。

目前，劳模表彰的规模已经趋于稳定。根据统计数据，从1950年到2020年，共举行了16次全国性的表彰大会，累计表彰了超过30000名全国劳动模范和先进工作者。以2020年11月召开的表彰大会为例，共有2493名个人受到表彰，其中全国劳动模范1689名，全国先进工作者804名。在受表彰的人员中，企业职工和其他劳动者1192人，占比47.8%；农民500人，占比20.1%；机关事业单位人员801人，占比32.1%。这些数据反映了劳模评选的广泛性和代表性。

二、新时代的劳模精神

（一）劳模精神的时代性

中国劳模精神的发展历程，也是时代精神演变的缩影。它既保持了一定的连续性和稳定性，也随着时代的发展而不断创新。如表5.1.1所示，我国劳模评选在不同的发展阶段所凸显的核心精神有所变化，"从初期强调'艰苦奋斗、勇于奉献'的'老黄牛'精神，到新时代融入创新精神和工匠精神，劳模精神始终体现出劳动价值的时代导向"[1]。

2005年的全国劳动模范和先进工作者表彰大会上首次用"爱岗敬业、争创一流，艰苦奋斗、勇于创新，淡泊名利、甘于奉献"[2]这24个字对劳模精神进行了高度概括。之后，在2010年、2015年、2020年的全国劳模和先进工作者表彰大会上，都用这24个字阐释劳模精神。劳模精神的内涵已形成完整表述并被固化下来，人们对劳模精神的基本内涵已达成共识。在当前，劳模精神更加突出了改革创新的核心，既继

---

[1] 此处引文来源：李珂. 劳模精神在大学生培育践行社会主义核心价值观中的作用及实践路径[J]. 思想理论教育导刊, 2018（8）: 80.

[2] 胡锦涛. 在全国劳模和先进工作者表彰会上讲话[N]. 新华网, 2005-04-30.

承了前辈劳模的辛勤和诚实劳动精神，又能紧跟时代步伐，吸收知识经济、信息技术发展和全球经济一体化的精神元素，展现出更加鲜明和强烈的时代特色。

新时代背景下，"劳模精神成为习近平新时代中国特色社会主义劳动思想的重要组成部分"[①]。习近平这样评价劳模精神："丰富了民族精神和时代精神的内涵，是我们极为宝贵的精神财富"[②]，"是伟大时代精神的生动体现"[③]。

显然，在新时代背景下，劳模精神被赋予了新的内涵和意义，它不仅是对劳动者优秀品质的肯定，更是时代精神的集中展现。习近平总书记强调，"劳动模范作为劳动群体的杰出代表，是最美的劳动者。劳动模范以其'敬业爱岗、追求卓越、不畏艰难、勇于创新、淡泊名利、乐于奉献'的精神，成为伟大时代精神的生动体现"[④]。这些劳模不仅是时代的先锋，也是精神的象征，既是引领方向的旗帜，也是反映现实的镜子；劳模精神代表了时代新风的高地，深刻反映了时代精神的本质、主要特征和重要内容。

（二）理解新时代"二十四字"劳模精神

2013年4月28日，习近平总书记在同全国劳动模范代表座谈时指出："长期以来，广大劳模以平凡的劳动创造了不平凡的业绩，铸就了'爱岗敬业、争创一流，艰苦奋斗、勇于创新，淡泊名利、甘于奉献'的劳模精神，丰富了民族精神和时代精神的内涵，是我们极为宝贵的精神财富。"[⑤]"爱岗敬业、争创一流，艰苦奋斗、勇于创新，淡泊名利、甘于奉献"，这二十四字体现了新时期劳模精神的具体内涵。

"爱岗敬业、争创一流"体现的是职业品格，描述的是高尚的岗位意识和积极的进取精神。劳模群体具有对国家、社会和职业的高度责任感、使命感，具有一种舍我其谁的主人翁精神。"爱岗敬业、争创一流"的职业品格，是劳模精神的本质所在。

"艰苦奋斗、勇于创新"体现的是优良作风，描述的是踏实的奋斗意识和大胆的

---

① 此处引文来源：李珂. 劳模精神在大学生培育践行社会主义核心价值观中的作用及实践路径[J]. 思想理论教育导刊，2018（8）：80.
② 习近平. 在同全国劳动模范代表座谈时的讲话[N]. 人民日报，2013-04-29（2）.
③ 习近平. 在知识分子、劳动模范、青年代表座谈会上的讲话[N]. 人民日报，2016-04-30（2）.
④ 习近平. 在全国劳动模范和先进工作者表彰大会上的讲话（2020年11月24日）[N]. 人民日报，2020-11-25（02）.
⑤ 习近平. 在同全国劳动模范代表座谈时的讲话[N]. 人民日报，2013-04-29（2）.

创新精神。劳动模范，是劳动精神的最高承载者，他们在实现中华民族伟大复兴的历史征程中埋头苦干、求真务实、创新创造，积极践行"辛勤劳动""诚实劳动""创造性劳动"的伟大劳动精神。

"淡泊名利、甘于奉献"体现的是一种人格境界，包括超然的名利意识和无私的奉献精神。心甘情愿、默默坚守、身心投入，不追求声名和个人私利——这是劳模的价值追求和精神指向。毫无疑问，虽然劳模精神内涵的所指随着历史变迁而被赋予相应的时代元素，但劳模精神所体现出的理想信念、价值追求和精神指向，却始终如一、从未改变。

三、劳模精神与社会主义核心价值观

2015年4月28日，习近平在表彰全国劳动模范和先进工作者大会上深刻指出，"'爱岗敬业、争创一流，艰苦奋斗、勇于创新，淡泊名利、甘于奉献'的劳模精神，生动诠释了社会主义核心价值观，是我们的宝贵精神财富和强大精神力量。"[1]

社会主义核心价值观是在中国特色社会主义经济和文化背景下形成的价值理念，是社会主义核心价值体系的精髓，它指导着人们的日常生活和行为准则。社会主义核心价值观体现了国家、社会、公民三个层面的价值追求。具体来说，它包含以下内容：

- 国家层面：富强、民主、文明、和谐。

这四个词概括了国家发展的目标和愿景，强调国家在经济、政治、文化和社会生活等方面的全面发展和进步。

- 社会层面：自由、平等、公正、法治。

这四个词体现了社会运行的基本原则，强调社会关系的公正性、平等性和法治精神。

- 公民层面：爱国、敬业、诚信、友善。

这四个词是对公民个人品德的要求，强调公民应具备的爱国情怀、职业精神、诚信原则和友善态度。

---

[1] 习近平. 在庆祝"五一"国际劳动节暨表彰全国劳动模范和先进工作者大会上的讲话[N]. 人民日报，2015-04-29（2）.

劳模精神在劳动实践中孕育而成，与人们的日常生活和生产活动紧密相连。劳模精神的核心要素，包括对工作的敬业、对职业的热爱、对事业的进取、对挑战的拼搏、对创新的追求、对国家的忠诚以及对社会的奉献，都是社会主义核心价值观的具体体现和现实展现。

社会主义核心价值观为我们描绘了建设理想国家、理想社会和培养理想公民的宏伟蓝图；而劳模精神则具体阐述了如何通过实际行动去实现这些宏伟目标。劳模精神是社会主义核心价值观的具体化、人格化和现实化，它将抽象的价值观念与具体的人紧密结合，为社会主义核心价值观提供了生动的人格化典范和现实案例。

劳模不仅是社会主义核心价值观的模范践行者，也是这些价值观的生动传播者和有力的证明者。他们通过自己的行为，真正体现了社会主义核心价值观的示范作用和榜样力量，成为学习和实践的标准。劳模精神的产生和形成，源于劳模们自觉地遵循和实践社会主义核心价值观，这使得他们成为全社会学习的榜样。

第二节　榜样的力量：劳动模范

◆ **本节要点**

1. 劳动模范被视为民族的精英、人民的楷模，是共和国的功臣，他们通过自己的模范行为和卓越贡献，展现了我们的民族精神和时代精神。
2. 劳动模范身上展现了"爱岗敬业、争创一流，艰苦奋斗、勇于创新，淡泊名利、甘于奉献"的精神，成为推动社会发展进步的强大精神动力。
3. 通过学习劳动模范的事迹，可以深刻理解劳模精神的内涵和价值，从而在各自的工作和学习中践行劳模精神，为实现个人价值和社会进步贡献力量。
4. 习近平总书记对劳动模范的评价从民族、人民、国家三个维度展现了劳动模范的重要性，强调了营造尊重劳动、崇尚知识、珍视人才、鼓励创新的社会氛围。
5. 劳动模范的评选与表彰体现了国家对劳动者的尊重和肯定，通过表彰大会等形式，激励广大劳动者学习劳模精神，为国家的发展贡献力量。
6. 通过实际行动和具体实践，劳动模范精神可以在各行各业中得到体现和传承，鼓励人们在平凡的岗位上做出不平凡的业绩。

在党团结带领人民进行革命、建设、改革各个历史时期，劳动模范始终是一个闪光的群体，享有崇高声誉，备受人民尊敬；劳动模范是民族的精英，是人民的楷模，是共和国的功臣，他们身上所蕴含的"爱岗敬业、争创一流，艰苦奋斗、勇于创新，淡泊名利、甘于奉献"的劳模精神，是推动社会发展进步、激励人民奋勇前行的强大精神动力。

一、劳模的地位

劳动模范是社会主义发展历程中的一个重要群体，他们不仅是劳模精神的主要创造者，也是这一精神的集中体现者。这些模范在平凡工作中深刻诠释并生动实践了中华民族精神，代表了在各个行业辛勤工作的亿万劳动人民中的杰出个体和领军人物。他们是名副其实的时代楷模和精神坐标，习近平总书记对劳动模范和先进工作者进行了全面的评价和定位，见表5.2.1。

习近平总书记对劳动模范的最新定位是"民族的精英、人民的楷模，共和国的功臣"[1]。这一评价从三个层面递进：①从中华民族五千年的历史角度，强调劳动模范在中华民族发展史中的重要性；②从近现代180多年的历史角度，突出劳动模范在中国人民奋斗历程中的作用；③从共产党百年历史的角度，强调劳动模范在党的创业历程中的贡献。

与以往论述相比，习近平总书记的这一评价和定位在民族、人民、国家三个维度上展现了更广阔的视野，内容更全面，立意更深远。特别是新增的"共和国的功臣"这一表述，不仅凸显了劳动模范对国家建设的重要贡献，也体现了习近平总书记崇尚劳动、重视劳动者的人民情怀，以及他致力于营造尊重劳动、崇尚知识、珍视人才、鼓励创新的社会氛围的坚定决心。

表5.2.1　党的十八大以来习近平总书记对劳动模范和先进工作者的评价和定位[2]

时间	场合	评价与定位
2013年	同全国劳模代表座谈	民族的精英、人民的楷模
2014年	在乌鲁木齐接见相关代表	劳动人民杰出代表、祖国和人民的骄傲
2015年	庆"五一"暨劳模表彰大会	坚持中国道路、弘扬中国精神、凝聚中国力量的楷模
2016年	安徽调研接见相关代表	劳动群众杰出代表、最美的劳动者
2018年	同总工会新领导班子谈话	民族的精英、人民的楷模
2020年	全国劳模表彰大会	民族的精英、人民的楷模、共和国的功臣

二、劳模的榜样作用

从历史的视角来看，劳动模范一直是各个时代先进性的标杆。他们不仅是作为个体的人，更是劳动群体的象征，体现了中国特色的精神标识。劳模精神所蕴含的"爱岗敬业、争创一流，艰苦奋斗、勇于创新，淡泊名利、甘于奉献"等特质，具有强大的示范作用和激励力量，引领着全国各族人民追求价值。

---

[1] 习近平. 在全国劳动模范和先进工作者表彰大会上的讲话[N]. 人民日报，2020-11-25（02）.
[2] 该表格转载自此文章：焦晓云. 习近平关于劳模精神重要论述及其时代价值[J]. 湖南师范大学社会科学学报，2023，52（1）：17，有补充.

首先，劳模群体展现了中国工人阶级和广大劳动群众的伟大品格。

中国工人阶级经历了民主主义革命、社会主义革命和建设、改革开放等不同历史时期，从雇佣身份到政治身份，再到今天的多元身份时代。劳模作为工人阶级的杰出代表，是改革开放和社会主义市场经济建设的积极参与者，是推动新时代生产力发展的核心力量。他们作为时代的精神象征和力量源泉，尽管历经时代变迁，但大多数人依然保持着劳动人民的本色，成为执行党的路线、方针、政策，完成党的历史任务，推动社会发展的主力军，对全社会产生了深远的政治、经济、社会、文化和道德影响，是中国广大劳动人民的行动楷模。

其次，劳模群体反映了不同时代主流文化的价值取向。

随着历史的发展和时代的变迁，劳动观念不断更新，劳动内涵不断丰富。无论是从事简单还是复杂劳动，体力还是脑力劳动，劳模队伍的结构不断变化。作为最具时代特色的公众人物，劳模群体依靠自身的非权力性人格魅力，成为主流文化价值导向的代表。从历史上的王进喜、时传祥等，到当代的李斌、许振超等，各个时期的劳模都成为全社会学习的榜样。新时期的劳模精神在传统"老黄牛"精神基础上加入了知识、技术、创新等新时代精神。他们以可亲、可敬、可信、可学的事迹，发挥着净化心灵、弘扬正气、纠正社会风气、凝聚民心的积极作用，是名副其实的时代标杆和道德的楷模。

最后，劳模群体为全社会树立了真善美的标杆。

劳模是正能量的化身。一部劳模史就是一部中华民族的崛起和发展史。从"赵占魁运动""南泥湾精神""铁人精神"到"振超效率"，从"鞍钢工人""掏粪工人"到"当代毕昇"。众多劳模和先进工作者的事迹，持续激励着一代代人秉持敬业精神，勤勤恳恳地投身于自己的事业。劳模精神在劳模英雄们的身上以具体化、形象化的状态感染、吸引、鼓励着大家。劳模精神已成为全社会的"真善美"学习标准，营造了"比、学、赶、帮、超"的社会氛围，形成了尊重劳动、尊重他人劳动成果的社会风尚。

三、感悟劳模故事、弘扬劳模精神

我国涌现出了无数劳动模范，他们来自不同行业领域，在平凡的岗位上创造不平凡的业绩；他们铸就的精神，是我们极为宝贵的精神财富。

（一）爱岗敬业、争创一流

劳动模范对工作的热情和对事业的执着，无论是在新中国成立初期的艰苦岁月，还是在改革开放后的快速发展时期，都展现出了跨越时代的价值和魅力。从大庆油田的"铁人"王进喜到百货大楼的售货员张秉贵，再到现代的铁路工人巨晓林和技术创新者许振超，他们的故事激励着人们不断追求卓越。

新中国成立初期，我国工业基础薄弱，但在这样的背景下，涌现出了如"铁人"王进喜这样的英雄人物，他以"宁肯少活二十年，拼命也要拿下大油田"的决心，带领大庆石油会战，为我国摘掉了贫油国的帽子。

在北京王府井大街的百货大楼前，有一尊全国劳动模范张秉贵的铜像。1955年，36岁的张秉贵来到这里当售货员。他把一个小柜台视作展示北京乃至中国形象的"大舞台"，练就了售货"一抓准"和算账"一口清"技艺，30多年接待顾客近400万人次，从没跟人红过一次脸。

改革开放以来，劳动模范们以坚守和奉献精神，不断创造着奇迹。"铁路小巨人"巨晓林以"学好技术，建设祖国"的信念，在铁路建设中成长为知识型工人；许振超则以"不服输"的精神，练就了"一钩准""一钩净""无声响操作"等绝活，熟练掌握了各类桥吊的技术数据和机械性能。"是时代催着我学，催着我进步！"他感慨。

周家荣作为全国劳动模范，30多年专注于钢丝绳的生产。而今，相关产品不仅用在了世界最高桥梁北盘江特大桥、最长跨海大桥港珠澳大桥上，还远销40多个国家和地区。他有一个梦想："不断研究、不断创新，生产出更多优质的钢丝绳产品！"

武汉市金银潭医院院长张定宇，不顾身患渐冻症的情况，带领全院600多名白衣卫士冲锋在抗疫最前线，与死神竞速，带领医护团队累计救治2800余名患者；武汉供电设计院有限公司冯艳，接到为雷神山医院供电的紧急命令后，与团队连夜奋战，第二天下午就完成了全部设计图纸的出样，以最快速度确保可靠供电……

（二）艰苦奋斗、勇于创新

在艰苦奋斗中展现别样风采，在勇于创新中书写时代华章。在中国的发展历程中，许多人以其不屈不挠的奋斗和创新精神，成为国家进步的见证者和推动者。

吴运铎，被誉为"兵工事业的开拓者"，在抗日战争期间，他克服重重困难，想方设法带领职工自制土原料、土设备，为前方部队制造枪炮弹药。一次在修复前方急需的炮弹时，雷管发生爆炸，他的左手被炸掉4根指头，左腿膝盖被炸开，左眼几近失明。他说："只要我活着一天，我一定为党和人民工作一天。"

袁隆平，被誉为"杂交水稻之父"，几十年来奔波在田间地头是他的工作日常。从三系杂交稻到超高产两系杂交稻，从盐碱地水稻高产新纪录到第三代杂交水稻早晚双季稻亩产新纪录，攻克诸多育种技术"卡脖子"难题，用一粒粒种子造福中国、改变世界。

"敦煌的女儿"樊锦诗，舍半生入茫茫荒漠、艰苦奋斗、勇于创新，在全国率先开展文物保护专项法规和保护规划建设，探索形成石窟科学保护的理论与方法，为文化遗产的保护和传承做出了重要贡献。

在创业中艰苦奋斗，在创新中自强不息，在创造中开拓进取，一位位劳模和普通劳动者的感人事迹和崇高品格。这种精神是什么？是在"马班邮路"上王顺友一个人、一匹马一走就是30多年的为人民忠于职守的赤胆忠心；是"工人发明家"包起帆与同事完成130项技术创新项目的勇于进取和创新自信。这种精神，在北斗导航、嫦娥探月、载人深潜、天问探火等重大科技成就中彰显，在抗击疫情、脱贫攻坚等时代洪流中升华……

这种精神在国际舞台上也得到了认可，如冷春生在医药领域的成就，以及袁隆平在国际粮食生产中的援助和技术传授，都展示了中国在全球范围内的影响力和贡献。

2013年4月28日，习近平总书记在同全国劳动模范代表座谈时强调："全国各族人民都要向劳模学习，以劳模为榜样，发挥只争朝夕的奋斗精神，共同投身实现中华民族伟大复兴的宏伟事业""当代工人不仅要有力量，还要有智慧、有技术，能发明、会创新"。

（三）淡泊名利、甘于奉献

2021年6月29日，"荣获'七一'勋章"的29名党员中，包括11名全国劳动模范、全国先进工作者和全国'五一'劳动奖章获得者。其中一位是艾爱国，湖南华菱湘潭钢铁有限公司的一名焊接顾问。他在湘钢工作50多年，最高职务就是焊接班班长。20世纪80年代，领导想提拔他，他婉言谢绝。退休后，女儿想接他过去享清福，他不答应："如果想让我多活几年，就让我继续工作，工作对我来说就是休息！"

黄宝妹，原上海第十七棉纺织厂工会副主席，自1986年退休后，依然活跃在各种社会活动中。无论是新疆石河子市筹建棉纺厂、创建"劳模公司"帮助有困难的老劳模，还是加入"百老德育讲师团"，宣传劳模精神、讲述党的历史——她都以自己的行动传播着正能量，坚信奉献是幸福的源泉。

邓稼先，为了国家的国防科技事业，放弃了国外的优越生活，默默无闻地在戈壁滩上工作了28年，直到生命的最后时刻，他的贡献才被世人所知。

郭明义，被誉为"当代雷锋"，他发起的爱心团队，截至2019年11月，共发起2000多次爱心捐款、无偿献血，团队也从最初的几十人，发展到遍布全国的1400多个分队、230多万名志愿者，展现了劳模精神的号召力和影响力。

这些劳动模范的故事，是他们面对人生选择时，选择了以小我成就大我，他们的步伐坚定而有力，他们的品质崇高而永恒，成为激励全体人民不断前进的强大动力。2018年"五一"国际劳动节，习近平总书记在给中国劳动关系学院劳模本科班学员的回信中强调，希望"用你们的干劲、闯劲、钻劲鼓舞更多人，激励广大劳动群众争做新时代的奋斗者"。

表5.2.2列出了1989年至今全国劳动模范和先进工作者的表彰情况，大家可深入学习表彰大会上的讲话精神、了解代表人物的感人故事，从他们身上感悟如何在以后的职业生涯中践行劳模精神。这对于个人发展、社会建设、民族复兴而言，都意义重大。

表 5.2.2　1989年至今全国劳动模范和先进工作者表彰情况[①]

序号	名称（时间）	颁奖机构	表彰情况	代表人物
1	全国劳动模范和先进工作者表彰大会（1989年9月28日）	国务院	全国劳动模范称号1987人，全国先进工作者称号803人	徐虎、申纪兰、包起帆、邓稼先、蒋筑英、聂卫平等
2	全国劳动模范和先进工作者表彰大会（1995年4月29日）	国务院	全国劳动模范称号2157人，全国先进工作者称号716人	徐虎、申纪兰、孔繁森等
3	全国劳动模范和先进工作者表彰大会（2000年4月29日）	国务院	全国劳动模范称号1931人，全国先进工作者称号1015人	徐虎、李素丽、吴登云等
4	全国劳动模范和先进工作者表彰大会（2005年4月30日）	国务院	全国劳动模范称号2124人，全国先进工作者称号845人	许振超、姚明、刘翔、孔祥瑞、宋鱼水、王顺友等
5	全国劳动模范和先进工作者表彰大会（2010年4月27日）	国务院	全国劳动模范称号2115人，全国先进工作者称号870人	窦铁成、李瑞英等
6	全国劳动模范和先进工作者表彰大会（2015年4月28日）	中共中央、国务院	全国劳动模范称号2064人，全国先进工作者称号904人	巨晓林、白永明等
7	全国劳动模范和先进工作者表彰大会（2020年11月4日）	中共中央、国务院	全国劳动模范称号1689人，全国先进工作者称号804人	洪家光、孙泽洲等

① 此表格转载于文献：李珂. 楷模与引领：劳动模范评选制度的嬗变与省思[J]. 教学与研究，2018（6）：81. 有改动，补充了2015年之后的内容。

领悟劳模故事、弘扬劳模精神，能够充分调动广大劳动者的积极性、主动性和创造性，持续提升他们的思想境界和能力素质；有利于建设一批有理想、有信念、懂技术、会创新、敢担当、讲奉献的产业工人队伍，推动中国从速度向质量转变，从制造向创造转变，从制造大国向制造强国转变；有利于在全社会营造尊重劳动、追求卓越的浓厚氛围，让"劳动最光荣、奋斗最幸福"成为时代的主旋律；有利于引导广大劳动者勤奋工作、勤勉为人、勤劳致富，积极践行社会主义核心价值观。

拓展阅读

全国劳动模范：土家"金牌导游"谭桂英[①]

在2020年的全国劳动模范和先进工作者表彰大会上，一批爱岗敬业、锐意创新、勇于担当、无私奉献的"最美奋斗者"受到表彰。他们当中，有景区导游、酒店厨师等一线服务人员，也有旅游管理者和旅游教育工作者。今天，让我们一起来了解"全国劳动模范"恩施导游谭桂英的故事。

从"打工候鸟"到"金牌导游"

谭桂英是地地道道的土家妹子，家住恩施大峡谷风景区管理处营上村。在恩施大峡谷开发前，这里曾是恩施市最贫困的地方。

"小时候，家里十分贫寒，为了能够交学费上学，我跟随父亲一起背木炭、种玉米、打猪草、刨洋芋。"谭桂英说，15岁那年，父亲的一场大病，迫使正在念初中的她不得不中断学业，背上行囊前往广东东莞的工厂打工。

从那时起，谭桂英便用自己瘦弱的肩膀、勤劳的双手托起了整个家。每年春节过后，她都像候鸟般到沿海的工厂里当"打工妹"谋生。

2006年，得知恩施大峡谷景区启动开发。在东莞的打工经历让谭桂英了解到了旅游行业的光明前景。于是，她毅然辞职回到了家乡。

刚开始，谭桂英在景区当"野导游"。对于性格内向的她来说，这是个艰难的开始。为练习胆量，她每天回家后就在家里放开嗓子唱歌，在家人面前讲导游词；为丰富自己的知识，她还虚心请教附近的老人，了解本地历史……

随着服务的游客越来越多，谭桂英发现自己深深爱上了导游这个职业，同时也

[①] 此处内容来源于以下两处文献：①全国劳动模范谭桂英：土家"金牌导游"一直在学习［N］.中国文化报，2021-01-12；②这位景区导游是怎样成为全国劳动模范的？［N］.文旅中国，2020-12-09.内容有删改。

深感自己知识的欠缺、能力的不足。于是，她下定决心，一定要考取导游证。

谭桂英买来导游自考的全套教材，白天干活，晚上自学。无数个夜晚，与她相伴的唯有那发黄的灯光。随后，她报名参加了恩施市景区讲解员培训。

2008年9月，谭桂英正式入职恩施大峡谷景区，成为一名景区讲解员。

2009年，她又顺利通过全国导游资格考试，正式成为一名恩施大峡谷景区导游。

走完一趟峡谷需要3个小时，一般人一趟下来早已腰酸背痛，而刚成为正式导游的谭桂英，为更准确、细致地做好讲解工作，一天要爬上两三趟，以记下每一个讲解要点。她还不断查阅资料、修改导游词，以追求更好的讲解效果。

她的讲解不是死记硬背，而是把对文化的理解、对恩施的热爱融合在一起，通过讲解这种形式自信、大方地展示给游客，这也是导游最宝贵的品质。

在峡谷美景中，穿着民族服饰的谭桂英每天忙碌着给游客讲解这里的风景、人文和历史。服务游客的过程中，她还会随身带着塑料袋，看到路边有烟头、纸屑、面碗等杂物，马上捡起来放入袋里。

一分耕耘，一分收获。在恩施大峡谷景区工作期间，谭桂英成为名副其实的"金牌导游"。"导游服务好不好，直接关系到游客的旅游体验，要让每一位游客乘兴而来，尽兴而归。"谭桂英说。

带领土家妹子在家乡体面生活

随着旅游业的发展，家乡的人气越来越旺，致富路越来越宽。

谭桂英看在眼里，一个念头逐渐萌生：背井离乡打工绝不是长远之计，为什么不靠着大峡谷的旅游资源，让更多和自己一样的土家妹子，可以不用出远门谋生，就在家乡过上体面的生活呢？

在大家的帮助下，她挨家挨户宣传，很快组建起了一支11人的土家妹子导游团。这11个妹子每天身着民族服饰，唱土家山歌，讲土家故事。风景壮美的大峡谷里，洋溢着浓郁的土家风情。

她的导游团队里有11个专职导游，还有四五十个附近村民在旺季时兼职做导游。每年寒暑假，更有上百名全国各大高校的导游专业学生慕名前来实习。

"把家乡的美讲出来、唱出去，把游客服务好，把工作做好，好日子就不会太远。"谭桂英在给导游团里的土家妹子们"上思想课"时，总是这样强调。

每人每月工资不少，外加"五险一金"，靠着勤劳和努力，做导游的土家妹子都过上了比外出打工更加富足和安稳的日子。

如今，谭桂英的导游团队越来越庞大，服务质量越来越高，知名度越来越大。

与此同时，恩施大峡谷景区成立了"谭桂英劳模创新工作室"，骨干成员围绕景区运营、旅游服务过程中的重点难点问题，开展服务改进、服务创新、合理化建议等，为景区一线部门提供强大的智囊团队支持。

在"谭桂英劳模创新工作室"引领下，景区设立党员示范岗、青年文明服务岗、志愿者服务岗。员工在自己的工作之余佩戴党员徽章、工作证、工号牌、绶带等，轮流到各个咨询服务岗志愿服务、免费咨询。

景区员工学习热情空前高涨，旅游服务质量持续提升。一面面游客赠送的锦旗，挂满荣誉墙；一个个敬业奉献的先进典型，如雨后春笋般涌现，如以岗为家的光头保安向修奎、只有小学文化却自编2万字导游手册的网红背篓哥刘成松等。

2018年11月23日，"谭桂英劳模创新工作室"被湖北省总工会命名为湖北职工（劳模）创新工作室。

"荣誉属于过去，未来任重道远。"这是谭桂英经常挂在嘴边的一句话。作为劳模的她，并没有躺在功劳簿上享受，而是继续发扬劳模精神，发挥劳模的"传、帮、带"作用，引领广大职工立足岗位，创新增效。

走上"云端"传播土家风情

"吃峡谷里的饭，喝峡谷里的水，就有义务把峡谷里的景色、文化推广出去，不忘家乡这一方水土的恩赐。"谭桂英说。

经过一段时间的酝酿，2019年4月，取名为"峡谷小新"的自媒体宣传先锋队正式组建起来了，谭桂英自告奋勇地成为"峡谷小新"带头人，通过自媒体对外展示恩施大峡谷美景和恩施土家文化。

"峡谷小新"成立之后，谭桂英每天利用休息时间发动景区员工中的党员、团员加入。在她的努力下，通过党员带团员、大V带小V，景区员工在短短几个月内就注册自媒体账号超过100个，成为恩施大峡谷对外宣传的又一阵地。

谭桂英积极利用自己的自媒体账号传播土家风情。目前，她的抖音账号粉丝量达78.9万，单条视频最高点赞量达201.8万。在2020年新冠肺炎疫情防控期间，谭桂英将镜头对准瑰丽的自然风光，让恩施大峡谷成为网红打卡地。

"峡谷小新"和谭桂英的视频作品主要有三大类：峡谷美景、土苗文化和恩施乡村生活。通过这些作品，网友不仅可以感受到恩施的烹饪美食、土家女儿会、编花篮和编背篓等土苗传统文化，还可以感受到家长里短、烟熏火燎和乡土乡音的乡村生活，还有恩施大峡谷的百里绝壁、千丈瀑布、傲啸独峰……

这一切让网友对恩施这片神奇的土地更加向往。网友纷纷留言：一定要到恩施看大峡谷，吃土司宴，喝摔碗酒，参加女儿会。

在网友向往的恩施大峡谷，必将有更加贴心的导游服务。"我想多读点书，学点英语、韩语，提升自己的能力，把导游队伍带得更好。"谭桂英表示，自己将继续努力，把大峡谷的人文、地质、科普知识融入自然美景中，进一步丰富景区的文化内涵，将恩施的旅游名片越擦越亮。

从"打工候鸟"到"金牌导游"，从"土家幺妹"到"全国劳模"，她身上有一股昂扬向上的精气神、一颗不懈努力的奋斗心。谭桂英通过自身的努力，在当地的脱贫致富、全域旅游发展、经济社会高质量发展中，留下了浓墨重彩的奋斗痕迹。谭桂英的身上闪耀着一个立志在自己所从事的行业有所建树的人。

首先是工匠精神。作为导游，谭桂英干一行、爱一行、专一行，坚持学习，不断提升服务游客的能力，获得好评如潮，"金牌导游"之名不虚。

其次是家国情怀。"吃峡谷里的饭，喝峡谷里的水，不忘家乡这一方水土的恩赐。"这便是谭桂英的初心。不忘来时路，眼中有前方。

还有创新精神。从线下的导游，化身线上的主播，并组建自媒体宣传先锋队，谭桂英为导游这一职业增添了新的内涵，也为景区对外宣传探索了道路。

第三节 劳动实践：职业体验之景区模拟讲解

◆ 本节劳动实践的目标

1. 通过实践活动，增进学生对景区讲解员等劳动群体的理解，体会他们的辛勤工作和专业精神，培养尊重各种劳动的态度；
2. 通过日常的模拟讲解练习，培养学生良好的劳动习惯，如守时、负责、规范等；
3. 鼓励学生在讲解内容和形式上进行创新，提高创造性劳动能力；
4. 结合景区讲解的实践活动，促进学生在知识、技能、情感、价值观等方面的全面发展；
5. 通过模拟讲解活动，让学生体验职业角色，积累与未来可能从事的职业相关的实践经验；
6. 增强学生服务意识、团队合作精神和社会责任感。

一、实践方案

实践任务
假设你是某个景区的讲解员，请你面对游客对该景区进行讲解。
具体要求
◎ 讲解内容须准确无误，尊重历史和文化事实； ◎ 讲解内容要全面、有条理、详略得当、重点突出； ◎ 面对的游客，模拟为中国游客或外国游客皆可。 ◎ 讲解语言可以选择中文或者英文，注意语言表达的准确性、流畅性、逻辑性、生动性、感染力、说服力； ◎ 适当使用身体语言，注意仪表仪容； ◎ 可设计互动环节，但要自然，能够引起游客兴趣； ◎ 要明确所选择的讲解景区，不可忽视前期的资料收集和讲解稿编写； ◎ 讲解时长 5~8 分钟； ◎ 注意安全。

续表

工具准备
笔、纸或电子设备、扩音器、指示棒、展示板、小礼品、互动游戏道具等。
知识准备

（1）了解地方著名景区

下面列表给出了中国大陆各省（自治区、直辖市）的标志性或著名景区，供选择参考。

中国大陆各省（自治区、直辖市）的标志性或著名景区

北京：天安门及天安门广场、故宫、天坛、颐和园、长城、明十三陵等。

天津：古文化街、盘山、五大道风情、黄崖关长城、杨柳青古镇、渔阳古镇等。

河北：西柏坡、山海关、白洋淀、避暑山庄及周围寺庙、崇礼滑雪旅游度假区、白石山、清东陵等。

山西：云冈石窟、五台山风景名胜区、皇城相府生态文化旅游区、绵山景区、平遥古城景区、雁门关景区、洪洞大槐树寻根祭祖园景区、太行山大峡谷八泉峡景区、云丘山景区、黄河壶口瀑布旅游区、晋祠博物馆、八路军太行纪念馆等。

内蒙古：通辽市科左后旗大青沟旅游景区、兴安盟阿尔山—柴河旅游景区、乌兰察布市岱海旅游区、鄂尔多斯市响沙湾旅游景区、呼伦贝尔市满洲里中俄边境旅游区、赤峰市红山文化博物馆、锡林郭勒盟元上都遗址旅游区、呼和浩特市昭君博物院、包头市包钢工业旅游区、巴彦淖尔市乌梁素海生态旅游区、阿拉善盟东风航天城旅游区、乌海市乌海湖休闲度假旅游区等。

辽宁：沈阳故宫、辽宁省博物馆、"九·一八"历史博物馆、老虎滩海洋公园、金石滩国家旅游度假区、鞍山钢铁之旅、抚顺雷锋纪念馆、五女山山城、鸭绿江断桥景区、辽沈战役纪念馆、红海滩国家风景廊道、九门口长城等。

吉林：长白山北坡风光、长春伪满皇宫博物院、净月潭国家级风景名胜区、长影世纪城、通化杨靖宇烈士陵园、松原查干湖旅游度假区、珲春防川国家级风景名胜区、吉林雾凇、吉林省博物院等。

黑龙江：哈尔滨中央欧陆风情旅游区（中央大街）、哈尔滨极地公园、齐齐哈尔扎龙生态旅游区、牡丹江镜泊湖景区、大兴安岭漠河市北极村旅游景区、亚布力滑雪旅游度假区、雪乡旅游风景区、太阳岛风景名胜区、伊春汤旺河林海奇石景区、大庆铁人王进喜纪念馆景区、虎林市虎头旅游景区等。

上海：外滩、人民广场、东方明珠、豫园、龙华、徐家汇源等。

江苏：拙政园、虎丘、网师园、同里、瘦西湖风景区、扬州乾隆水上游览线、大明寺景区、个园、何园等。

浙江：杭州市西湖风景名胜区、良渚古城遗址、宁波市天一阁·月湖景区、温州市雁荡山风景名胜区、湖州市南浔古镇景区、湖州市莫干山风景名胜区、嘉兴市南湖旅游区、绍兴市鲁迅故里·沈园景区、金华市东阳横店影视城景区、衢州市江郎山·廿八都景区、舟山市普陀山风景名胜区、台州市天台山景区、丽水市缙云仙都景区等。

续表

知识准备

安徽：黄山风景区、九华山风景区、天柱山风景区、新四军军部旧址、亳州概况、西递、宏村、三河古镇、龙川景区、万佛湖景区、方特旅游区等。

福建：福州三坊七巷、厦门鼓浪屿或厦门园林植物园、漳州南靖土楼、泉州清源山、莆田湄洲妈祖祖庙、三明泰宁大金湖、龙岩古田会议会址或永定土楼、南平武夷山、宁德白水洋或太姥山、平潭石牌洋或坛南湾等。

江西：庐山风景名胜区、井冈山风景名胜区、三清山风景名胜区、龙虎山风景名胜区、景德镇古窑民俗博览区、共和国摇篮旅游区、婺源江湾景区、大觉山景区、龟峰景区、三百山景区、明月山旅游区、庐山西海风景名胜区、滕王阁旅游区、武功山风景名胜区等。

山东：蓬莱阁景区、"三孔"景区、泰山风景名胜区、崂山风景区、刘公岛风景名胜区、南山旅游区、台儿庄古城景区、天下第一泉景区、沂蒙山旅游区、青州古城旅游区、华夏城景区、山东省东营市黄河口生态旅游区、萤火虫水洞·地下大峡谷旅游区、微山湖旅游区、青岛奥帆海洋文化旅游区等。

河南：嵩山少林寺景区、洛阳龙门石窟景区、焦作云台山风景名胜区、开封清明上河园、洛阳白云山景区、永城芒砀山景区、安阳殷墟景区、三门峡函谷关、安阳红旗渠、开封焦裕禄纪念园、河南黄河小浪底风景区、济源王屋山景区、驻马店嵖岈山景区、淮阳太昊伏羲陵景区等。

湖北：长江三峡、神农架、武当山、黄鹤楼、大别山、东湖、三峡大坝、古隆中、明显陵、赤壁古战场、炎帝神农故里、恩施大峡谷等。

湖南：韶山毛泽东同志故居、花明楼景区、湖南省博物馆马王堆西汉古墓陈列、岳阳楼景区、天子山旅游区、天门山旅游区、南岳衡山旅游区、东江湖旅游区等。

广东：广州市长隆旅游度假区、广州市农民运动讲习所旧址、深圳市华侨城旅游度假区、珠海市海泉湾度假区、佛山市西樵山景区、韶关市丹霞山景区、梅州市叶剑英纪念园、中山市孙中山故里旅游区、江门市开平碉楼与村落（自立村碉楼群）、阳江市广东海上丝绸之路博物馆景区、肇庆市七星岩风景区、潮州市广济桥文物旅游景区等。

广西：桂林漓江景区、桂林独秀峰—王城景区、南宁市青秀山旅游区、桂林市两江四湖·象山景区、崇左市德天跨国瀑布景区、百色市百色起义纪念园景区、北海市涠洲岛鳄鱼山景区、贺州市黄姚古镇景区、柳州市程阳八寨景区等。

海南：南山文化旅游区、槟榔谷黎苗文化旅游区、蜈支洲岛旅游区、海南文笔峰盘古文化旅游区、博鳌亚洲论坛永久会址、海口骑楼建筑历史文化街区、儋州东坡文化旅游区等。

重庆：长江三峡、大足石刻、武隆天生三桥、南川金佛山、合川钓鱼城、涪陵白鹤梁、山水都市、温泉之都、江津四面山、万盛黑山谷、酉阳桃花源、奉节白帝城、云阳龙缸、彭水阿依河、黔江濯水古镇等。

四川：九寨沟景区、四姑娘山景区、峨眉山景区、乐山大佛景区、眉山三苏祠博物馆景区、阆中古城景区、邓小平故里旅游区、剑门蜀道剑门关景区、海螺沟景区、成都大熊猫繁育研究基地景区、成都武侯祠博物馆景区、都江堰景区、安仁古镇景区、三星堆博物馆景区、稻城亚丁景区等。

续表

知识准备

贵州：贵阳市青岩古镇景区、贵阳市修文阳明文化园旅游景区、贵阳市天河潭景区、安顺市黄果树旅游景区、安顺市龙宫旅游景区、铜仁市梵净山生态旅游区、铜仁市万山区朱砂古镇景区、黔南州荔波樟江旅游景区、遵义市赤水丹霞景区、遵义会议会址景区、遵义市海龙屯景区、遵义市凤冈茶海之心景区、遵义市湄潭西部茶海景区、遵义市绥阳双河洞景区、毕节市织金洞景区、毕节市百里杜鹃景区、黔东南州雷山县西江千户苗寨景区、黔东南州镇远古城旅游景区、黔西南州兴义万峰林景区、六盘水野玉海景区、六盘水市"三线"建设博物馆、六盘水市盘州妥乐古银杏旅游景区等。

云南：昆明市石林风景区、丽江市玉龙雪山景区、丽江市丽江古城景区、大理州崇圣寺三塔文化旅游区、西双版纳州中国科学院西双版纳热带植物园、迪庆州普达措国家公园、保山市火山热海旅游区、文山州普者黑旅游景区、腾冲市和顺古镇景区、红河州哈尼梯田文化景观、澄江化石地世界自然遗产博物馆、普洱市景迈山古茶林文化景观等。

西藏：布达拉宫、大昭寺、珠穆朗玛峰、雅鲁藏布大峡谷、南伊沟、鲁朗林海、林芝巨柏林、西藏和平解放纪念碑、张国华将军指挥部遗址等。

陕西：华山景区、华清宫文化旅游景区、秦始皇帝陵博物院、大雁塔—大唐芙蓉园景区、法门文化景区、黄帝陵景区、金丝峡景区、太白山国家森林公园、城墙·碑林历史文化景区、延安革命纪念地景区、大明宫国家遗址公园、黄河壶口瀑布旅游区等。

甘肃：兰州百里黄河风情线、榆中兴隆山、嘉峪关关城、景泰黄河石林、天水麦积山、天水伏羲庙、敦煌莫高窟、敦煌鸣沙山·月牙泉、张掖七彩丹霞、高台中国工农红军西路军纪念馆等。

青海：青海湖景区、塔尔寺旅游区、互助土族故土园旅游区、海北州阿咪东索景区、茶卡盐湖景区、中国工农红军西路军纪念馆、原子城纪念馆、热贡国家级历史文化名城旅游区等。

宁夏：沙湖景区、沙坡头景区、镇北堡西部影城、水洞沟景区、青铜峡黄河大峡谷景区、西夏陵景区、贺兰山岩画景区、黄沙古渡原生态旅游区、六盘山红军长征景区等。

新疆：喀纳斯景区、葡萄沟景区、那拉提景区、可可托海景区、博斯腾湖景区、乌鲁木齐天山大峡谷景区、泽普县金胡杨景区、巴音布鲁克景区、喀什古城景区、塔克拉玛干·三五九旅文化旅游区等。

（2）景区讲解的主要内容

景区讲解的内容可以根据景区的类型和特点来确定，但通常会包括以下几个方面：

- 景区概况，包括景区的名称、地理位置、占地面积、创建或形成的历史背景等。
- 历史文化，比如景区的历史沿革、与景区相关的重要历史事件、历史人物故事等。
- 自然景观，指的是景区内的自然景观特征，如山脉、河流、植被、动物等自然生态信息。
- 建筑艺术，指的是景区内的建筑风格、结构、装饰艺术、建筑的历史与文化意义等。
- 如果景区包含宗教场所，讲解宗教的历史、信仰、仪式、建筑特点等。
- 介绍景区所在地的民俗文化、传统节日、民间艺术等。
- 与景区相关的名人故事或趣闻逸事，增加讲解的趣味性。
- 有必要的话，讲一下景区的保护措施、开发历程以及可持续发展策略等。

续表

知识准备

（3）景区的资源类型

景区的资源类型通常可以根据其主要特征和游客体验的内容进行分类。以下是一些常见的景区资源类型：

- 自然景观资源：主要包括山脉，河流、湖泊、瀑布、温泉、海滨等水体，原始森林、次生林、竹林等森林，草原，沙漠，湿地等。
- 文化遗产资源：主要包括古城、古村落、古战场等历史遗迹，古建筑、古墓葬、石窟、碑刻等文物古迹，寺庙、教堂、清真寺等宗教文化遗址场所。
- 休闲娱乐资源：包括主题公园、游乐园、水上乐园等。
- 生态旅游资源：包括生态保护区、动植物园等。
- 地质地貌资源：包括展示地质构造、岩石、矿物等地质现象的地质公园，还有特殊地貌：如喀斯特地貌、丹霞地貌、雅丹地貌等。
- 民俗文化资源：包括民族村寨、手工艺村等。
- 现代景观资源：主要是城市景观、建筑等。

除了以上所列的类型之外，还有农业旅游资源、工业旅游资源、科技教育资源、节庆活动资源、体育旅游资源等。

技能准备

- 一篇景区讲解稿可分为开场白、景点概述、重点讲解、结束语四个部分。

开场白要对游客表示欢迎、介绍自己、介绍行程；景点概述要谈到景区的地理位置、面积大小、名誉地位、历史、主要特色等；重点讲解则是有重点地选择景点、详细介绍；最后的结束语要表示祝福希望。

- 在讲解的过程中，方法和技巧的运用是很重要的，不能平铺直叙，要想方设法提高讲解的效果，增加游客的参与感和兴趣。以下一些景区讲解方法可供参考学习。
- 分段讲解法：适用于规模大的重要景点，将景点分为若干部分，前后衔接地进行讲解，避免信息过载。
- 突出重点法：避免面面俱到，选择性地强调景点的代表性景观、独特特征、游客感兴趣的内容或"之最"特点。
- 触景生情法：结合景点特点，见物生情，借题发挥，使讲解更自然、生动。
- 虚实结合法：将历史典故、传说与景物介绍相结合，编织故事情节，增加艺术感染力。
- 问答法：通过提问或鼓励游客提问，增加讲解的互动性，包括自问自答、我问客答和客问我答等形式。
- 制造悬念法：提出引人入胜的话题，故意留下悬念，激发游客的好奇心和求知欲。
- 类比法：使用类比的方式，帮助游客通过熟悉的事物理解新信息，包括同类相似类比、同类相异类比和时代之比。面对外国游客时，必要时可采用此方法帮助认识景区景点事物。
- 画龙点睛法：用简洁有力的语言概括景点的独特之处，给游客留下深刻印象。

续表

实践成果
◎ 一份完整的景区讲解稿。 ◎ 一次现场模拟讲解。 ◎ 一份实践报告，全面记录实践活动过程。

二、实践报告

实践活动主题：职业体验之景区模拟讲解				
实践人		实践时间		实践地点	
实践工具					
实践内容	（1） （2） （3） ……				
实践流程 （从准备到 完成）	（1） （2） （3） ……				
讲解稿	一、开场白 二、景区景点概述 三、重点讲解 1. 2. 3. 四、结束语				

续表

实践活动主题：职业体验之景区模拟讲解	
实践图片	
体验感悟	
备注	

三、评价

学生个人、其他学生、教师分别对学生本次展示活动的表现进行综合评价。评价时，从相关知识、实践技能、实践态度、实践创新、实践成果、实践报告六个方面进行。

劳动实践活动评价表

	个人评价	学生评价	教师评价
相关知识			
实践技能			
实践态度			
实践创新			
实践成果			
实践报告			

说明：评价分为五个等级，从高到低依次为：
五星★★★★★；四星★★★★；三星★★★；两星★★；一星★

专题六 工匠精神

> "各级党委和政府要高度重视技能人才工作,大力弘扬劳模精神、劳动精神、工匠精神,激励更多劳动者特别是青年一代走技能成才、技能报国之路,培养更多高技能人才和大国工匠,为全面建设社会主义现代化国家提供有力人才保障。"
>
> ——习近平总书记致中华人民共和国第一届职业技能大赛的贺信(2020年12月10日)

◆ 导语

在时间的长河中，有这样一群人，他们以匠心独运，铸就了文明的辉煌；他们以匠艺超群，推动了科技的进步；他们以匠品卓越，赢得了世人的尊敬。他们，就是工匠，一个在平凡中见非凡、在细节中显伟大的群体。

工匠精神，是一种职业的操守，一种创造的态度，一种追求卓越的境界。它代表着对工艺的精益求精，对质量的严格把控，对创新的不懈追求。在新时代的征程上，我们比以往任何时候都更需要工匠精神，更需要那些能够以匠心筑梦、以匠艺兴业、以匠品铸魂的大国工匠。

本专题，我们将一起探索工匠精神的内涵，感受工匠们的卓越风采，理解在现代社会中，为何工匠精神依然不可或缺。我们将学习如何培养这种精神，如何在各自的领域中，以匠心致远，以匠艺求精，以匠品立信，共同为实现中华民族伟大复兴的中国梦贡献力量。

让我们启程，去追寻那些在时光中闪耀的工匠足迹，去感悟那些在历史中沉淀的工匠智慧，去传承那些在时代中升华的工匠精神。

通过这一专题学习，我们拟实现以下目标：

1. 理解"执着专注、精益求精、一丝不苟、追求卓越"的工匠精神实质，以及这一精神在不同历史时期和现代社会中的具体表现和价值。
2. 了解在新时代背景下工匠精神对于推动"中国制造"向"中国智造"转变，以及实现制造强国、科技强国、质量强国等国家战略的重要意义。
3. 通过了解大国工匠的事迹和精神，学习如何将工匠精神应用于个人学习、工作和创新实践中，提升自身的专业技能和创新能力。
4. 激励学生尤其是青年一代，树立通过技能学习成就个人事业、服务国家发展的远大理想。
5. 鼓励学生思考如何将工匠精神与个人职业规划相结合，实现个人价值和社会价值的统一。
6. 了解工匠精神的历史传承，学习如何在当代社会中发扬光大，成为工匠精神的传承者和弘扬者。

第一节　深刻认识新时代工匠精神

◆ **本节要点**

1. 新时代的工匠精神被高度概括为"执着专注、精益求精、一丝不苟、追求卓越"。这十六个字集中描述了劳动者的精神态度、品质追求、自我要求和理想目标。
2. 工匠精神是实现从"中国制造"向"中国智造"转变的关键因素，对于推动经济高质量发展和产业现代化具有重要作用。
3. 工匠精神体现了劳模精神、劳动精神，是以爱国主义为核心的民族精神和以改革创新为核心的时代精神的生动体现。
4. 学界对工匠精神的构成要素有多种阐述，包括专业精神、职业态度、人文素养等。其中，"匠心""匠艺""匠品"是一个代表性观点。"匠心"代表着对卓越的追求和内在信念，"匠品"体现职业道德和规范，"匠艺"则是通过勤学苦练获得的专业能力和创新能力。
5. 习近平总书记在多个场合强调了工匠精神的重要性，工匠精神是鼓舞全党全国各族人民风雨无阻、勇敢前进的强大精神动力。
6. 工匠精神不仅是理念，也需要在实践中不断体现和弘扬，无论是在工厂车间、田间地头还是商业服务中，都应追求卓越和精益求精。
7. 工匠精神需要在新时代继续传承和发展，通过职业教育、技能培训和文化建设等多种途径，培养更多高技能人才和大国工匠。

一、工匠

"工匠"一词，《辞海》解释为"手艺工人"。历史上，工匠是随着古代社会手工行业的发展而形成的，与自给自足的农业和手工业经济共同成长。最初的手工艺是将自然物品加工成狩猎或捕鱼的工具，如将石块、动物骨头等制成工具，这是人类文明进步的关键一步。手工艺不仅创造了物质财富，也丰富了人类生活，从磨制石器到制作玉器，为人类带来了美的享受。

在中国传统中，"工"与"匠"最早都专指木工，后来泛指各行各业有技术含量的手工业劳动者。比如，木匠、铁匠、弹花匠、泥瓦匠、杀猪匠等。他们以其毕生精力献身于某一个工艺领域的，是从小学徒而终身从事某种手艺的工匠。

春秋战国时期，除农业外的手工艺工匠已形成规模，称为"百工"。古籍中"百工"一词泛指各行各业有手艺的工人或匠人。我国古代有"士农工商"四民之说，其中的"工"指有手艺专长的人。

古籍记载了许多著名工匠，如"百工之神"鲁班、发明造纸术的蔡伦、尝百草的李时珍等。考古发现的古蜀国都城三星堆遗址，形成于公元前2800—前1100年，属于青铜器时代。出土的精致青铜器、金面具和玉器等，说明四五千年前或更早，古蜀国就有许多不同行业的工匠，他们掌握着精湛技艺，并能代代相传。秦兵马俑遗址也是如此，仿古代军队阵容，雕塑和彩绘出栩栩如生的将军与士兵，这不仅是一代工匠技能的展示，更是几十代几百代工匠技艺水平传承的结晶。

进入现代工业社会，随着手工艺向机械技艺和智能技艺的转变，传统手工工匠似乎远离了人们的生活。但工匠并未消失，而是以新面貌出现，成为现代工业领域的新型工匠，包括机械技术和智能技术工匠。我国要成为世界制造强国，正面临从制造大国向智造大国的升级转变，技能要求将直接影响工业和制造水平的提升。因此，在新时代条件下，更需要发扬光大中国传统文化中的工匠文化。

思考

读一读这些典籍语句，你清楚他们的含义吗？

1. "事思敬""执事敬""修己以敬"——《论语》
2. "天行健，君子以自强不息"——《周易》
3. "百工之事，皆圣人之作也"——《考工记》
4. "百工以巧尽械器"——《春秋公羊传注疏》
5. "良庖岁更刀，割也；族庖月更刀，折也。今臣之刀十九年矣，所解数千牛矣，而刀刃若新发于硎。"——《庄周·庖丁解牛》

二、新时代背景下工匠精神的内涵

历经无数年代，工匠们通过辛勤的劳作和创造，不仅在物质层面为人类社会带来了丰富的文明成果，也在精神层面孕育了以工匠精神为核心的文化。这种精神内涵深厚。

中国哲学对工匠精神有着深刻的认知：道技合一或"匠工蕴道"。认技艺与道义相融合，即"工匠之道"。《庄子》通过多个故事，如庖丁解牛、匠石运斧、老汉粘蝉等，展示了古代工匠技艺的高超，能够达到"道"的境界。庖丁19年的解牛经验，使他能够凭借直觉而非视觉来操作，达到了与自然规律相协调的技艺境界。这表明，古代工匠精神不仅是技艺的积累，也是对"道"的追求。

"道"在中国哲学中是至高无上的概念，代表着宇宙和人类社会的法则。道家认为，万物的本性都体现了"道"。工匠之道，既是技艺之道，也是顺应自然之道。《庄子》通过庖丁的技艺，展示了他对劳动对象的深刻理解，并将这种理解转化为精神追求，达到了卓越的技艺水平。

当代的工匠，如高凤林、张冬伟、顾秋亮等，通过不懈的努力和实践，达到了技艺的巅峰，深刻理解了劳动对象的自然规律。

尽管在现代科技时代，"工匠"一词似乎与我们有些距离，但实现中华民族伟大复兴的中国梦，不仅需要科技专家，也需要众多的能工巧匠。"工匠精神"的传承和发展对于时代的发展具有重要意义。为了实现制造强国、科技强国、质量强国等国家战略，推动经济高质量发展和产业现代化，我们必须在新时代继续弘扬工匠精神。

那么，新时代的工匠精神是什么样的呢？

（一）学界对新时代工匠精神的多视角阐述

目前学界对工匠精神进行了多角度的阐述，现将典型观点列举如下：

- "工匠精神"是一种职业精神，体现职业道德、职业能力、职业品质，是从业者的一种职业价值取向和行为表现。其基本内涵包括敬业、精益、专注、创新等方面的内容（徐耀强，2017）。
- 工匠精神指工匠在制作过程中追求卓越的品质，包括向善、求精、尚巧和技道合一。向善：强调德行；求精：体现精益求精；尚巧：鼓励创新突破；技道合一：

是对技艺和道德的追求（俞跃，2017）。

- 工匠精神是一种文化理念，基于劳动者的理想信念、技能、使命感，追求劳动价值、劳动态度、劳动情感、劳动强度、劳动品德、劳动过程、劳动对象品质、劳动目标愿景等各方面的极致（彭维锋，2024）。
- 工匠精神包含六个维度：品质追求、履职信念、职业承诺、能力素养、持续创新和传承关怀。这些维度从终极目标、业务技艺、职业态度和社会责任等方面系统诠释了工匠精神的内涵，如图 6.1.1 所示（李朋波，2020）。
- 智能化时代迈进的新背景下，工匠精神的意涵也随着时代要求发生流变，既有继承又有创新，涵盖了"守""求""创""合"四个方面，如图 6.1.2 所示（匡瑛，2018）。

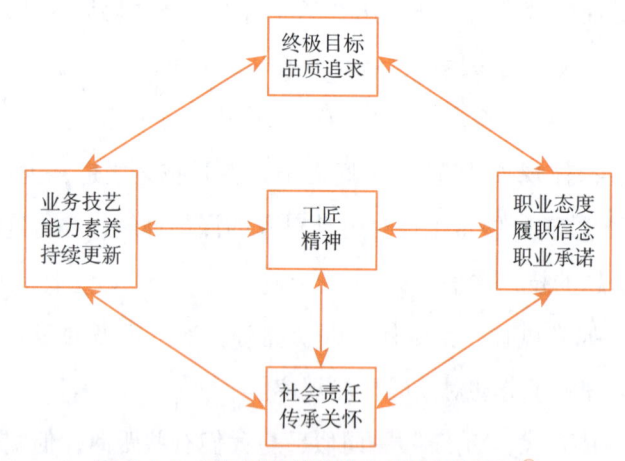

图 6.1.1　工匠精神结构维度的整合性框架[①]

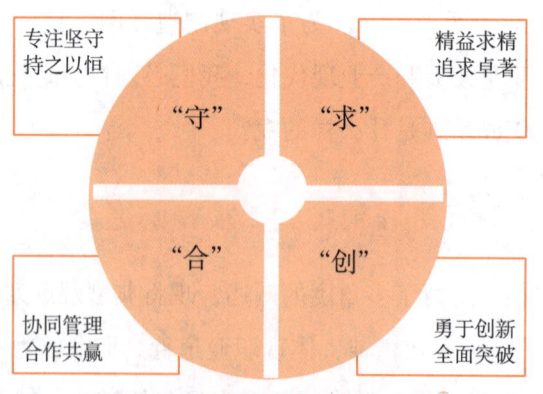

图 6.1.2　"工匠精神"的时代意涵[②]

[①] 此图转载于：李朋波所著写的《"工匠精神"究竟是什么：一个整合性框架》图 1. 工匠精神结构维度的整合性框架，吉首大学学报（社会科学版），2020 年 4 月，第 113 页。

[②] 此图参考了《智能化背景下"工匠精神"的时代意涵与培育路径》"工匠精神时代意涵之示意图"，匡瑛所著，发表于《教育发展研究》，2018，第 43 页。

（二）工匠精神的构成要素

为了更简单地理解新时代工匠精神，一些学者从工匠精神的构成要素角度对其界定。按照构成维度的具体数量，现在普遍的划分方法有：三维度、四维度、五维度及更多维度，具体如表 6.1.1 所示的工匠精神结构维度代表性观点。

表 6.1.1　工匠精神结构维度的代表性观点

维度	核心观点
三维度	⊙ 专业精神、职业态度和人文素养； ⊙ 规范化、控制力与创业自我效能感； ⊙ 爱岗敬业的奉献精神、精益求精的职业态度以及攻坚克难的创新精神； ⊙ 爱岗敬业、精益求精和勇于创新； ⊙ 匠心、匠艺和匠品
四维度	⊙ 尊师重道、精益制造、创新创业、勇于实践； ⊙ 精益求精、敬业奉献、一丝不苟、坚持； ⊙ 人员、服务、产品、设施
五维度及多维度	⊙ 热爱、专注、精心、追求极致、慎独、坚守、勤劳； ⊙ 敬业精神、传承精神、分享精神、创新精神和精益求精； ⊙ 精神、道德、价值、技术、行为、制度和社会

下面重点对"匠心""匠艺""匠品"的三维度做介绍。

首先，"工匠精神"是一种价值理念，是匠人内心对美好与卓越的追求，是向上向善的动力源泉，这是"工匠精神"的根基，亦即匠心。

其次，"工匠精神"是一种职业精神，有最基本的敬业态度和责任意识，是爱岗、奉献、敬业、传承、创新的职业理念和道德规范，这包含"工匠精神"的时代特征，是内核，亦即匠品。

最后，"工匠精神"是一种软实力，是通过勤学苦练、摸索尝试和努力钻研获得的高超、娴熟的专业能力和创新能力，这是"工匠精神"的外显部分，亦即匠艺。

匠心，推动目标定位的转变，信念的深度影响行动的强度。它代表着劳动者对卓越的追求和内在信念，主要体现为：追求卓越、精益求精、时不我待，持续期待新的成就感。这种追求直接影响个体的行为，促使工人从满足基本标准提升到追求卓越品质，从而提高对工作的投入和专注度。

匠品，通过职业道德和规范塑造行为，以职业精神为基础，展现职业行为的高标准。

匠艺，通过高技能提升工作效能，精湛技艺和多样化技能是创造高品质产品的关键，也是"工匠精神"区别于其他精神的关键。匠艺精神强调"行动力"，遵循客观规律，追求精工细作和品质至上，以制作出令客户满意的精品。

当前，"机器换人"的趋势持续发展，尽管智能化技术无法完全取代人类，但面对机器的竞争，产业工人需要通过自我提升来寻找新的出路。推广"工匠精神"对于加强产业工人队伍至关重要。首先，要匠心立志，勇于承担责任，追求成为杰出人才，坚信诚实劳动的价值，并成为时代的支柱。其次，要树立匠品，保持初心，做一个有良知的工匠，遵循职业道德和社会规范，以信誉和优质产品为企业和个人赢得声誉，以德行立足，热爱自己的岗位和企业。最后，要修炼匠艺，采取积极行动，走一条坚实的发展道路。用学习、思考、训练、操作，练就过硬的本领，适应新的制造环境，用实力说话。

（三）执着专注、精益求精、一丝不苟、追求卓越的工匠精神

2020年11月24日，习近平总书记在全国劳动模范和先进工作者表彰大会上指出："在长期实践中，我们培育形成了爱岗敬业、争创一流、艰苦奋斗、勇于创新、淡泊名利、甘于奉献的劳模精神，崇尚劳动、热爱劳动、辛勤劳动、诚实劳动的劳动精神，执着专注、精益求精、一丝不苟、追求卓越的工匠精神。劳模精神、劳动精神、工匠精神是以爱国主义为核心的民族精神和以改革创新为核心的时代精神的生动体现，是鼓舞全党全国各族人民风雨无阻、勇敢前进的强大精神动力。"[①]

这段论述具有极为重大的理论意义和实践意义，在这段论述中，习近平总书记精准界定了工匠精神的科学内涵，形成了劳模精神、劳动精神、工匠精神的固定话语，明确了劳模精神、劳动精神、工匠精神三者的内在逻辑，指出了工匠精神与民族精神、时代精神的内在关联，并进一步构建了工匠精神与个体、组织、社会、国家之间的共同体关系，彰显了工匠精神与个人价值实现、组织发展、社会进步、国家发展等方面的内在关联。

"执着专注、精益求精、一丝不苟、追求卓越"，这16个字生动概括了工匠精神的深刻内涵，激励广大劳动者走技能成才、技能报国之路，立志成为高技能人才和大国工匠。

---

① 习近平. 在全国劳动模范和先进工作者表彰大会上的讲话（2020年11月24日）[N]. 人民日报，2020-11-25（02）.

1. 执着专注

工匠们凭借对工艺的深厚理解和专业技能，创造出令人赞叹的作品。他们从学徒时期开始，就致力于实践和细节，选择一个领域深入钻研，保持专注和热情，不轻易分心。他们深知，只有通过持续地学习和实践，才能达到技艺的巅峰，这需要坚持初心和理想，忍受孤独和寂寞。

2. 精益求精

工匠们以其卓越的技艺成为行业的佼佼者和技艺的传承者。在技术创新的领域，有一批企业专注于细分市场，成为该领域的领导者。例如，中铁二局二公司隧道爆破高级技师彭祥华在软若豆腐般的岩层间精准爆破，误差控制远小于规定的最小误差；沪东中华造船公司焊工张冬伟手工焊缝长14公里厚0.7毫米的内胆，先修"心境"而后达"技境"。他们的故事都体现了工匠们对完美的不懈追求，通过不断地精进，实现自我超越。

3. 一丝不苟

工匠们对待工作的态度极为严谨，不容许任何瑕疵。在技术开发和应用过程中，他们遵循严格的规程和标准，不允许任何马虎或将就。即使是简单的操作，如拧螺丝，也需要严格遵守规定，以避免误差。"炮制虽繁必不敢省人工，品味虽贵必不敢减物力。"他们注重每一个细节，以匠心独运的精神创造出卓越的作品。

4. 追求卓越

当工匠们的技艺达到一定程度后，他们意识到单纯依靠时间投入来提升技能的效率会降低。因此，他们通过改变要素投入组合，改变其他投入要素的量，或者投入其他要素，实现工艺改造和产品创新。在数字经济时代，技术的快速更新要求工匠们不断追求卓越，勇于创新，不满足现状，而是持续向更高的目标努力。

三、习近平总书记关于工匠精神的重要论述

自党的十八大以来，习近平总书记针对我国经济社会发展的新阶段、新挑战、新特点和新需求，给予工匠精神的培育和推广以高度重视。在重大时间节点、重大

会议场合、重要文件政策、重要指示批示和重要考察调研中,通过多种形式深入阐述工匠精神的重要性,为工匠精神在新时代的发展提供了坚实的理论和实践支撑。

(一)顺应了新时代劳动价值体系的现实诉求

2016年4月26日,习近平总书记在知识分子、劳动模范、青年代表座谈会上提出了工匠精神。习近平总书记指出:"无论从事什么劳动,都要干一行、爱一行、钻一行。在工厂车间,就要弘扬'工匠精神',精心打磨每一个零部件,生产优质的产品。在田间地头,就要精心耕作,努力赢得丰收。在商场店铺,就要笑迎天下客,童叟无欺,提供优质的服务。只要踏实劳动、勤勉劳动,在平凡岗位上也能干出不平凡的业绩。"①

习近平总书记的这段讲话,简明扼要,深刻阐释了工匠精神的实质。他强调,工人是工匠精神的弘扬主体,工厂是这一精神的弘扬场所,而精心打磨则是实现这一精神的过程。通过提倡"干一行、爱一行、钻一行"的态度,以及"精心打磨每一个零部件,生产优质的产品"的行动成果,充分表达了工匠精神的精髓。此外,通过提倡无论是在田间劳作还是商业服务中,都应全力以赴,诚信经营,提供优质服务的理念,显示了工匠精神的普遍适用性,它不仅是工厂工人的职责,也是所有劳动者应当追求和实践的精神价值。

(二)不断拓展工匠精神的弘扬领域

2016年12月14日,习近平总书记主持召开中央经济工作会议。会议强调,要引导企业着力弘扬工匠精神,加强企业品牌建设,不断增强产品竞争力。2017年6月22日,习近平总书记在考察太钢钢科碳材料有限公司时,"同现场科技人员交流,勉励他们发扬工匠精神,为'中国制造'作出更大贡献。"②以上论述着眼于工匠精神在推动实体经济复苏、塑造优秀品牌、提升产品质量和促进制造业强国建设中的重要性,为企业高质量发展和转型升级指明了方向。工匠精神不仅是实体经济发展的精神内核和内在动力,也是其发展的基石。因此,弘扬工匠精神的责任不再局限于工人,而是扩展到了科技专家和企业家,其实践场所也从生产车间扩展到了整个企

---

① 习近平. 在知识分子、劳动模范、青年代表座谈会上的讲话(2016年4月26日)[N]. 人民日报, 2016-04-30.

② 赵向南. 情牵黄土地心系老区人——习近平总书记在山西考察工作纪实[J]. 前进, 2017(7).

业乃至科技界。弘扬工匠精神的目标是塑造知名品牌，支持企业的持续成长，增强产品在市场上的竞争力，并最终实现"中国制造"向"中国创造"的转变。

2017年2月6日，习近平总书记主持召开中央全面深化改革领导小组第三十二次会议，审议通过《新时期产业工人队伍建设改革方案》，其中特别指出："突出产业工人思想政治引领，加强理想信念教育、职业精神和职业素养教育，大力弘扬劳模精神、劳动精神、工匠精神，引导产业工人爱岗敬业、甘于奉献。"[①] 这是在中央文件中首次将劳模精神、劳动精神、工匠精神并列提出。

2017年10月18日，习近平总书记在党的十九大报告中明确指出："建设知识型、技能型、创新型劳动者大军，弘扬劳模精神和工匠精神，营造劳动光荣的社会风尚和精益求精的敬业风气。"[②] 这是首次将工匠精神写入党的全国代表大会报告，将工匠精神上升到国家意志层面，充分体现了党和国家对工匠精神的高度重视。

由此，工匠精神的弘扬主体由产业工人扩展到全体劳动者，工匠精神的弘扬场域由工厂车间正式扩展到全社会。

（三）不断丰富工匠精神的特征内涵

2017年12月12日，习近平总书记视察徐州徐工集团时强调："广大企业职工要增强新时代工人阶级的自豪感和使命感，爱岗敬业、拼搏奉献，大力弘扬劳模精神和工匠精神，在为实现中国梦的奋斗中争取人人出彩。"[③] 这段论述再次强调广大企业职工是工匠精神的弘扬主体，同时也强调了工匠精神"拼搏奉献"的这一特征。

2018年9月27日，习近平总书记在辽宁考察时指出："民营企业要进一步弘扬企业家精神、工匠精神，抓住主业，心无旁骛，力争做出更多的一流产品，发展一流的产业。"[④] 2019年8月26日，习近平主持召开中央财经委员会第五次会议，会议强调："要发挥企业家精神和工匠精神，培育一批'专精特新'中小企业。"[⑤] 这两次论述特别指出，企业是工匠精神的弘扬主体。同时，此论述进一步强化了工匠精神

---

① 建设宏大的高素质产业工人队伍助推制造强国战略夯实党的执政基础[N]. 工人日报，2017-06-20（01）.
② 习近平. 决胜全面建成小康社会夺取新时代中国特色社会主义伟大胜利——在中国共产党第十九次全国代表大会上的报告[M]. 北京：人民出版社，2017.
③ 深入学习贯彻党的十九大精神紧扣新时代要求推动改革发展[N]. 人民日报，2017-12-14（01）.
④ 张晓松，杜尚泽. 奋力书写东北振兴的时代新篇[N]. 人民日报，2018-09-30（02）.
⑤ 推动形成优势互补高质量发展的区域经济布局发挥优势提升产业基础能力和产业链水平[N]. 人民日报，2019-08-27（01）.

心无旁骛、争创一流、创新创造的特征。

2018年10月29日，习近平总书记在同全国总工会新一届领导班子成员集体谈话时指出："大国工匠是职工队伍中的高技能人才。工会要协同各个方面为劳动模范、大国工匠发挥作用搭建平台、提供舞台，培养造就更多劳动模范、大国工匠。"[1]

2019年8月20日，习近平总书记在考察山丹培黎学校时的讲话中指出："做强实体经济需要大量技能型人才，需要大力弘扬工匠精神，发展职业教育前景广阔、大有可为。"[2] 2019年9月，习近平总书记对我国选手在世界技能大赛上取得佳绩作出重要指示："要在全社会弘扬精益求精的工匠精神，激励广大青年走技能成才、技能报国之路。"[3] 这些论述特别指出了工会和职业院校是工匠精神的弘扬主体。

至此，习近平总书记将工匠精神与职业教育、人才培养、自主创新紧密联系，并与国家的宏伟目标相结合，构建了一个全面的工匠精神理念。这一理念强调了工匠精神不仅属于工人，而是所有劳动者的共同追求；它的实践场所不仅限于工厂，也涵盖了职业教育领域；其精神实质已从单纯的职业素养扩展到了国家发展的战略层面。我们也更加明确了：无论是强化实体经济、培育具有核心竞争优势的企业，还是实现个人价值、推动职业教育发展，都需要劳动者积极倡导和实践工匠精神。这为工匠精神的内涵增添了新的维度，使其成为推动社会进步和个人成长的重要力量。

拓展阅读

了解德国的工匠精神[4]

1. 守秩序、重理性的传统

一个民族的特性是由这个民族的文化传统所决定的。德国的民族特性更多地来源于普鲁士精神，普鲁士通过三次王朝战争统一德国，也由此铸就了忠诚、服从、守秩序的国民性。

德国人视秩序为生命，他们把生活安排得井井有条，德国人见面时最常用的那

---

[1] 团结动员亿万职工积极建功新时代开创我国工运事业和工会工作新局面[N]. 人民日报, 2018-10-30（01）.
[2] 坚定信心开拓创新真抓实干团结一心开创富民兴陇新局面[N]. 人民日报, 2019-08-23（01）.
[3] 弘扬精益求精的工匠精神激励广大青年走技能成才技能报国之路[N]. 人民日报, 2019-09-24（01）.
[4] 此资料来源于：王志民. 德国工匠精神是如何造就的[N]. 人民论坛网, 2018-05-07, 有改动。

个语言就是：一切还符合秩序吗？在德国的城市里你很难看到十字路口边上会有维持秩序的交警，但是马路车如流水，通行通畅。德国人在汽车超车道上的时间就有着明文规定：汽车行驶在超车道上的时间不能超过5分钟。一旦超过了5分规定的时间，其他的司机就会向交通部门举报。被举报的人将会受到严厉的交通违章处罚。在德国每个人都有着很强的"公民精神"，严守规章制度，遵守公共秩序。

德国还特别注重行业标准和质量认证体系。100多年来，德国的工业标准化委员会共制定了3.3万个行业标准，其中80%以上为欧洲各国所采纳。德国人以服从法律为己任，也自觉遵守各种社会规范。

德意志民族有着理性和思辨的传统。德国人给世人展现的是严谨但不僵化的精神。德国人在生活上崇尚节俭，不少德国饭店能够根据顾客需要提供"小份饭"和"儿童量"套餐。

2. 严谨求实的工匠精神

"德国制造"一直是质量和信誉的代名词。但"德国制造"并非天生高贵，实际上是被逼出来的。

德国1871年统一后，德国作为后起的国家为了追赶老牌强国，曾大量剽窃外国技术，制造假冒伪劣产品。1876年，美国费城世界商品博览会上的德国展品被认为价廉质劣而无人问津，德国机械工程专家弗朗茨·勒洛对德国制造的劣质产品进行了猛烈批评，引起德国国内的巨大震动。1887年，英国还专门修改《商标法》规定自德国进口的所有产品都要注明"德国制造"，其目的在于区分产品优劣，引导消费者抵制德国劣质品。

基于此，德国企业意识到市场竞争不仅要有数量，更重要的是质量，德国政府也积极发挥作用，制定关税保护新生产业，修订鼓励出口的铁路运输费率，资助发展技术教育，着手培养众多企业家以发展工业。

虽然德国制造业的主流是中小企业——约占德国经济贡献率的99.6%，占德国企业总数的92%。这些中小企业多以生产制造单一产品的家庭企业为主，但是德国工匠秉持严谨专注、精益求精、品质至上的理念，坚持将单一产品做到极致，为产品注入了极高的单位产值。到19世纪末，西门子、拜耳等中小企业一跃成为具有国际知名度的制造业品牌企业，德国制造业也一改往日粗制滥造的恶劣形象，在化工与电力等行业远远超过英国，位居欧洲乃至世界之首，引领了第二次工业革命的浪潮。

目前大家对德国制造的印象是"耐用""安全"这些词语。

彼得·冯·西门子曾说,"人口有8000万的德国,之所以有2300多个世界品牌,靠的是德国人的工作态度,是他们对每个生产技术细节的重视"。正是因为这种工匠精神,成就了"德国制造"耐用、可靠、安全、精确的形象,也使德国经济能够屹立潮头。

3. "双元制"职业培训体制

"双元制"在德国已有一百多年的历史,在1984年的时候德国政府首次把企业和学校的职业培训定义为双元制。这是一种由国家立法支持,学校与企业合作共建的职业培训体制。之所以称为"双元",是指职业培训要经过两个场所:一个场所是职业学校,主要是传授与职业有关的专业知识;另一个场所是企业或者公共事业单位。这种"双元制"职业培训,使学生交替在学校和企业学习,在学校学习理论知识,在企业进行实践操作,并将理论学习和实际操作相结合,培养学生的综合能力。按照德国相关政府部门的规定,德国的企业有义务为学生提供职业教育的培训岗位,只有经过这种职业培训的学生才能顺利进入企业工作。

第二节　榜样的力量：大国工匠

◆ 本节要点

1. 古代历史上工匠社会地位较低，但现代中国重视工匠及工匠精神，认识到他们是支撑"中国制造"和"中国创造"的重要力量。
2. 工匠群体展现了敬业、专注、精益求精、创新等精神，这些精神不仅体现了个人职业素养，也是国家发展和民族复兴的重要推动力。
3. 工匠精神的核心在于追求卓越、注重细节、持续创新。这些要素是工匠在专业技能、价值观念和创新实践方面卓越表现的体现。
4. 大国工匠是劳动队伍中的佼佼者，他们通过崇高的职业素养、高超的技能水平和深厚的家国情怀，成为新时代学生和广大劳动者学习的榜样。
5. 工匠精神能够改善社会风气、提升产品质量、增强国际竞争力，对实施制造强国、科技强国、质量强国等国家战略具有重要的实践推进作用。
6. 工匠精神的传承和发展需要一代代匠人的接力，通过实践探索和技艺传承，不断适应新时代的要求，实现创新和突破。

在我们的文化传统里，工匠的社会地位一直较低。在古代的等级划分中，他们通常被排在"士农工商"的后面，很少受到统治阶层的重视，是一个边缘群体。尽管在唐宋时期，手工业者的社会地位有所提升，但封建统治仍然坚持"重农抑商"的政策，将工商业视为末业，对手工业者进行压制。到了元代，通过严格的"匠户"制度，对工匠施加了更多的限制和束缚，使他们难以获得与其他劳动者平等的社会地位。儒家思想更是强调"万般皆下品，唯有读书高"，倡导"君子不器"，认为君子应该追求更高的道德和政治理想，而不是沉迷于技艺。

然而，在当今的中国，尽管已成为世界制造大国，但社会和企业依然缺乏对工匠和"工匠精神"的重视。要真正树立起对工匠的尊重和对"工匠精神"的崇尚，关键在于全社会对劳动、知识和创造的尊重，营造一个尊崇工匠和工匠精神的社会环境。

一、卓越、细节、创新的工匠之美

目前，我国有超过 2 亿技能人才活跃在各行各业，其中高技能人才超过 5000 万人[①]。大国工匠们凭借丰富的实践经验和不懈的创新进步，实现了一项项工艺革新，完成了一系列技术攻坚。他们是支撑中国制造的重要力量，也是锻造"创新中国"的劳动者大军。

工匠群体给我们展示了敬业之美、细节之美、创新之美，工匠精神驱动下的劳动必然更专业、更高效、更科学、更富有创造性。

第一，从专业技能的角度审视，工匠是精湛技术的杰出代表。

在《大国工匠》系列纪录片中，我们得以一窥这些工匠之所以能成为大国工匠，首先是因为他们拥有超凡的技艺、卓越的技术和高超的技能。他们愿意投入大量的时间和精力，不断钻研和完善自己的作品，精益求精、挑战自我、创新创造、追求完美，这使得他们的技术水平达到了顶尖水准，成为专业的甚至是专家型的劳动者。

第二，从价值观念的角度出发，工匠是坚守岗位、胸怀全局的榜样。

一方面，立足本职是工匠的立身之本。从"择一事终一生"的执着和专注，到对"干一行爱一行"的精益求精，从"偏一毫不敢安"的一丝不苟，到"千万锤成一器"的成果追求，工匠们展现出了强烈的职业精神和追求。另一方面，胸怀全局是工匠的情怀格局。工匠们以主人翁的心态和姿态，通过积极的工作态度、创新的劳动实践、丰富的创造力、勇敢的责任感和坚定的品格，在平凡的岗位上创造非凡的成就。他们实现了个人价值与社会价值的最大化，自觉地将个人理想、家庭幸福与国家的繁荣、民族的复兴紧密结合。这不仅营造了尊重劳动的社会氛围和追求卓越的职业精神，而且激励了无数普通劳动者坚守信念、立足本职、勇于创新、建功立业，成为社会主义现代化建设新征程上的积极追梦者。

第三，从创新的角度来看，工匠构成了推动岗位创新的核心力量。

对创新的推崇、执着、勇气、智慧和能力，构成了工匠精神的核心。创新是推动经济增长、科技进步以及民族复兴的关键驱动力。工匠精神中蕴含的创新精神，

---

① 此处的数据来源于：人民日报于 2020 年 12 月 19 日刊发的文章《我国技能劳动者已超 2 亿人　高技能人才超过 5000 万人》。

对于产品的改进、质量的提升、工艺的革新、技术的突破、企业的发展、国家的繁荣和民族的复兴都是至关重要的要素。在中国实现从站起来到富起来再到强起来的历程中，工匠和广大劳动者通过深入研究和掌握技能、通过不懈奋斗实现梦想，不断攀登技艺的高峰，追求卓越，为我国的经济社会发展作出巨大贡献。

二、工匠群体的榜样作用

中国特色工匠精神孕育出勇担重任、承载使命的大国工匠与能工巧匠，这些大国工匠与能工巧匠或者具备崇高的职业素养，或者具备高水准的技能水平，或者具备独到的经验积淀，或者具备深厚的家国情怀，进而成为劳动队伍中的佼佼者。从这个意义上看，工匠群体无疑对新时代学生成长发展有明显的榜样示范优势。特别是随着实施制造强国、科技强国、质量强国等重大国家战略的实践推进，中国特色工匠的榜样示范效应也愈加生动地展现出来。

第一，对于社会整体而言，工匠群体的示范效应表现在"改善社会风气"。

自中华人民共和国成立，尤其是改革开放以来，中国一直致力于通过"速度追赶"来迅速改变落后状态。然而，这种追求快速发展的同时，也带来了社会心态的浮躁问题。浮躁的心态容易导致人们浅尝辄止、急功近利，这对个人、国家和社会的长期发展都是不利的。通过发挥工匠群体的示范作用，弘扬工匠精神，可以引导社会各界调整心态，端正态度，培养对事业的热爱、对工作的敬业精神和社会责任感。如果每个人都能践行工匠精神，敬业乐业，就能不断提升自己的专业技能，提高产品和服务的质量，为社会的发展打下坚实的基础。这将有助于营造一个诚信、务实、创新的社会氛围。

第二，对于国家发展而言，工匠群体的示范效应表现在"有利于制造强国、质量强国等重大战略的实践推进"。

改革开放 40 多年来，中国已成为世界第一的制造业大国。尽管 MADE IN CHINA 的产品遍布全球，从汽车、电器到制笔、制鞋，许多产业规模位居世界前列。但整体上仍存在层次不高、实用性不强的问题，尤其是品牌价值和文化深度与国际领先水平相比还有较大差距。许多业内人士认为，中国制造业虽然规模庞大，但产品质量整体不高，背后的重要原因之一是缺乏具有工匠精神的高技能人才。工匠精神的主要特征是精益求精，其终极目标是塑造品牌。通过弘扬工匠精神，在设计、研发、生产、加工、营销和服务等各个环节追求卓越，可以有效提升产品品质、增加产品种类、创造品牌。将敬业、精益、专注、创新的工匠精神渗透到生产、设计、经营的每一个环节，有助于实现从"重量"到"重质"的转变。这样，既可以更好地满足消费者个性化和多样化的需求，减少消费外溢，扩大内需，进一步促进质量提升，又可以增强中国制造在国际市场上的竞争力和声誉，改善国家形象。

第三，对于企业成长而言，工匠群体的示范效应表现在"有利于企业在竞争中积累品牌资产"。

一组2012年的数据引人深思：日本拥有全球最多的长寿企业，其中百年企业超过50000家，二百年企业有3146家，五百年企业39家，甚至还有9家千年企业。再来看一下超过200年历史的企业数量：德国有837家、荷兰有222家、法国有196家。而在中国，最古老的企业是成立于1538年的六必居，现存超过150年历史的老店仅有5家。中国中小企业的平均寿命大约为2.5年，集团企业平均寿命为7至8年，与欧美企业平均40年的寿命相比，差距显著。探究这些长寿企业的秘诀，传承工匠精神是它们的共同点。

随着市场经济特别是知识经济的发展，现代经济越来越倾向于品牌经济。在现代市场经济中，品牌形象作为知识资本的一种形式，也是一种可经营的企业资产，它是一种潜在的、无形的、动态的价值，能够带来价值增长，这是传统会计体系无法反映的无形资本。打造良好的品牌形象，有效管理和运用品牌资本，是企业在市场竞争中占据有利地位的关键。实际上，工匠精神在塑造企业品牌形象和创造品牌资本方面发挥着关键作用。工匠精神不仅是企业品牌内涵的重要组成部分，也是提升企业品牌知名度、美誉度和顾客忠诚度的有效途径，更是品牌资本增值的重要驱动力。例如，中华老字号全聚德烤鸭之所以能够享誉世界，很大程度上得益于其对"食不厌精、脍不厌细"的工匠精神的坚持。

第四，对于广大劳动者个人而言，工匠群体的示范效应表现在"尊重价值、激发员工潜能、促进成长"。

尊重员工的价值、激发员工的价值、实现员工的发展，不仅是员工个人成长的强烈需求，同时也是现代企业的责任和使命。而"工匠精神"作为一种职业精神，是企业员工提升个人精神追求、完善个人职业素养、实现个人成长进步的重要道德指引。

以美国旅馆业巨头康拉德·希尔顿为例。他年轻时有过在酒店打工的经历。最初，上司安排他打扫卫生，刷马桶是其中必要环节。希尔顿对这份工作不满意，对待工作很懈怠。有一天，一位年龄稍长的女同事见他刷的马桶很不干净，就亲自为他做示范，并告诉他，自己刷完的马桶，是有信心从里面舀水喝的。这件事对年轻的希尔顿触动很大。从此他一改对工作的懈怠应付，逐渐树立起踏实认真、一丝不苟的职业精神。后来，希尔顿拥有了自己的酒店，并在行业内独树一帜。回顾他的成功之路，不难发现，他年轻时所遭遇的"喝马桶水"的职业精神教育这一课，是他成长、成才、成功的重要精神财富。

事实上，企业员工所具有的高尚职业操守和强烈"工匠精神"，同拥有较高专业知识技能一样，是其自身立足职场的重要条件和在未来职业生涯中脱颖而出的制胜法宝。

第五，对于在校大学生而言，工匠群体的示范效应表现在"引领新时代学生未来的成长发展"。

工匠群体身上所呈现的中国特色工匠精神对新时代大学生成长与发展具有重要的引领作用，尤其是在"专业技能培养""职业道德塑造""坚韧品格形成""家国情怀培养"等方面。

- 专业技能培养

工匠们作为专业成长的灯塔，激励大学生追求精湛技艺，通过不断实践和学习，提升技能水平。工匠们注重对工艺品质的极致追求，激励着学生在专业技能的培养中注重细节，追求卓越成果。另外，工匠们还十分注重团队合作和技艺传承，激励着大学生在交流与合作中提高技能，培养团队协作精神。

- 职业道德塑造

工匠精神的传承不仅传授技能，更传递职业道德，引导大学生树立正确的职业观念。工匠们的敬业精神值得敬仰，能够激发学生对工作的热爱和责任感，提高工作质量和职业素养。他们强调诚信和正直，激励着学生在工作中坚守职业道德，自觉维护职业声誉。

- 坚韧品格形成

工匠们推崇创新、努力进取，这种精神激励着大学生在职业发展中积极探索，勇于尝试新方法和新技术。另外，在创新进取中还能培养坚韧毅力，帮助学生在面对挑战时保持坚持和毅力，锻炼抗压能力和解决问题的能力。

● 家国情怀培养

工匠精神鼓励大学生在追求个人职业发展的同时，树立国家和民族利益至上的理念。通过弘扬工匠精神，大学生能够在国家发展和民族复兴的伟大实践中，展现自身的价值和力量。

思考

工匠，应该具备什么样的优秀品质？请结合感兴趣的岗位领域，谈一下你的未来职业生涯规划，即：如何从一名普通的劳动者成长为一名优秀的工匠。建议从以下三个维度思考：

（1）匠心，含求知欲、专注力、专业情等品质。

（2）匠行，含规范做事、精雕细琢、开拓进取等品质。

（3）匠品，含责任、诚信、奉献等品质。

最后，对于我们中华民族的长远发展而言，发挥工匠群体的榜样作用有利于塑造民族精神。

中华民族所彰显的勤劳、勇敢、智慧以及团结和坚韧不拔等精神令世界瞩目。然而，长期的封建制度和传统的农耕文化也导致了一定程度的保守和缺乏创新。工匠精神不仅代表着对工艺的精益求精，也象征着勇于探索和创新。企业和团队若能拥有这种精神，将展现出坚定、严谨和专注，为成为行业领导者奠定基础。一个民族若能广泛弘扬工匠精神，将为国家的复兴和发展提供动力和支撑。例如，二战后德国之所以能够迅速恢复和崛起，很大程度上得益于其产业工人所具有的工匠精神。在当前全面推进社会主义现代化建设的新阶段，发扬工匠精神将有助于我们国家克服困难、砥砺前行。

三、感悟工匠故事、弘扬工匠精神

在新民主主义革命时期，一大批优秀的工匠在各个革命根据地上成长起来。例如，陕甘宁边区农具厂的化铁工人赵占魁，即使在高达上千摄氏度的熔炉前，也坚持穿着湿棉袄代替专业的防护装备，不断钻研技术，提高产品质量。

中华人民共和国成立之后，各行各业涌现出一批批能工巧匠，他们为社会主义建设注入了活力。北京永定机械厂的钳工倪志福，反复钻研改进技术，发明了一种适用于多种材料的"倪志福钻头"，在国内外切削界产生了深远影响。青岛国棉六厂的细纱挡车工郝建秀，凭着一股不服输的倔脾气，创造了一种提高效率和质量的"细纱工作法"，成为纺织行业的创新典范。1968年，南京长江大桥的建成通车，不仅是中国自行设计建造的最大铁路、公路两用桥，也是在艰苦条件下依靠"独立自主、自力更生"精神建成的标志性工程，至今仍然坚固耐用，体现了工匠们对工艺的极致追求。

改革开放之后，工匠精神在各行各业得到了进一步的发扬，劳动者们将专业精神和精益求精的态度融入工作的每一个细节，创造了众多"中国制造"的辉煌成就。如"汉字激光照排系统之父"王选，从事高铁研制生产的铁路工人，从事特高压、智能电网研究运行的电力工人……他们都是工匠精神的杰出代表，通过自己的创新和辛勤工作，为国家的繁荣和人民的福祉作出了巨大贡献。

中国特色社会主义进入新时代，工匠精神的时代价值更加凸显。

- 执着专注

许多杰出的工匠短则十几年、长则几十年专注于一项技艺或一个岗位，经过持续不断的磨炼，才终于取得卓越的成就。以山东港口青岛港的许振超为例，他71岁高龄仍然保持着旺盛的工作热情。在成为集装箱桥吊司机后，许振超秉持着"干就干一流，争就争第一"的信念，经常牺牲休息时间来磨炼自己的技术。他的努力最终使他掌握了"一钩准""一钩净""无声响操作"等绝活，并带领他的团队多次打破集装箱装卸的世界纪录，使得"振超效率"成了港航界一个响当当的品牌。

- 精益求精

工匠以工艺专长造物，在专业的不断精进与突破中演绎着"能人所不能"的精湛技艺，凭借的是精益求精的追求。

"80后"高级技师陈亮在无锡微研股份有限公司工作时，为自己设定了几乎不可能达到的精度标准："再精细一点，离一微米的精度就更近一些。"陈亮打破常规思维，通过"移植工序"，把"铣"和"磨"组合使用，终于在不断尝试中成功，获得了多项专利。

艾爱国，"七一勋章"获得者、湖南华菱湘潭钢铁有限公司的焊接顾问，用焊枪展现出超越常人的技艺：一把焊枪，能在眼镜架上"引线绣花"，能在紫铜锅炉里"修补缝纫"，也能给大型装备"把脉问诊"。无论面对何种材质或工艺的挑战，都能迎刃而解。在难度最大的铜构件焊接中，需要在几分钟的时间窗口内，在超过700摄氏度的高温下，精准施焊——艾爱国将这项技术变成了自己的绝活。

彭祥华，中铁二局二公司的隧道爆破高级技师，能在岩层间做到精准爆破，误差远小于规定的最小值。潘从明，金川集团贵金属冶炼分厂的提纯班班长，他凭借多年的经验，能从其溶液的颜色中迅速判断矿渣中稀有贵金属的杂质含量……

无论是小到螺丝钉的精细打磨，还是大到飞机、高铁等大国重器的制造，工匠们始终以专注和严谨的态度，不断追求卓越。正是这种对工匠精神的传承和发扬，使中国从一个工业基础薄弱的国家，迅速成长为世界制造大国。

- 一丝不苟

同仁堂的楹联"炮制虽繁必不敢省人工，品味虽贵必不敢减物力"，体现了对工艺精益求精的态度。辽宁沈阳的铆焊专家杨建华，正是这种精神的杰出代表。他从一名初中没读完的普通工人，经过39年的不懈努力，最终荣获国家科技进步奖。杨建华对《铆工工艺学》的掌握程度令人赞叹，随便提到书中的一个要点，他都能迅速说出对应的页码。他还有一个随身携带的记录本，几十年来记录了上百万字的心得体会。他用自己的实际行动诠释了一丝不苟、精益求精的工匠精神。

- 追求卓越

很多大国工匠们致力于产品品质的极致追求，他们要把品质的99%提升到99.90%，甚至99.99%。这种对卓越的不懈追求体现在航天特种熔融焊接工高凤林的工作中。他被誉为"金手天焊"，面对火箭发动机大喷管的焊接任务，其难度之大，风险之高，令人难以想象。焊缝长达近900米，管壁的厚度甚至比一张纸还要薄，多停留0.1秒就有可能把管子烧穿或焊，造成数百万元的损失。

高凤林通过不懈的努力，最终圆满完成了这项艰巨的任务。为了练就高超的焊接技艺，他在生活中的点点滴滴都不忘练习。吃饭时用筷子练习送焊丝，端着盛满水的缸子练习手的稳定性，休息时举铁块锻炼耐力，甚至在高温下观察铁水的流动规律。正是这种不断挑战自我，追求卓越的精神，使他成为国内焊接领域的权威。

- 创新突破

支撑创新驱动的根本是创新型人才，其中包括能工巧匠和高级技师。我国有超过 1.7 亿技能人才活跃在各行各业。大国工匠们凭借丰富的实践经验和不懈的创新进步，实现了一项项工艺革新，完成了一系列技术攻坚。他们是支撑中国制造的重要力量，也是锻造"创新中国"的劳动者大军。

中集来福士海洋工程有限公司管路班班长杨德将，参与数十个大型海工项目建造，先后攻克多项被国际厂商垄断的钻井系统技术瓶颈；从我国第一座公路钢箱梁斜拉桥，到第一座采用整体节点焊接结构的钢桁梁桥，中铁宝桥集团有限公司电焊特级技师王汝运不断刷新焊接工艺的极限……

新时代的我们，要以工匠品质为目标，不断超越自我、勇攀行业顶峰，在熟练掌握行业技术的基础上，善于学习、勤于思考、勇于革新，为行业技艺带来突破性贡献，不断促进生产技艺水平提升，以创新创造精神推进我国制造强国、科技强国、质量强国等重大国家战略，为实现中华民族伟大复兴的中国梦提供强大创新动力。

拓展阅读

薪火接续，传承"中国风范"[1]

"一花独放不是春，百花齐放春满园"，这句话道出了传承的重要性。技术人才的培养和工匠精神的发扬，都需要一代代匠人的传承。他们从生疏到熟练，通过手把手的教授和口口相传，使技艺得以延续。他们坚守岗位，将平凡变为非凡；他们不懈努力，让时间磨砺出更坚定的匠心。

鹿新弟，一汽解放大连柴油机有限公司的高级技师。只需在车间缓步走过，他就能从机器轰鸣声中准确找出故障原因。

在他看来，过硬的基本功源于带他入行的师傅。他这样说："发动机是精密仪器，一分一毫不能马虎。师父严谨的工作态度，为我打下了很好的基础。"

现在，鹿新弟有了自己的劳模创新工作室、技能大师工作室。他设定了目标，计划在 2025 年前带领工作室成员取得科技创新的突破。

工匠精神，在不断接力中传承"中国风范"。

"铣工状元"董礼涛的"国家级技能大师"工作室已经完成了近百项创新成果，

---

[1] 资料来源：精益求精　勇于创新——工匠精神述评［N］. 新华社，2021-09-27，有改动。

获得了28项国家专利和3项命名操作法；成立于2015年的"韩舒技师创新工作室"，长期深耕变电站升级建设，截至目前已有10多项发明获得实用新型专利……

这些老师傅的榜样作用和青年人的拼搏热情，匠心技艺的传帮带，不仅加快了产品的更新换代，也为产业储备了后续人才。

今天的工匠，虽然技能和行业各异，但他们的匠心是相通的，那就是承前启后、继往开来的职业追求。工匠精神已经成为新时代的一种标志、一种示范、一种精神的传递，成为社会新风尚，不断接力传承着"中国风范"。

第三节　劳动实践：动手剪一剪，传承非遗剪纸

◆ 本节劳动实践的目标

1. 通过剪纸的动手制作，让学生体悟"执着专注、精益求精、一丝不苟、追求卓越"的工匠精神；
2. 通过亲自动手完成剪纸作品，让学生感受收获的快乐，增强获得感、成就感、荣誉感，进而让学生感悟劳动创造价值、劳动创造幸福的道理；
3. 让学生尝试剪出样式多样的剪纸作品，培养学生创新意识，让学生发现创造性劳动的价值，同时培养学生主动探索、认真钻研、创新设计的职业素养；
4. 让学生剪纸的劳动实践的过程中，学习剪纸的相关知识和技能，手脑并用，有创新有亮点。

一、实践方案

实践任务
请学生首先了解一下中国剪纸的基础知识，然后亲自动手制作一幅剪纸作品。
具体要求
○ 剪纸作品，可以参考下面方案中的轴对称荷花图案，也可以选择自己感兴趣的其他剪纸图案；   ○ 没有剪纸基础的同学，可参考下面轴对称荷花剪纸的步骤，或者在哔哩哔哩等网站上搜索相关视频学习；有剪纸基础的同学，可自选图案完成作品；   ○ 选好意向剪纸图案后，要以一丝不苟、精益求精的态度完成作品；   ○ 在剪纸作品制作过程中，可加入创意元素；   ○ 作品完成后，请提交作品，教师组织班级开展优秀作品评选活动。
工具准备
剪刀、铅笔、胶水、红纸或各色彩纸等
知识准备
（1）了解剪纸   　　剪纸，又叫刻纸，是一种镂空艺术，用剪刀或刻刀在纸上剪刻花纹，用于装点生活或配合其他民俗活动，真实记录着劳动人民的思想情感和理想愿望。

续表

知识准备

剪纸的内容很多，寓意很广。祥和的图案企望吉祥避邪；娃娃、葫芦、莲花等图案象征多子，中国农民认为多子便会多福；家禽家畜和瓜果鱼虫等因与农民生活息息相关，也是剪纸表现的重要内容。

剪纸来自民间，具有很强的地域特点：陕西窗花风格粗朴豪放；河北和山西剪纸秀美艳丽；宜兴剪纸华丽工整；南通剪纸秀丽玲珑。

2006年5月20日，剪纸艺术遗产经国务院批准列入第一批国家级非物质文化遗产名录。2009年9月28日至10月2日举行的联合国教科文组织保护非物质文化遗产政府间委员会第四次会议上，中国申报的中国剪纸项目入选"人类非物质文化遗产代表作名录"。

（2）剪纸的纹样①

大多数剪纸都少不了纹样，纹样可以让单调的剪纸生动起来，让人看到一幅动感十足的作品。剪纸纹样大致有月牙纹、锯齿纹、柳叶纹、花朵纹、漩涡纹、鱼鳞纹、圆纹、云纹、水纹、火纹等。下面对常见的一些花纹介绍如下：

- 锯齿纹（也称毛毛纹）：主要用于动物身上的毛发表现，也可以用作小草等，造型可以有多种变化，可直可弯曲，锯齿间距也可根据需要来变化。如图6.3.1所示。
- 月牙纹：就是一个月牙的形状，主要用于动物的眼睛、身上的花纹等，在剪纸过程中用得最多的形状。如图6.3.2所示。
- 水滴纹：就像水滴的形状，在剪纸中常常运用于眼睛，多个水滴形状组成的小花图案。如图6.3.3所示。
- 柳叶纹：就像柳树的叶子，在剪纸中常常表现为叶子，由4片、5片、6片等组成花朵。如图6.3.4所示。
- 云纹：就像云朵一样，很形象。在剪纸中具有吉祥、美好、如意的象征。如图6.3.5所示。
- 波浪纹：像波浪一样一波一波的。常常用于剪纸外围的花边。如图6.3.6所示。
- 太阳纹：就像太阳一样圆圆的，常常用于动物的眼睛和鼻子，还有用多个太阳纹组成的小花朵。如图6.3.7所示。
- 三角纹：几何图案，由单个或者多个三角形组成的图案，在剪纸中常常用于眼睛和动物身上的花纹。如图6.3.8所示。

图6.3.1　锯齿纹　　　　图6.3.2　月牙纹

---

① 此处的纹样图案，参考了《剪纸中常用的纹样图案》一文，百度经验，2018-03-06.

续表

知识准备

　　从纹样的表现形式来说，又可分为单独纹样和连续纹样。单独纹样，是由一个单独完整的图形构成，能单独用作装饰的纹样图形。图形纹样，可以对称，也可以不对称。民间剪纸善于把多种物象组合在一起，并产生出理想中的美好结果。无论用一个或多个形象组合，皆是"以象寓意""以意构象"来造型。

图 6.3.3　水滴纹

图 6.3.4　柳叶纹

图 6.3.5　云纹

图 6.3.6　波浪纹

图 6.3.7　太阳纹

图 6.3.8　三角纹

技能准备

　　单独纹样对称图案，这是剪纸中最直观、最常见、最便于操作的一类纹样形象。单独纹样对称图案里最常见的是轴对称图案和中心对称图案。下面学习的是轴对称图案剪纸的制作方法。以荷花图案为例[①]。

　　第一步：准备好制作材料和工具：剪刀、铅笔、胶水、红纸或各色彩纸等。

　　第二步：画出图案的设计稿，如图 6.3.10 所示。

---

① 此处的内容参考了哔哩哔哩网络手工课堂《剪纸》精品课的视频，由汉中职业技术学院陈旭凤老师录制。在此表示感谢！如不合适，请联系删除。

续表

技能准备

图 6.3.9　轴对称荷花图案剪纸作品　　　　图 6.3.10　轴对称荷花剪纸图案设计稿

　　将纸张对折，画出荷花的剪纸设计稿。设计时注意纹样要双线勾勒、图形之间要互相连接，这样剪出来的图案才是完整的。图案设计稿完成之后，可以让我们初步看见剪纸完成后的预期效果，便于后期对照制作检查。

　　第三步：制作对称图案。

　　首先，将纸进行对称折叠。

　　然后，在纸上画出形象的一半。

　　绘制图案时注意纹样之间要相互连接，不仅上下连接、左右也要连通，这样展开后才能画出完整的图形。图案内部可用锯齿纹、月牙纹等纹样装饰。纹样按照一定耳朵组织排列，如重复渐变、变化均衡等。注意纹样的长短大小和粗细要搭配，是纹样组合出的图案，具有一定的装饰美感。注意运用纹样线线相连的剪纸特点，剪纸特点要清晰明确。注意：只需要画出半边图案，注意图案纹样"线线相连"的剪纸要求。

　　最后，把图案中要剪去的部分涂上阴影，以明确要剪掉的部位。

　　第四步：按图形剪出形象。

　　剪纸时遵循从里往外、由大到小的原则。掏剪，用剪刀的刀尖刺穿纸张，从纹样内部向外挖剪。

　　第五步：粘贴图案。

　　图案背面涂上固定胶、粘贴完成。可贴于颜色差异较大的材质上，以便突出剪纸图案的效果。

实践成果

　　剪纸作品至少 1 张。

二、实践报告

实践活动主题：动手剪一剪，传承非遗剪纸					
制作人		制作时间		制作地点	
实践工具					
制作流程	（1） （2） （3） ……				
作品特色	（1） （2） （3） ……				
图案设计稿					
剪纸作品					
实践感悟					
备注					

三、评价

学生个人、其他学生、教师分别对学生本次展示活动的表现进行综合评价。评价时，从相关知识、实践技能、实践态度、实践创新、实践成果、实践报告六个方面进行。

劳动实践活动评价表

	个人评价	学生评价	教师评价
相关知识			
实践技能			
实践态度			
实践创新			
实践成果			
实践报告			

说明：评价分为五个等级，从高到低依次为：
五星★★★★★；四星★★★★；三星★★★；两星★★；一星★。

专题七 诚实劳动 合法劳动 安全劳动

"我们要在全社会大力弘扬劳动精神,提倡通过诚实劳动来实现人生的梦想、改变自己的命运,反对一切不劳而获、投机取巧、贪图享乐的思想"

——摘自习近平总书记向全国广大劳动群众致以"五一"劳动节祝贺和慰问(2021年4月30日)

诚实劳动、合法劳动和安全劳动是构成健康劳动关系和劳动市场的三大支柱。诚实劳动体现了个人的诚信和责任感，合法劳动保障了劳动者的权益和劳动关系的公正，而安全劳动则是保护劳动者生命安全和身体健康的基础。

《专题七》将引领我们深入探索劳动的三个核心维度：诚实、合法与安全，理解它们在现代社会中的重要性，并学习如何在劳动中坚守诚信原则，如何在法律框架内维护自己的合法权益，以及如何在劳动实践中确保安全。

通过这一专题学习，我们拟实现以下目标：

1. 掌握诚实劳动的定义，认识到诚实劳动在个人发展、社会进步和经济活动中的重要性。
2. 了解合法劳动的法律框架和劳动者的基本权利与义务，学会在劳动中维护自身合法权益。
3. 通过学习诚实劳动的原则，培养诚实守信、尽职尽责的职业素养。
4. 掌握劳动法律制度的主要内容，包括劳动合同、劳动标准、社会保险等，为合法劳动提供法律支持。
5. 学习劳动争议的解决途径，包括协商、调解、仲裁和诉讼，增强解决劳动问题的能力。
6. 理解安全劳动的重要性，学习预防事故和紧急应对的措施，增强在劳动过程中的安全意识和自我保护能力。
7. 通过"直播+文旅"体验活动，实践服务性劳动，在劳动实践中体会服务社会的重要性，增强社会责任感和服务意识。

第一节 诚实劳动

◆ 本节要点

1. 诚实劳动指的是个人或团队在工作过程中展现的诚信、正直和负责任的态度,它是劳动精神的重要组成部分,也是实现个人梦想和社会进步的基础。
2. 从马克思主义的劳动价值论出发,诚实劳动是创造价值的基础,要求劳动过程的真实性和劳动计量的正比一致性,确保商品价值的公正衡量和认可。
3. 诚实劳动是个人安身立命的基础,支持物质生存,也是精神成长和个人社会化过程的关键。
4. 诚实劳动是社会发展进步的需要,支撑社会秩序稳定,促进社会公德建设,是社会道德风尚的引领者。
5. 诚实劳动与诚信紧密相关,要求在工作中秉持诚实、善意,不诈不欺,言行一致,信守承诺。
6. 诚实劳动与职业道德相连,要求劳动者在职场中展现出专业素养和道德标准,包括尽职尽责、公平竞争、遵守规则、尊重他人、质量保证、社会责任和透明度。
7. 《中华人民共和国民法典》确立了诚实信用原则,要求民事主体在从事民事活动时秉持诚实,恪守承诺,这是市场活动的基本准则,也是保障交易秩序的重要法律原则。

劳动创造幸福,实干成就伟业。诚实劳动是劳动精神的重要组成部分,也是劳动精神的出发点和落脚点。

一、从马克思主义劳动价值观来认识诚实劳动

一般来讲,诚实劳动是指在工作过程中,个人或团队以诚信、正直和负责任的态度进行工作,不采取欺骗、偷懒或任何不正当手段来获取成果或利益。

依据马克思主义的劳动价值论来分析，诚实劳动是劳动创造价值的基础，它要求劳动过程的真实性和劳动计量的正比一致性。随着科技的发展和社会化大生产，劳动形态变得更加复杂，但诚实劳动的这一基础地位没有改变。

马克思主义的劳动价值论的主要观点有：劳动是所有价值的源泉，具有至关重要的地位；劳动具有二重性，即分为具体劳动和抽象劳动，具体劳动创造自然属性的使用价值，抽象劳动创造社会属性的价值；商品的交换价值，即在市场上的交易价值，取决于生产这些商品所需的社会必要劳动时间。

无论是使用价值、价值还是交换价值，其创造和计量都对劳动有两方面基本要求：一是过程的客观真实性，二是计量的正比一致性。这意味着劳动必须是在现实社会实践中进行的实际活动，而不是仅仅在思想中的虚构。同时，劳动的价值量应与其付出的劳动量成正比，确保了商品价值的可计量性和交换的公平性。

诚实劳动是实现劳动创造价值和价值得以衡量的基础。它要求劳动者在生产过程中保持真实性，确保劳动成果与劳动投入成正比，从而使得商品的价值得到公正的衡量和认可。这种诚实劳动的原则是确保市场流通顺畅和经济活动健康发展的关键。

随着经济社会的发展和科学技术的日新月异，人类生活、生产的劳动的时空场域和具体形态发生了许多新的变化：劳动不再是以生产简单工具和简单日常用品为基础的、只需要很简单的工艺流程就可以完成的简单劳动，而是需要许多现代化的机器设备等资本要素的社会化大生产条件下的复杂劳动；脑力劳动与体力劳动的分工越来越明显，体力劳动越来越被机器所取代，复杂劳动与简单劳动之间、体力劳动与脑力劳动之间的协同劳动越来越普遍；计算机、大数据、人工智能、脑机融合等各种新兴技术的突飞猛进，催生了数字生产、虚拟空间劳动等劳动新形态的出现，这些都需要对劳动与劳动价值的衡量进行新的认识。但即使是最复杂、最新的生产工具、机器设备和技术创新应用，它们自身的生产和人对它们的使用，最终都仍然归结于人类的具体的、活的劳动。

因此，科学技术的发展非但没有"证伪"马克思主义劳动价值论，反而证实了其理论逻辑的正确性，证明了劳动是人类能动地改造客观世界的实践性活动的性质没有变，劳动是价值创造者的地位没有变，诚实劳动的重要性和必要性没有变。

二、诚实劳动的价值意蕴

（一）诚实劳动是个人安身立命的基础

劳动是人类的本质活动，既把人同动物区别开，又把人与人类社会同自然界紧密地联系起来。习近平总书记指出，"人世间的美好梦想，只有通过诚实劳动才能实现；发展中的各种难题，只有通过诚实劳动才能破解；生命里的一切辉煌，只有通过诚实劳动才能铸就"[1]。马克思和恩格斯认为，为了创造历史，人类必须首先满足基本生活需求。这需要通过诚实劳动来生产物质资料。

诚实劳动不仅支持物质生存，也是精神成长的基础。辩证唯物主义认为：一方面，劳动实践是认识的源泉和基础；另一方面，劳动实践的发展又为认识的发展提供动力。劳动，既创造了财富，也砥砺着精神。

诚实劳动还是个人社会化过程的关键，诚信品德对于与他人交往、参与社会分工至关重要。《论语·为政》中讲到"人而无信，不知其可也"。诚信是人的基本品质，诚实劳动是个人融入社会、实现自我价值和发展的基石。

（二）诚实劳动是社会发展进步的需要

劳动，不仅是个体实践，也是社会行为的体现。习近平总书记强调，"人类是劳动创造的，社会是劳动创造的。劳动没有高低贵贱之分，任何一份职业都很光荣。广大劳动群众要立足本职岗位诚实劳动。无论从事什么劳动，都要干一行、爱一行、钻一行"[2]。诚实劳动是各行各业不同岗位劳动者的共同职责，是人类共同创造美好生活的基本前提。

诚实劳动是创造社会真实财富，是社会这艘大船经受风浪考验、风雨无阻向前行的压舱石。如果偏离了诚实劳动的轨道，依靠虚假财富的数字编造、财富创造的投机取巧、劳动过程的坑蒙拐骗等，不仅违背财富创造的规律，更违背社会正常发

---

[1] 习近平. 在同全国劳动模范代表座谈时的讲话（2013年4月28日）[N]. 人民日报，2013-04-29.
[2] 习近平. 在知识分子、劳动模范、青年代表座谈会上的讲话（2016年4月26日）[N]. 人民日报，2016-04-30.

展进步的规律。

诚实劳动支撑社会秩序稳定。人类依靠劳动收获物质财富，在交往交换中形成丰富的社会关系，依靠结成的社会关系不断进行一轮又一轮的劳动活动，在此过程中，人类结成的社会关系逐步稳定进而形成一定的整体社会秩序。诚实是建立和维护这些社会关系的基石。背离诚实劳动，如偷工减料或制假售假，会破坏社会秩序，损害公共利益。

诚实劳动也是社会公德建设的引领者。诚信是中华民族的传统美德，是社会主义核心价值观的重要组成部分。通过诚实劳动，人们培养和践行诚信价值观，形成良好的社会道德风尚，促进社会和谐与进步。

需要注意的是：面对技术变革和市场失范等挑战，诚实劳动的价值并未改变。劳动者需要不断学习，适应新的生产方式，同时社会需要加强法律法规建设，提高违法成本，维护诚实劳动的价值。

思考

进入社会主义新时代诚实劳动没有那么重要了。这种说法是错误的，为什么？请结合诚实劳动的正面与反面事例，谈一下你的看法。

三、培养诚实劳动的价值观

（一）诚实劳动与诚信

党的十八大提出，倡导富强、民主、文明、和谐，倡导自由、平等、公正、法治，倡导爱国、敬业、诚信、友善，积极培育和践行社会主义核心价值观[①]。诚信是社会主义核心价值观的基本要素和道德取向。诚实劳动，首先要秉承诚信原则。诚信就其内涵而言，包括诚和信两方面。

做到"诚"的话：一要真实，二要诚恳。"真实"是不有意歪曲客观事物的本

---

① 胡锦涛. 坚定不移沿着中国特色社会主义道路前进为全面建成小康社会而奋斗——在中国共产党第十八次全国代表大会上的报告 [J]. 求是，2012（22）.

来面貌，不会因为某种原因，特别是因为自己的利益而去有意地歪曲它。"诚恳"是不有意歪曲自己主观意图的本来面貌。人对自己的主观意图，一般有着准确的把握，但直接表达这些主观意图，可能要付出代价。但诚恳要求忠于自己，而不是由于畏惧代价而去歪曲自己。真实与诚恳结合起来，就构成了"诚"的基本内容。

"信"字由人字旁加一个言字组成，指的是人说话要算数，对自己的承诺负责，要言而有信，诺而有行。在古代，信一开始指的是在祭祀时人对神灵所说的话；由于古人认为神灵支配着自然并统治着自己，因此这些祭祀的话对他们来说具有非同小可的意义，必须遵守。后来，这种意义扩展开来，不再是对神说的话要算数，而是所有的话都要算数了，言必信，行必果。

（二）诚实劳动与职业道德

《新时代公民道德建设实施纲要》将"爱岗敬业、诚实守信、办事公道、热情服务、奉献社会"作为职业道德的主要内容，鼓励人们在工作中做一个好的建设者[①]。诚实劳动是职场行为的基石，它要求劳动者在多个维度上展现出专业素养和道德标准：

- 尽职尽责：诚实劳动要求劳动者对自己的工作持有高度责任感，这意味着不仅要完成分配的任务，还要在面对挑战时主动寻找解决方案，不逃避问题，不推诿责任，确保工作的连续性和质量。
- 公平竞争：在职场上，诚实劳动倡导基于能力和业绩的公平竞争。个人应通过提升自己的专业技能、工作效率和创新思维来获得优势，而非通过排挤同事、不实宣传或其他不正当手段。
- 遵守规则：遵守工作场所的规章制度是诚实劳动的基本要求。这包括但不限于工作时间、安全规程、保密协议等，确保工作环境的秩序和效率。
- 尊重他人：诚实劳动强调尊重同事、合作伙伴和客户。这不仅体现在言语和行为上，也包括对他人工作成果的认可和对不同观点的包容。
- 质量保证：诚实劳动要求劳动者确保工作成果的质量，不以牺牲质量为代价追求速度或成本节约，对消费者负责，维护品牌信誉和消费者权益。
- 社会责任：诚实劳动还包括对社会的责任感，通过提供高质量的产品和服务，

---

① 中共中央国务院印发《新时代公民道德建设实施纲要》[N]. 新华社，2019-10-27.

满足社会需求，同时关注社会福祉，参与社会公益活动。

- **透明度**：诚实劳动要求在工作中保持透明度，对工作进度和结果进行公开和公正的报告，不隐瞒错误，不夸大成绩。
- **法律遵守**：诚实劳动要求严格遵守法律法规，不参与任何违法活动，维护法律的尊严和社会的正义。

相关知识

《中华人民共和国民法典》基本原则之五：诚实信用原则

2020年5月28日，十三届全国人大三次会议经表决通过了《中华人民共和国民法典》，中华人民共和国历史上首部法典化法律正式出台。

《中华人民共和国民法典》是一部社会生活的百科全书，人民民事权利的保护法典，分为7编，依次为总则编、物权编、合同编、人格权编、婚姻家庭编、继承编、侵权责任编，加上附则，共1260条，确立了平等原则、自愿原则、公平原则、诚信原则、守法与公序良俗原则和绿色原则等六大基本原则。该部法律已自2021年1月1日起正式实施，婚姻法、继承法、民法通则、收养法、担保法、合同法、物权法、侵权责任法、民法总则同时废止。

那么，其中的诚信原则具体是什么呢？

《民法典》第七条规定：民事主体从事民事活动，应当遵循诚信原则，秉持诚实，恪守承诺。

诚信原则是指所有民事主体在从事任何民事活动．包括行使民事权利、履行民事义务、承担民事责任时，都应该秉持诚实、善意，不诈不欺，言行一致，信守诺言。诚信原则作为民法最为重要的基本原则，被称为民法的"帝王条款"。诚实守信是市场活动的基本准则，是保障交易秩序的重要法律原则，它和公平原则一样，既是法律原则，又是一种重要的道德规范。

诚实信用原则的本质体现为三个层次：

（1）诚实信用是市场经济活动的道德准则。诚实信用不仅要求当事人之间的利益平衡，还要求当事人利益与社会利益的平衡。

（2）诚实信用是道德准则的法律化。诚实信用被民法典确定为一个法律条文后，已经不再是单纯的道德规范，而成为一项法律规范，是将道德规则与法律规则合为一体，而同时具有法律调节和道德调节的双重功能。

（3）诚实信用原则的实质在于授予法官以自由裁量权。因为诚实信用同时具有法律调节和道德调节的双重功能，使法律获得更大的弹性，当出现各种新情况和新问题时，法官可以使用此原则进行自由裁量。

诚实信用原则的功能和作用，对于我国全面推进经济和社会信用体系建设具有重大意义。一是培育契约精神，形成重合同守信用的习惯；二是培养善意观念，确立正确的正义价值观；三是进一步宣扬权利义务责任相一致观念；四是在民事司法中进一步贯彻实质正义的裁判理念，内化为法官裁判的思维和方法；五是进一步培养公平竞争的现代法治理念，尊重知识产权，培养创新精神。

第二节 合法劳动

◆ 本节要点

1. 合法劳动是在法律允许和保护范围内进行的劳动活动，符合国家劳动法律法规的要求，保障劳动者的基本权利和利益，同时确保用人单位的合法权益。
2. 《中华人民共和国宪法》和《中华人民共和国劳动法》为劳动法律制度奠定了基础，明确了劳动者的权利和义务，以及国家在劳动保护方面的责任。合法劳动涉及劳动合同、劳动标准、劳动者权益保障、禁止非法用工等方面。
3. 劳动者享有平等就业、取得劳动报酬、休息休假、获得劳动安全卫生保护、接受职业技能培训、享受社会保险和福利、提请劳动争议处理等权利。
4. 劳动者应当完成劳动任务、提高职业技能、执行劳动安全卫生规程、遵守劳动纪律和职业道德。
5. 当劳动者的合法权益受到侵犯时，可以通过协商、调解、仲裁、诉讼、监察举报投诉和信访等多种途径维护自己的权益。
6. 劳动争议通常遵循"一调一裁两审"的模式，即先通过协商或调解解决，不成时申请仲裁，对仲裁结果不满的可以提起诉讼。
7. 劳动权益保护的社会组织与资源包括政府部门、工会组织、行业协会、法律援助机构、法院和劳动争议仲裁委员会等，它们共同构成了劳动权益保护的网络。

2024年5月27日，中共中央政治局就促进高质量充分就业进行第十四次集体学习，会上强调，"要加强劳动者权益保障。健全劳动法律法规，规范新就业形态劳动基准，完善社会保障体系，维护劳动者合法权益。加强灵活就业和新就业形态劳动者权益保障，扩大职业伤害保障试点，及时总结经验、形成制度。加强市场监管和劳动保障监察执法，有效治理就业歧视、欠薪欠保、违法裁员等乱象"。

一、合法劳动的内涵

合法劳动指的是在法律允许和保护范围内进行的劳动活动,它符合国家劳动法律、法规的要求,保障了劳动者的基本权利和利益,同时也确保了用人单位的合法权益。

合法劳动通常具备以下特征:

(1)合同基础:合法劳动建立在劳动合同或集体合同的基础之上,明确了劳动者与用人单位之间的权利和义务。

(2)遵守劳动标准:合法劳动遵守国家的劳动标准,包括但不限于最低工资、工作时间、休息和休假、劳动安全与卫生等。

(3)保障劳动者权益:合法劳动保障劳动者的合法权益,如获得报酬、职业安全、社会保险、职业培训、平等就业等。

(4)禁止非法用工:合法劳动禁止使用童工、强迫劳动等非法用工形式。

(5)遵守劳动纪律:劳动者应遵守用人单位的劳动纪律和规章制度。

(6)符合就业政策:合法劳动符合国家的就业政策和促进就业的法律法规。

(7)社会保险参与:劳动者和用人单位依法参加社会保险,并按规定缴纳社会保险费。

(8)解决劳动争议:合法劳动提供了解决劳动争议的途径,包括协商、调解、仲裁和诉讼等。

(9)遵守职业道德:劳动者在工作过程中应遵守职业道德,尊重同事,公平竞争。

(10)履行纳税义务:合法劳动要求劳动者和用人单位依法纳税,包括个人所得税和其他相关税费。

二、合法劳动的法律框架

《中华人民共和国宪法》第四十二条规定:"中华人民共和国公民有劳动的权利和义务。国家通过各种途径,创造劳动就业条件,加强劳动保护,改善劳动条件,并在发展生产的基础上，提高劳动报酬和福利待遇。"劳动法的宗旨就是要保障劳动者劳动权的实现。1994年《中华人民共和国劳动法》颁布以来，我国劳动法律制度建设取得了很大的成就，对保障劳动者的基本权利，维护稳定和谐的劳动关系，促进市场经济的发展起到了重要的作用。

（一）什么是劳动法律制度

简单地说，劳动法律制度是规范劳动关系的法律制度。在市场经济中，劳动、资本和技术是市场的三大基本要素，因而，调整劳动关系的劳动法律也就成为市场经济中的重要法律制度。

具体而言，劳动法律制度是指调整劳动关系以及与劳动关系有密切联系的其他社会关系的法律制度。劳动关系是劳动法律制度调整的核心内容。所谓劳动关系，是劳动者与用人单位在实现劳动过程中发生的社会关系。其基本内容是劳动者提供劳动，用人单位使用该劳动并支付工资。从该意义上说，它是一种合同关系，具有合同之债的财产要素。但与民法上债的关系不同的是，它还具有身份和社会公益的要素。劳动者必须亲自提供劳动而不能由他人代理；在劳动过程中，劳动者与用人单位会形成从属关系，劳动者需服从用人单位的管理，因此，劳动者在提供劳动的同时，与用人单位也建立了身份关系。由于劳动者是社会的大众，劳工问题也就成为基本的社会问题，劳动者与用人单位的劳动关系是否和谐，与社会大众的生活是否安定有着密切的联系，因此，劳动关系不应当仅仅看作劳动者与用人单位之间的关系，还应当着眼于整个社会的公益来看待。

此外，劳动法律制度也调整一些与劳动关系有密切联系的社会关系，这些关系是附随于劳动关系发生的。例如，劳动部门、就业服务机构在劳动力招收、职业指导、职业介绍、职业培训等方面发生的社会关系；工会组织在集体谈判、签订集体合同和维护职工权益方面发生的社会关系；社会保险机构与劳动者和用人单位在社会保险方面发生的社会关系；劳动监察机构在监督检查劳动法实施中发生的社会关系；劳动争议处理机构在处理劳动争议中发生的社会关系等。

（二）劳动法律制度的主要内容

由于劳动法律制度所调整的范围涉及劳动关系的方方面面，因此，其内容也十分丰富，从理论上说，主要包括以下部分：

（1）劳动关系方面的法律制度。这是调整劳动关系最基础的法律制度，主要是指劳动合同法和集体合同法（已废止）。在市场经济条件下，劳动关系主要通过劳动者与用人单位订立劳动合同来建立。由于劳动者个人相对于企业而言总是处于弱势地位，在劳动合同中容易出现一些对劳动者不利的条款，这就需要通过集体合同来矫正，以提高企业的整体劳动条件和职工的工资福利待遇。

（2）劳动基准方面的法律制度。主要指国家制定的关于劳动者最基本劳动条件的法律法规，包括《最低工资法》《国务院关于职工工作时间的规定》以及《中华人民共和国劳动法》中的相关章节来规范这些领域的法律制度。其目的是改善劳动条件，保障劳动者的基本生活，避免伤亡事故的发生。劳动基准属于强制性规范，用人单位必须遵守执行。

（3）劳动力市场方面的法律制度。主要是指调节劳动力市场、促进劳动就业的法律制度，包括就业促进法、职业教育法和就业服务与就业管理规定等。就业是民生之本，促进就业是现代国家的基本责任。国家必须采取各种宏观调控手段，创造就业机会，实现劳动者充分就业。

（4）社会保险方面的法律制度。主要对劳动者基本生存条件的保障以及生活质量的提高进行规定，具体以《中华人民共和国社会保险法》为准。

（5）劳动权利保障与救济方面的法律制度。主要包括《劳动保障监察条例》和《中华人民共和国劳动争议调解仲裁法》。由于劳动关系具有身份属性，劳动者与用人单位之间形成了管理与被管理的关系，用人单位往往会忽视甚至侵犯劳动者的劳动权利。因此，劳动监察对劳动法律制度的实施和劳动者劳动权的实现起着至关重要的作用。在劳动关系存续中，劳动争议是难以避免的，关键是要建立起有效地解决劳动争议的制度，以此作为解决纠纷、保障当事人合法权益的最后屏障。目前，我国劳动争议处理包括调解、仲裁和诉讼三种方式。

（三）我国现行的劳动法律制度

中华人民共和国成立初期，国家通过颁布一系列劳动法规，建立起了与计划经济相适应的劳动法律制度。改革开放以来，我国劳动立法进入了一个新的发展时期，1994年7月5日《中华人民共和国劳动法》的颁布，标志着我国已初步建立了以《中华人民共和国劳动法》和其他法律为主体，行政法规、部门规章、地方性法规和地方政府规章、司法解释和国际公约等为辅助的劳动法律制度。

我国的劳动法律制度主要包括以下部分：

（1）法律。由全国人大及其常委会颁布的劳动法律有《中华人民共和国劳动法》《中华人民共和国工会法》《中华人民共和国职业病防治法》《中华人民共和国安全生产法》《中华人民共和国矿山安全法》等。

（2）行政法规。由国务院颁布的劳动行政法规主要有《女职工劳动保护特别规定》《禁止使用童工规定》《失业保险条例》《工伤保险条例》《劳动保障监察条例》等。

（3）部门规章。劳动和社会保障部颁布的配套规章主要有《违反〈劳动法〉有关劳动合同规定的赔偿办法》。

（4）地方性法规和地方政府规章。《中华人民共和国劳动法》赋予了省、自治区、直辖市制定劳动合同实施办法的权力，各地制定了大量的地方性法规和地方政府规章，如《北京市劳动合同规定》《上海市劳动合同条例》等。

（5）司法解释。最高人民法院于2001年发布的《关于审理劳动争议案件有关问题的司法解释》，对处理劳动争议也起了重要的作用。

此外，经我国批准的国际劳工公约也是我国劳动法的渊源。迄今为止，我国已批准了24个国际劳工组织通过的国际劳工公约。例如，《消除就业和职业歧视公约》《准予就业最低年龄公约》《同工同酬公约》等等。

思考

劳动者与用人单位建立了劳动关系但未订立书面劳动合同怎么办？

劳动者与用人单位建立了劳动关系但未订立书面劳动合同，这需要分两种情况：

第一种情况：用人单位不与劳动者订立书面劳动合同。根据《中华人民共和国劳动合同法》第十条、第八十二条规定，如果用人单位与劳动者建立了劳动关系，却未按照法律规定在用工之日起一个月内与劳动者签订书面劳动合同，那么用人单位存在支付双倍工资的风险。

第二种情况：用人单位在用工之日起一个月内通知劳动者签订书面劳动合同，但劳动者拒不签订。根据《劳动合同法实施条例》第五条规定，出现这种情况，用人单位可以以书面形式解除劳动关系，但应当提供劳动者拒不签订劳动合同的证据。

三、劳动者的基本权利和义务

劳动最光荣，劳动者最美丽。劳动者属于社会的公民，也依法享有各项权利和义务，那么在法律上，劳动者享受的权利和义务有哪些呢？

《中华人民共和国宪法》第四十二条规定，中华人民共和国公民有劳动的权利和义务，劳动是一切有劳动能力的公民的光荣职责。同时，宪法中关于公民基本权利和义务的部分，有不少条文与劳动法有直接联系。

《中华人民共和国劳动法》意义上的劳动者，主要是指在法定劳动年龄内具有劳动能力并从事生产劳动，同时获取合法劳动报酬的自然人。主要包括：（1）与我国境内的企业、个体经济组织等用人单位具有劳动关系的劳动者；（2）与国家机关、事业单位和社会团体建立劳动合同关系的劳动者。帮工、学徒、乡镇企业职工（包括农民工）、进城务工的农民都属于劳动法意义上的劳动者。

国家机关的公务员，事业单位和社会团体中纳入公务员编制或者参照公务员进行管理的工作人员，从事农业劳动的农民，现役军人，军队文职人员，家庭雇佣劳动关系的劳动者不适用劳动法。实行聘用制的事业单位与其工作人员的关系，除有特别规定外，适用劳动法。

（一）劳动者的基本权利

我国《中华人民共和国劳动法》第三条第一款规定："劳动者享有平等就业和选择职业的权利、取得劳动报酬的权利、休息休假的权利、获得劳动安全卫生保护的权利、接受职业技能培训的权利、享受社会保险和福利的权利、提请劳动争议处理的权利以及法律规定的其他劳动权利。"

1. 平等就业的权利

劳动者在就业时，不因民族、种族、性别、宗教信仰不同而受歧视。除国家规定的不适合妇女的工种或者岗位外，用人单位不得以性别为由拒绝录用妇女或者提高对妇女的录用标准。

2. 劳动者有选择职业的权利

劳动者具有支配自身劳动力的权利，可根据自身的素质、能力、志趣和爱好，以及市场资讯，选择用人单位和工作岗位。

3. 劳动者有取得劳动报酬的权利

工资应当以货币形式按月支付给劳动者本人。工资分配应当同工同酬。劳动者在法定休假日和婚丧假期间以及依法参加社会活动期间，用人单位应当依法支付工资。

国家实行最低工资保障制度。最低工资标准，是指劳动者在法定工作时间或依法签订的劳动合同约定的工作时间内提供了正常劳动的前提下，用人单位依法应支付的最低劳动报酬。最低工资的具体标准由省、自治区、直辖市人民政府规定，报国务院备案。

因劳动者本人原因给用人单位造成经济损失的，用人单位可按照劳动合同的约定要求其赔偿经济损失。经济损失的赔偿，可从劳动者本人的工资中扣除。但每月扣除的部分不得超过劳动者当月工资的20%。若扣除后的剩余工资部分低于当地月最低工资标准，则按最低工资标准支付。

案例1

刘某是通通运输公司的一名装卸工，与公司签订了劳动合同，工资按件计算。由于单位经营状况不佳，刘某的作业量并不高，导致最终得到的工资仅有800元，远低于当地最低工资标准1800元/月。刘某和单位协商未果，向当地劳动争议仲裁委员会申请仲裁。仲裁委员会裁决通通公司应当支付刘某实发工资与最低工资标准差额1000元。

---

4. 劳动者享有休息休假的权利

我国实行劳动者每日工作时间不超过8小时、平均每周工作时间不超过44小时的工时制度。对实行计件工作的劳动者，用人单位应当根据上述工时制度合理确定其劳动定额标准。对从事矿山井下、高山、有毒有害、特别繁重或者过度紧张等作业的劳动者，从事夜班工作的劳动者和哺乳期间的女职工，应缩短工作时间。延长工作时间应当符合法律、法规的规定。

用人单位应当保证劳动者每周至少休息1日。在公休日和法定节假日期间，用人单位应当依法安排劳动者休假。机关、团体、企业、事业单位、民办非企业单位、有雇工的个体工商户等单位的职工连续工作1年以上的，享受带薪年休假。国家法定休假日、休息日不计入年休假的假期。安排劳动者延长工作时间、周休息日安排劳动者工作又不能安排补休的和法定休假日安排劳动者工作的，用人单位应当支付不低于法律规定的加班报酬。

5. 获得劳动安全卫生保护的权利

劳动安全卫生保护事关劳动者的生命安全、身体健康和人格尊严。劳动者有权获得符合国家标准的劳动安全卫生条件，获得必要的劳动防护用品，接受相关教育。劳动者有权拒绝执行用人单位管理人员违章指挥、强令冒险作业，有权对危害生命安全和身体健康的行为提出批评、检举和控告。从事有职业危害作业的劳动者有权要求用人单位定期进行健康检查。

劳动法对女职工和未成年工（已满16周岁不满18周岁）实行特殊劳动保护。

6. 接受职业技能培训的权利

用人单位应当建立职业培训制度，有计划地对劳动者进行职业培训。

7. 享受社会保险和福利的权利

劳动者在退休，患病、负伤，因工伤残或者患职业病，失业，生育等情形下，依法享受社会保险待遇。

思考

社保是可以自愿放弃的吗？

社会保险是国家强制实行的社会保障制度。《中华人民共和国劳动法》第七十二条规定，社会保险基金按照保险类型确定资金来源，逐步实行社会统筹。用人单位和劳动者必须依法参加社会保险，缴纳社会保险费。

《中华人民共和国社会保险法》第八十四条规定，用人单位不办理社会保险登记的，由社会保险行政部门责令限期改正；而逾期不改正的，对用人单位处应缴社会保险费数额1倍以上3倍以下的罚款，对其直接负责的主管人员和其他直接责任人员处500元以上3000元以下的罚款。

因此，员工自愿起草或签订放弃社保的声明或协议等，是违反法律规定的，没有法律效力。

案例 2

黄某是成华公司的一名职工，其家在公司东南方向约 5 公里处，沿途附近有 3 个卖菜摊点、1 个农贸市场和 1 个大型超市。黄某下班后，到公司西北方向约 4 公里处的菜市场买菜，途中发生交通事故受伤（交警认定应负同等责任）。人社局认为黄某偏离了上下班的合理路线，不予认定工伤。黄某不服，向人民法院提起诉讼。法院认为，根据相关司法解释，从事属于日常生活所需要的活动，且在上下班的合理时间、合理路线的，符合认定工伤的情形；但在本案中，在家到工作单位沿途有若干买菜地点的情况下，黄某绕行至数公里外的菜市场买菜，不属于上下班的合理路线，驳回了黄某的起诉。

8. 提请劳动争议处理的权利

劳动者和用人单位发生劳动争议时，可以依法申请调解、仲裁、提起诉讼，也可以协商解决。劳动者对自己提出的主张应当提供证据证明，但有关证据是由用人单位掌握的，用人单位应当提供。

（1）仲裁

不愿意协商、调解或协商、调解不成，劳动者可以自劳动争议发生之日起 1 年内向劳动合同履行地或用人单位所在地的劳动争议仲裁委员会申请仲裁。劳动关系存续期间因拖欠劳动报酬发生争议的，不受 1 年时效期间的限制。但如果发生劳动关系终止的情况，必须在终止之日起 1 年内提出。

（2）诉讼

劳动者对仲裁裁决不服的，可以自收到裁决决定书之日起 15 日内向人民法院提起诉讼。

（3）投诉

用人单位拖欠或者未足额支付劳动报酬，或者拖欠工伤医疗费、经济补偿或者赔偿金的，劳动者可以向劳动行政部门投诉。

案例 3

杨大爷是黄氏人力三轮车公司的职工，公司至今拖欠了他共 8000 元工资。杨大爷求助在法学院念书的小喜姑娘，小喜姑娘告诉杨大爷有以下几种维权途径：1. 单方解除劳动合同，要求公司支付经济补偿金；2. 向劳动监察保障监察大队投诉公司；3. 向县劳动人事争议仲裁委员会申请仲裁和先予执行；4. 向县人民法院申请支付令。

9. 其他权利

除了以上基本权利之外，劳动者还享有以下权利：

参与民主管理的权利：劳动者有权通过职工大会、职工代表大会等形式参与单位的民主管理和决策。

组织和参加工会的权利：劳动者有权依法参加和组织工会，工会代表和维护劳动者的合法权益。

知情权：劳动者有权了解与其工作直接相关的各种信息，包括工作内容、条件、报酬等。

拒绝违章指挥和强令冒险作业的权利：劳动者有权拒绝执行违反操作规程或可能危及个人安全的指令。

法律法规规定的其他劳动权利：根据国家法律法规，劳动者可能享有的其他权利，如生育权、哺乳权等。

（二）劳动者的基本义务

《中华人民共和国劳动法》第三条第二款规定："劳动者应当完成劳动任务，提高职业技能，执行劳动安全卫生规程，遵守劳动纪律和职业道德。"

1. 完成劳动任务

劳动者应当按照劳动法律法规、集体合同、劳动合同和用人单位所要求的项目、时间、地点、方式、定额和质量，亲自完成劳动任务。

2. 提高职业技能

劳动者应当学习和掌握胜任本岗位所必备的知识和技能。劳动法规定，从事技术工种的劳动者，上岗前必须经过培训。

3. 执行劳动安全卫生规程

用人单位必须严格执行国家劳动安全卫生规程和标准，对劳动者进行劳动安全卫生教育。劳动者在劳动过程中必须严格遵守安全操作规程。从事特种作业的劳动者必须经过专门培训并取得特种作业资格。

4. 遵守劳动纪律和职业道德

劳动者作为用人单位的劳动组织成员，应当在劳动过程中忠实于用人单位，维护和促进而不损害用人单位的合法利益。一般来讲，劳动者应当遵守用人单位的劳动纪律和其他规章制度，保守在劳动过程中所知悉的用人单位的商业秘密，接受用人单位的管理、指挥和监督等。劳动者应当敬业爱岗，在劳动过程中遵守相关法律法规，恪守职业道德。

四、维护劳动者权益的途径

（一）劳动者维权途径

劳动者维权是一个复杂而重要的议题。当劳动者的合法权益受到侵犯时，有多种途径可供选择。这些途径包括但不限于协商、调解、仲裁、诉讼、监察举报投诉和信访等。

1. 协商

劳动者与用人单位在发生争议时，可以自愿互谅的基础上进行协商，寻求双方都能接受的解决方案。协商是解决劳动争议的一种快速、简便且成本较低的方式。

2. 调解

劳动者可以向本单位的劳动争议调解委员会提出调解申请，通过调解委员会的帮助，寻求双方争议的妥善解决。调解通常在双方自愿的基础上进行，有助于维护劳动关系的和谐稳定。

3. 仲裁

当协商和调解无法解决问题时，劳动者可以向劳动争议仲裁委员会申请仲裁。仲裁委员会根据事实和法律，对劳动争议进行公正裁决。仲裁结果具有法律效力，双方必须遵守。

4. 诉讼

如果劳动者对仲裁结果不服，可以向人民法院提起诉讼。法院将依法审理劳动争议案件，并作出最终裁决。诉讼是维护劳动者权益的重要途径之一。

5. 监察举报投诉

劳动者发现用人单位存在违反劳动法律法规的行为时，可以向劳动保障监察部门举报投诉。监察部门将依法对用人单位进行调查处理，维护劳动者的合法权益。

6. 信访

劳动者还可以通过信访的方式，向各级工会、妇联以及政府信访部门反映劳动权益受到侵害的情况。这些组织将协助劳动者解决问题，维护其合法权益。

（二）劳动权益保护的社会组织与资源

劳动权益保护的社会组织与资源在中国主要由以下几类构成：

（1）政府部门：如人力资源和社会保障部，负责制定和执行劳动保护政策，监督企业遵守劳动法规，维护劳动者的合法权益。

（2）工会组织：中华全国总工会等工会组织代表和维护劳动者的合法权益，依法独立自主地开展活动，推动建立健全劳动者权益保障机制。

（3）行业协会和企业代表组织：参与协商制定行业标准和劳动规则，与工会组织共同维护劳动者权益。

（4）法律援助机构：为经济困难或特殊案件的劳动者提供法律咨询和代理服务，帮助他们维护自身权益。

（5）法院和劳动争议仲裁委员会：通过司法途径解决劳动争议，保障劳动者的诉讼权利。

（6）社会保险基金经办机构：负责社会保险基金的收支、管理和运营，确保劳动者能够按时足额领取社会保险待遇。

（7）劳动监察大队：监督检查用人单位遵守劳动法律法规的情况，制止和纠正违法行为。

（8）人民调解委员会和专业性劳动争议调解组织：为劳动者提供调解服务，协助解决劳动纠纷。

（9）服务站点：如工会组织建立的服务站点，为劳动者提供权益维护和法律援助等服务。

（10）政策文件和指导意见：如《新就业形态劳动者休息和劳动报酬权益保障指引》等，为新就业形态劳动者提供具体的权益保护指导。

这些组织和资源共同构成了中国劳动权益保护的网络，通过各自的职责和功能，为劳动者提供全面的权益保护和支持。

（三）劳动争议解决机制

劳动争议解决机制在中国通常遵循"一调一裁两审"的模式，即劳动争议首先通过协商解决，协商不成时可申请调解，调解不成再申请仲裁，对仲裁结果不满的可以向法院提起诉讼。

在此过程中需要注意以下事项：

劳动争议申请仲裁的时效期间为 1 年，但劳动关系存续期间因拖欠劳动报酬发生争议的，劳动者申请仲裁不受 1 年时效限制。

劳动争议仲裁委员会在收到仲裁申请后，应在 5 日内决定是否受理，并告知仲裁庭组成情况。

劳动争议仲裁委员会受理仲裁申请后，应在 5 日内将仲裁申请书副本送达被申请人。

收到仲裁申请书后，被申请人应在 10 日内提出答辩。

劳动争议仲裁委员会应当在开庭 5 日前，将开庭日期、地点书面通知双方当事人。

仲裁审理期限一般为 45 日内结束，案情复杂需要延期的，可以延期但延长期限不得超过 15 日。

收到裁决书之日起 15 日内向法院起诉。

了解劳动争议解决机制的具体程序和时效规定，有助于劳动者和用人单位更有效地维护自身合法权益。同时，劳动争议的多元化解机制也强调了调解的作用，鼓励通过协商性强、对抗性弱的方式来实质性解决纠纷。

如果劳动争议调解失败，准备仲裁申请时可以遵循以下步骤：

（1）收集证据材料：整理与劳动争议相关的所有证据，包括但不限于劳动合同、工资条、银行转账记录、工作证明、通讯记录、证人证言等。

（2）撰写仲裁申请书：明确写出申请人的基本信息、仲裁请求、事实和理由，确保内容准确、条理清晰。

（3）确定仲裁请求：明确你希望通过仲裁解决的具体问题，如追索工资、经济补偿、赔偿金、恢复劳动关系等。

（4）选择正确的仲裁委员会：根据劳动合同履行地或用人单位所在地选择有管辖权的劳动争议仲裁委员会。

（5）提交仲裁申请：在劳动争议调解失败后的规定时限内向仲裁委员会提交仲裁申请书和相关证据材料。

（6）准备仲裁庭审：可能需要参加庭审，准备好口头陈述和回答仲裁员可能提出的问题。

（7）考虑聘请律师：如果案件复杂或自身不熟悉法律程序，可以考虑聘请专业律师代理。

在劳动争议解决过程中，以下法律条款尤为重要：

（1）《中华人民共和国劳动法》规定了劳动者的基本权利和义务，以及劳动合同、工作时间、休息休假、工资、劳动安全卫生等基本制度。

（2）《中华人民共和国劳动合同法》明确了劳动合同的订立、履行、变更、解除和终止的规定。

（3）《中华人民共和国劳动争议调解仲裁法》规定了劳动争议的调解、仲裁程序和时效问题。

（4）《劳动人事争议仲裁办案规则》详细规定了劳动争议仲裁的具体办案程序和规则。

拓展阅读

维护新就业形态劳动者劳动保障权益[①]

近年来，新就业形态劳动者权益保障问题广受关注。为充分履行工会维权服务基本职责，切实维护新就业形态劳动者劳动保障权益，中华全国总工会于2021年7

---

① 此处摘自文件《中华全国总工会关于切实维护新就业形态劳动者劳动保障权益的意见》总工发〔2021〕12号。

月12日下发了《关于切实维护新就业形态劳动者劳动保障权益的意见》,从以下七个方面作了工作举措安排:

一是强化思想政治引领。切实履行好工会组织的政治责任,坚持不懈用习近平新时代中国特色社会主义思想教育引导新就业形态劳动者,增强他们对中国特色社会主义和社会主义核心价值观的思想认同、情感认同,更加紧密地团结在以习近平同志为核心的党中央周围。深入新就业形态劳动者群体,广泛宣传党的路线方针政策和保障新就业形态劳动者群体权益的政策举措,将党的关怀和温暖及时送达。深入了解新就业形态劳动者群体的思想状况、工作实际、生活需求,引导他们依法理性表达利益诉求。关心关爱新就业形态劳动者,以多样性服务项目实效打动人心、温暖人心、影响人心、凝聚人心,团结引导他们坚定不移听党话、跟党走。

二是加快推进建会入会。加强对新就业形态劳动者入会问题的研究,加快制定出台相关指导性文件,对建立平台的企业工会组织和新就业形态劳动者入会予以引导和规范。强化分类指导,明确时间节点,集中推动重点行业企业特别是头部企业及其下属企业、关联企业依法普遍建立工会组织,积极探索适应货车司机、网约车司机、快递员、外卖配送员等不同职业特点的建会入会方式,通过单独建会、联合建会、行业建会、区域建会等多种方式扩大工会组织覆盖面,最大限度地吸引新就业形态劳动者加入工会。

三是切实维护合法权益。发挥产业工会作用,积极与行业协会、头部企业或企业代表组织就行业计件单价、订单分配、抽成比例、劳动定额、报酬支付办法、进入退出平台规则、工作时间、休息休假、劳动保护、奖惩制度等开展协商,维护新就业形态劳动者的劳动经济权益。督促平台企业在规章制度制定及算法等重大事项确定中严格遵守法律法规要求,通过行业职工代表大会、行业劳资恳谈会等民主管理形式听取劳动者意见诉求,保障好劳动者的知情权、参与权、表达权、监督权等民主政治权利。督促平台企业履行社会责任,促进新就业形态劳动者体面劳动、舒心工作、全面发展。加强工会劳动法律监督,配合政府及其有关部门监察执法,针对重大典型违法行为及时发声,真正做到哪里有职工,哪里就应该有工会组织,哪里的职工合法权益受到侵害,哪里的工会就要站出来说话。

四是推动健全劳动保障法律制度。积极推动和参与制定修改劳动保障法律法规,充分表达新就业形态劳动者意见诉求,使新就业形态劳动者群体各项权益在法律源头上得以保障。配合政府及其有关部门,加快完善工时制度,推进职业伤害保障试点工作。推动司法机关出台相关司法解释和指导案例。

五是及时提供优质服务。深入开展"尊法守法·携手筑梦"服务农民工公益法律服务行动和劳动用工"法律体检"活动,广泛宣传相关劳动法律法规及政策规定,督促企业合法用工。推动完善社会矛盾纠纷多元预防调处化解综合机制,重点针对职业伤害、工作时间、休息休假、劳动保护等与平台用工密切相关的问题,为新就业形态劳动者提供法律服务。充分利用工会自有资源和社会资源,加强职工之家建设和"会、站、家"一体化建设,推进司机之家等服务阵地建设,规范和做好工会户外劳动者服务站点工作,联合开展货车司机职业发展与保障行动、组织和关爱快递员、外卖送餐员行动等。加大普惠服务工作力度,丰富工会服务新就业形态劳动者的内容和方式。针对新就业形态劳动者特点和需求组织各类文体活动,丰富他们的精神文化生活。

六是提升网上服务水平。加快推进智慧工会建设,紧扣新就业形态劳动者依托互联网平台开展工作的特点,大力推行网上入会方式,创新服务内容和服务模式,让广大新就业形态劳动者全面了解工会、真心向往工会、主动走进工会。构建"互联网+"服务职工体系,完善网上普惠服务、就业服务、技能竞赛、困难帮扶、法律服务等,形成线上线下有机融合、相互支撑的组织体系,为新就业形态劳动者提供更加及时精准的服务。

七是加强素质能力建设。针对新就业形态劳动者职业特点和需求,开展职业教育培训、岗位技能培训、职业技能竞赛等活动,推动新就业形态劳动者职业素质整体提升。组织开展贴近新就业形态劳动者群体特点的法治宣传教育,增强劳动者维权意识和维权能力。开展心理健康教育,提升新就业形态劳动者适应城市生活、应对困难压力、减轻精神负担的能力。

第三节 安全劳动

◆ 本节要点

1. 平安是最基本的公共产品,安全劳动是维护生命安全的基础。
2. 树立安全劳动意识,认识到人的疏忽大意和安全意识淡薄是最大的安全隐患,在日常生活劳动、生产劳动和社会服务性劳动中,时刻绷紧安全这根弦。
3. 劳动安全法规与标准是保障劳动安全的重要依据,要了解国家劳动安全法规,如《中华人民共和国劳动法》和《中华人民共和国安全生产法》,以及行业安全标准的作用和要求。
4. 预防事故与紧急应对是减少劳动安全事故的关键,可通过风险评估、安全培训、设备维护、个人防护装备、安全标识、应急预案制定、应急演练、事故报告系统、现场安全管理、健康监测、法规遵守和信息沟通等措施预防和应对劳动安全事故。
5. 实习实训安全是职业院校学生劳动实践的重要保障。

平安是最基本的公共产品,"安全第一"是最广泛的社会共识。劳动过程中,不管是日常生活劳动、生产劳动还是社会服务性劳动,都要时刻绷紧安全这根弦,防患于未然、守护好生命安全。

一、树立安全劳动意识

劳动安全是指在生产劳动过程中,防止中毒、车祸、触电、塌陷、爆炸、火灾、坠落、机械外伤等危及劳动者人身安全的事故发生。

社会上发生的安全事故,不断提醒我们对安全问题的重视。一些特大安全事故往往具有突发、意外和复杂的特点,表面上看似难以预防,但实际上很多事故的根源都在于我们日常生活中忽视的小问题和不负责任的行为。统计数据表明,超过90%的森林草原火灾都是由人为因素引起的,如上坟烧纸、吸烟、烧秸秆和燃放烟花爆竹等。专家分析了170万起事故后发现，由于人为因素或不安全行为导致的事故占比高达88%。这充分说明，人的疏忽大意和安全意识的淡薄是最大的安全隐患，而这些隐患最终可能演变成严重的事故。因此，在面对生产流程和生活空间时，我们都应时刻保持高度的安全意识，承担起各自的安全责任，营造一个安全的生活环境。

二、劳动安全法规与标准

2013年6月6日，习近平总书记就做好安全生产工作作出重要指示，强调："人命关天，发展决不能以牺牲人的生命为代价。这必须作为一条不可逾越的红线。"[1] 2020年4月，习近平对安全生产作出重要指示，强调"树牢安全发展理念，绝不能只重发展不顾安全，更不能将其视作无关痛痒的事，搞形式主义、官僚主义"[2]。强化红线意识、实施安全发展战略——这是必须坚持一条重要原则。

（一）国家劳动安全法规概述

抓好安全问题，关键还得依靠制度，以厘清各方责任、形成工作合力。我国的国家劳动安全法规主要包括《中华人民共和国劳动法》和《中华人民共和国安全生产法》等法律法规，旨在保护劳动者的合法权益，确保劳动安全与卫生，预防和减少生产安全事故，保障人民群众生命和财产安全。

《中华人民共和国劳动法》规定了劳动者的工作时间、休息休假、工资、劳动安全卫生、社会保险和福利等基本权益，并明确了劳动合同和集体合同的相关条款。用人单位必须遵守劳动基准方面的法律制度，包括最低工资法、工作时间法、劳动安全与卫生法等，以改善劳动条件，保障劳动者的基本生活，避免伤亡事故的发生。

《中华人民共和国安全生产法》则侧重于加强安全生产工作，防止和减少生产安全事故。它规定了生产经营单位的安全生产责任制、安全生产条件、安全生产教育和培训、事故报告和处理等内容。生产经营单位必须遵守安全生产的法律法规，加强安全生产管理，建立、健全安全生产责任制和规章制度，提高安全生产水平，确

---

[1] 习近平. 始终把人民生命安全放在首位 切实防范重特大安全生产事故的发生[N].新华网，2013-06-08.
[2] 习近平. 树牢安全发展理念 加强安全生产监管 切实维护人民群众生命财产安全[N]. 新华网，2020-04-10.

保安全生产。

此外,《中华人民共和国劳动合同法》也对劳动合同的订立、履行、变更、解除和终止等方面进行了规定,保障了劳动者在劳动关系中的合法权益。劳动合同中应明确劳动保护、劳动条件和职业危害防护等事项,以保护劳动者的安全和健康。

综合来看,这些法律法规共同构成了国家劳动安全法规的框架,用人单位和劳动者都应严格遵守,以维护劳动安全和促进经济社会的持续健康发展。

相关知识

《中华人民共和国劳动法》摘录

劳动法是调整劳动关系的一部综合性法律。其中涉及劳动保护与安全生产的规定有:

一、在总则中规定

劳动者享有获得劳动安全卫生的权利,劳动者应当执行劳动安全卫生规程。

二、在劳动合同方面规定

劳动合同应当具备劳动保护和劳动条件的条款。

劳动者患职业病或者因工负伤并被确认丧失或者部分丧失劳动能力;女职工在孕期、产期、哺乳期内的;用人单位不得解除劳动合同。

三、在劳动安全卫生方面规定

(一)用人单位必须建立、健全劳动安全卫生制度,严格执行国家劳动安全卫生规程和标准,对劳动者进行劳动安全卫生教育,防止劳动过程中的事故,减少职业危害。

(二)劳动安全卫生设施必须符合国家规定的标准。

新建、改建、扩建工程的劳动安全卫生设施必须与主体工程同时设计、同时施工、同时投入生产和使用。

(三)用人单位必须为劳动者提供符合国家规定的劳动安全卫生条件和必要的劳动防护用品,对从事有职业危害作业的劳动者应当定期进行健康检查。

(四)从事特种作业的劳动者必须经过专门培训并取得特种作业资格。

(五)劳动者在劳动过程中必须严格遵守安全操作规程。

劳动者对用人单位管理人员违章指挥、强令冒险作业,有权拒绝执行;对危害生命安全和身体健康的行为,有权提出批评、检举和控告。

（六）国家建立伤亡事故和职业病统计报告和处理制度。县级以上各级人民政府劳动行政部门、有关部门和用人单位应当依法对劳动者在劳动过程中发生的伤亡事故和劳动者的职业病状况，进行统计、报告和处理。

四、在女职工、未成年工劳动保护方面规定

（一）国家对女职工和未成年工实行特殊劳动保护。未成年工是指年满十六周岁未满十八周岁的劳动者。

（二）禁止安排女职工从事矿山井下、国家规定的第四级体力劳动强度的劳动和其他禁忌从事的劳动。

（三）不得安排女职工在经期从事高处、低温、冷水作业和国家规定的第三级体力劳动强度的劳动。

（四）不得安排女职工在怀孕期间从事国家规定的第三级体力劳动强度的劳动和孕期禁忌从事的劳动。对怀孕七个月以上的女职工，不得安排其延长工作时间和夜班劳动。

（五）女职工生育享受不少于九十天的产假。

（六）不得安排女职工在哺乳未满一周岁的婴儿期间从事国家规定的第三级体力劳动强度的劳动和哺乳期禁忌从事的其他劳动，不得安排其延长工作时间和夜班劳动。

（七）不得安排未成年工从事矿山井下、有毒有害、国家规定的第四级体力劳动强度的劳动和其他禁忌从事的劳动。

（八）用人单位应当对未成年工定期进行健康检查。

（九）劳动者因工伤残或者患职业病、生育依法享受社会保险待遇。

相关知识

《中华人民共和国安全生产法》（2021年第三次修正版）摘录

第一章总则　第三条

安全生产工作坚持中国共产党的领导。

安全生产工作应当以人为本，坚持人民至上、生命至上，把保护人民生命安全摆在首位，树牢安全发展理念，坚持安全第一、预防为主、综合治理的方针，从源头上防范化解重大安全风险。

安全生产工作实行管行业必须管安全、管业务必须管安全、管生产经营必须管安全,强化和落实生产经营单位主体责任与政府监管责任,建立生产经营单位负责、职工参与、政府监管、行业自律和社会监督的机制。

第三章　从业人员的安全生产权利义务

第五十二条　生产经营单位与从业人员订立的劳动合同,应当载明有关保障从业人员劳动安全、防止职业危害的事项,以及依法为从业人员办理工伤保险的事项。

生产经营单位不得以任何形式与从业人员订立协议,免除或者减轻其对从业人员因生产安全事故伤亡依法应承担的责任。

第五十三条　生产经营单位的从业人员有权了解其作业场所和工作岗位存在的危险因素、防范措施及事故应急措施,有权对本单位的安全生产工作提出建议。

第五十四条　从业人员有权对本单位安全生产工作中存在的问题提出批评、检举、控告;有权拒绝违章指挥和强令冒险作业。

生产经营单位不得因从业人员对本单位安全生产工作提出批评、检举、控告或者拒绝违章指挥、强令冒险作业而降低其工资、福利等待遇或者解除与其订立的劳动合同。

第五十五条　从业人员发现直接危及人身安全的紧急情况时,有权停止作业或者在采取可能的应急措施后撤离作业场所。

生产经营单位不得因从业人员在前款紧急情况下停止作业或者采取紧急撤离措施而降低其工资、福利等待遇或者解除与其订立的劳动合同。

第五十六条　生产经营单位发生生产安全事故后,应当及时采取措施救治有关人员。

因生产安全事故受到损害的从业人员,除依法享有工伤保险外,依照有关民事法律尚有获得赔偿的权利的,有权提出赔偿要求。

第五十七条　从业人员在作业过程中,应当严格落实岗位安全责任,遵守本单位的安全生产规章制度和操作规程,服从管理,正确佩戴和使用劳动防护用品。

第五十八条　从业人员应当接受安全生产教育和培训,掌握本职工作所需的安全生产知识,提高安全生产技能,增强事故预防和应急处理能力。

第五十九条　从业人员发现事故隐患或者其他不安全因素,应当立即向现场安全生产管理人员或者本单位负责人报告;接到报告的人员应当及时予以处理。

第六十条　工会有权对建设项目的安全设施与主体工程同时设计、同时施工、同时投入生产和使用进行监督,提出意见。

工会对生产经营单位违反安全生产法律、法规,侵犯从业人员合法权益的行为,有权要求纠正；发现生产经营单位违章指挥、强令冒险作业或者发现事故隐患时，有权提出解决的建议，生产经营单位应当及时研究答复；发现危及从业人员生命安全的情况时，有权向生产经营单位建议组织从业人员撤离危险场所，生产经营单位必须立即作出处理。

工会有权依法参加事故调查，向有关部门提出处理意见，并要求追究有关人员的责任。

第六十一条 生产经营单位使用被派遣劳动者的，被派遣劳动者享有本法规定的从业人员的权利，并应当履行本法规定的从业人员的义务。

（二）行业安全标准

行业安全标准是指一套针对特定行业制定的安全生产规范和要求，旨在预防和减少生产安全事故与职业病，保障从业人员的安全健康。这些标准通常包括但不限于安全生产的组织管理、安全教育培训、设备设施安全管理、作业环境和职业健康监护、安全风险评估和控制、应急管理以及事故报告和处理等方面。

行业安全标准的制定通常基于国家安全生产法律法规，并结合行业特点和实际需要。例如，《冶金企业和有色金属企业安全生产规定》就是为了加强冶金企业和有色金属企业安全生产工作，预防和减少生产安全事故与职业病，保障从业人员安全健康而制定的。此外，还有《企业安全生产标准化基本规范》(GB/T 33000—2016)，它规定了企业安全生产标准化管理体系建立、保持与评定的原则和一般要求。

这些标准和指南的制定旨在从源头上预防和控制安全风险，减少事故发生的概率，保障员工生命安全和企业的可持续发展。

三、预防事故与紧急应对

（一）常见劳动安全事故

事故隐患，是泛指生产系统中可能导致事故发生的人的不安全行为、物的不安全状态和管理上的缺陷。常见的劳动安全事故有机械伤害事故、电气事故、高空坠落事故、物体打击事故、坍塌事故、火灾和爆炸事故、中毒和窒息事故、交通事故和职业病等。

从源头排查的角度来看，在劳动过程中最常见的劳动安全事故隐患，主要有如下三大类：

● 01 人的不安全行为

主要有11类，也是造成生产安全事故中人的主要直接原因：

（1）忽视安全，忽视警告，操作错误；

（2）人为造成安全装置失效；

（3）使用不安全设备；

（4）用手代替工具操作；

（5）物体存放不当；

（6）冒险进入危险场所；

（7）攀、坐不安全位置；

（8）有干扰和分散注意力的行为；

（9）忽视个体劳动防护用品、用具的使用或未能正确使用；

（10）不安全装束；

（11）对易燃、易爆等危险物品的接触和处理错误等。

● 02 物的不安全状态

主要有4类，也是造成生产安全事故中物的主要直接原因：

（1）防护、保险、信号等装置缺乏或有缺陷；

（2）设备、设施、工具、附件有缺陷；

（3）劳动防护用品用具缺乏或有缺陷；

（4）生产施工场地作业环境不良。

● 03 管理上的缺陷

主要有7类，也是造成生产安全事故中管理上的主要间接原因：

（1）技术和设计上缺陷；

（2）安全生产教育培训不够；

（3）劳动组织不合理；

（4）对现场工作缺乏检查或指导错误；

（5）没有安全生产管理规章制度和安全操作规程，或者不健全；

（6）没有事故防范和应急措施或者不健全；

（7）对事故隐患整改不力，经费不落实。

（二）预防措施与事故应对

为减少劳动安全事故的发生、提高危险应对能力，需要从以下方面做好相关工作：

1. 风险评估

预防劳动安全的首要步骤是进行风险评估。企业应定期对工作场所进行风险评估，以识别潜在的安全隐患。这包括对工作环境、设备、工作流程和员工行为的全面审查。通过风险评估，企业可以确定需要采取的预防措施，以减少事故发生的可能性。

2. 安全培训

安全培训是提高员工安全意识和操作技能的关键。企业应定期对员工进行安全教育和培训，确保他们了解并遵守安全规程。培训内容应包括安全操作程序、事故预防和应急处理等。

3. 设备维护

机械设备的定期检查和维护对于保障劳动安全至关重要。企业应建立设备维护制度，确保所有设备处于良好运行状态。这不仅有助于预防设备故障导致的事故，还能提高生产效率。

4. 个人防护装备

个人防护装备是保护员工免受伤害的最后一道防线。企业应为员工提供必要的个人防护装备，如安全帽、安全带、防护眼镜等，并确保员工正确使用这些装备。

5. 安全标识

在工作场所设置明显的安全警示标识和指示标志，有助于提醒员工注意潜在的危险。这些标识应清晰可见，并放置在关键位置，以便员工随时注意。

6. 应急预案制定

针对可能发生的事故类型，企业应制定详细的应急预案。这些预案应包括事故的预防、识别、报告、处理和恢复等各个环节，确保在事故发生时能够迅速有效地应对。

7. 应急演练

定期组织应急演练是提高员工应急反应能力的有效手段。通过模拟事故场景，员工可以在无风险的环境中学习和实践应急处理技能。

8. 事故报告系统

建立事故报告和跟踪系统对于事故的预防和处理至关重要。企业应确保所有事故都能被及时报告，并进行详细的记录和分析，以便从中吸取教训，防止类似事故再次发生。

9. 现场安全管理

加强现场安全管理是确保作业环境符合安全标准的重要措施。企业应指定专人负责现场安全，定期检查作业环境，确保所有安全措施得到有效执行。

10. 健康监测

对于长期接触职业病危害因素的员工，企业应进行定期健康检查。这有助于及时发现健康问题，并采取相应的预防和治疗措施。

11. 法规遵守

严格遵守国家和行业的安全生产法规和标准是企业的基本责任。企业应确保所有安全措施和操作符合相关法规要求，以避免法律风险。

12. 信息沟通

企业应及时传达安全通知和警告，确保所有员工都能获得必要的安全信息。

13. 资源投入

最后，企业应保证足够的安全投入，包括人力、物资和财务资源。只有通过持续的投入，才能确保劳动安全措施的有效实施。

案例分析

这是一个真实的劳动安全事故案例，请根据它的发生原因和主要教训，讨论如何通过预防方案和应急预案减少类似事故发生。

案例：黑龙江凯伦达科技有限公司"4·21"较大中毒窒息事故

2021年4月21日13时43分，黑龙江省绥化市安达市黑龙江凯伦达科技有限公司在三车间制气釜停工检修过程中发生中毒窒息事故，造成4人死亡、9人中毒受伤，直接经济损失873万元。

发生原因：在4个月的停产期间，制气釜内气态物料未进行退料、隔离和置换，釜底部聚集了高浓度的氧硫化碳与硫化氢混合气体，维修作业人员在没有采取任何防护措施的情况下，进入制气釜底部作业，吸入有毒气体造成中毒窒息。救援过程中，救援人员在没有采取防护措施的情况下多次向釜内探身、呼喊、拖拽施救，致使现场9人不同程度中毒受伤。

主要教训：

（1）涉事企业法律意识缺失、安全意识淡薄。未落实安全生产主体责任，违规组织受限空间作业，作业前作业人员未申请受限空间作业票。

（2）安全风险辨识和隐患排查治理不到位。凯伦达公司未按规定要求开展自检自查，未辨识出三车间制气釜检修存在氧硫化碳和硫化氢混合气体中毒窒息风险，未制定可靠防范措施。

（3）安全管理混乱。凯伦达公司未按规定设置分管安全生产负责人，安全管理制度不完善，未建立安全风险管控制度。

（4）涉事企业对作业人员岗位培训不到位，应急处置能力严重不足。未组织开展应急预案培训及演练，作业现场未配备足够的应急救援物资和个人防护用品。

（5）地方党委政府未统筹好发展和安全的关系。安全发展理念不牢，红线意识不强，化工项目准入门槛低且把关不严，在安全基础薄弱、安全风险管控能力不足的情况下，盲目承接异地转移的高风险化工项目。

四、实习实训安全

职业院校普遍建设有校内外实习实训基地，具有丰富的实训资源，这些已积累的资源可转化为劳动教育实践基地。实习实训是职业院校学生劳动实践的重要途径，但是实习实训过程难免会有一定的危险，稍不留神就会发生意外事故，危害个人、他人人身安全，或损害国家、学校财产。例如，2018年北京某大学市政环境工程系学生在学校东校区某环境工程实训室进行垃圾渗滤液污水处理科研实验期间，实验现场发生爆炸，事故造成多名学生伤亡。

预防实习实训安全事故可以从实习实训前、实习实训期间和如何处理安全事故等方面入手，注重培养学生的安全意识、操作规范和安全制度等。

（一）实习实训前的安全管理

学生和指导教师应了解校内外实习实训单位安全操作规程和安全要求，如果是校外实习实训单位，校企双方需要就学生实习实训安全问题进行协商。

学校需要与参加校外实习实训的学生签订校外实习实训安全责任书或协议。

指导教师要对实习实训学生进行专题安全教育，增强学生的法制观念、安全知识、防范技能，了解实习实训单位各项管理制度和各项安全规章，督促学生执行实习实训单位的规章制度，强调劳动安全防范，杜绝各种意外事故发生，同时要与实训学生保持联系以便及时化解安全隐患、处理安全事故。

校内实习实训主要由实训指导教师在上课前做好实训安全检查等准备，实训前做好安全教育和提示，做好实训设备、仪器安全运行的各项保障工作。

（二）校外实习实训期间的安全管理

学校应提请实习实训单位对实习实训学生进行有关的劳动纪律、职业道德、生产安全等教育或培训。

参加校外实习实训的学生要严格遵守实习实训单位的组织纪律，服从实习实训单位的工作安排，按照劳动规程实训，确保劳动安全。

实习实训单位要加强学生实习实训期间的劳动保护，严格执行《中华人民共和国劳动法》，防止实习实训中发生意外事故。

参加实习实训的学生是具有行为能力的社会自然人，要遵守社会公德，增加安全防范意识，提高自我保护能力，工作时间以外必须遵守安全管理方面的规定，对于一切违法违规的行为必须承担应有的责任。

实习实训过程中，一旦发生安全事故，要"保持冷静、做好防护、迅速撤离、尽快救治"，力求将损失降至最低。

教育部等八部门印发的《职业学校学生实习管理规定》（教职成〔2021〕4号）在实习组织、实习管理、安全职责等方面对实习安全做了相关规定。

拓展阅读

《职业学校学生实习管理规定》实习安全的相关规定

教育部等八部门印发的《职业学校学生实习管理规定》（教职成〔2021〕4号）在实习组织、实习管理、安全职责等方面对实习安全做了相关规定。

1. 实习组织

● 职业学校应当选择符合"合法经营，无违法失信记录""管理规范，近3年无违反安全生产相关法律法规记录"等条件的企（事）业单位作为实习单位。

● 职业学校在确定新增实习单位前，应当实地考察评估形成书面报告。考察内容应当包括：单位资质、诚信状况、管理水平、实习岗位性质和内容、工作时间、工作环境、生活环境以及健康保障、安全防护等。实习单位名单须经校级党组织会议研究确定后对外公开。

● 职业学校和实习单位应当分别选派经验丰富、综合素质好、责任心强、安全防范意识高的实习指导教师和专门人员全程指导、共同管理学生实习。

2. 实习管理

● 职业学校应当明确学生实习工作分管校长和责任部门，规模大的学校应当设立专门管理部门，建立健全学生实习管理岗位责任制和相关管理制度与运行机制；会同实习单位制定学生实习工作具体管理办法和安全管理规定、实习学生安全及突发事件应急预案等制度。

● 职业学校应当充分运用现代信息技术，建设和完善信息化管理平台，与实习单位共同实施实习全过程管理。

● 实习协议应当明确各方的责任、权利和义务,协议约定的内容不得违反相关法律法规。

实习协议应当包括但不限于以下内容:

(1)各方基本信息;

(2)实习的时间、地点、内容、要求与条件保障;

(3)实习期间的食宿、工作时间和休息休假安排;

(4)实习报酬及支付方式;

(5)实习期间劳动保护和劳动安全、卫生、职业病危害防护条件;

(6)责任保险与伤亡事故处理办法;

(7)实习考核方式;

(8)各方违约责任;

(9)三方认为应当明确约定的其他事项。

● 职业学校和实习单位要依法保障实习学生的基本权利,并不得有以下情形:

(1)安排、接收一年级在校学生进行岗位实习;

(2)安排、接收未满16周岁的学生进行岗位实习;

(3)安排未成年学生从事《未成年工特殊保护规定》中禁忌从事的劳动;

(4)安排实习的女学生从事《女职工劳动保护特别规定》中禁忌从事的劳动;

(5)安排学生到酒吧、夜总会、歌厅、洗浴中心、电子游戏厅、网吧等营业性娱乐场所实习;

(6)通过中介机构或有偿代理组织、安排和管理学生实习工作。

(7)安排学生从事Ⅲ级强度及以上体力劳动或其他有害身心健康的实习。

● 除相关专业和实习岗位有特殊要求,并事先报上级主管部门备案的实习安排外,实习单位应遵守国家关于工作时间和休息休假的规定,并不得有以下情形:

(1)安排学生从事高空、井下、放射性、有毒、易燃易爆,以及其他具有较高安全风险的实习;

(2)安排学生在休息日、法定节假日实习;

(3)安排学生加班和上夜班。

3. 安全职责

● 职业学校和实习单位要确立"安全第一、预防为主"的原则,强化实习单位主要负责人安全生产第一责任人职责，严格执行国家及地方安全生产、职业卫生、人格权保护等有关规定。职业学校主管部门应当会同相关行业主管部门加强实习安全监督检查。

● 实习单位应当健全本单位安全生产责任制，执行相关安全生产标准，健全安全生产规章制度和操作规程，制定生产安全事故应急救援预案，配备必要的安全保障器材和劳动防护用品，加强对实习学生的安全生产教育培训和管理，保障学生实习期间的人身安全和健康。未经教育培训或未通过考核的学生不得参加实习。

● 实习学生应遵守国家法律法规、校纪校规和实习单位安全管理规定，认真完成实习方案规定的实习任务，增强自我保护意识。

● 地方各级负有安全生产监督管理职责的部门要将实习安全责任履行情况作为安全生产检查的重要内容，在各自职责范围内对有关行业、领域实习单位落实安全生产主体责任实施监督管理，依法对实习单位制定并实施本单位实习学生教育培训计划落实情况进行监督检查。

第四节　劳动实践："直播+文旅"体验，助力地方文旅发展

◆ **本节劳动实践的目标**

1. 通过服务性劳动，让学生在推广地方文旅的过程中体会服务社会的重要性，增强社会责任感和服务意识；
2. 在以直播形式进行文旅推广的过程中，让学生坚持诚实守信的原则、传播真实信息，让学生诚实劳动，同时培养学生的职业道德意识；
3. 让学生体验直播这一信息劳动形态，激发学生的劳动热情，培养他们乐于奉献、勇于创新、追求卓越的劳动态度，以及面对挑战时的坚韧和毅力；
4. 鼓励学生在直播推广地方文旅时，探索地方文旅特色，创新宣传方法，培养学生的创新意识和创造性劳动能力。

一、实践方案

实践任务

这是一项在线直播推广地方文旅的体验活动，建议以班级为单位进行、按不同任务做好分工、协作完成整个活动。涉及的任务有：

- 了解并记录本地文化、历史、旅游资源等特色；
- 设计直播流程，准备文旅体验活动内容；
- 做好直播技术准备工作；
- 进行现场直播，展示文旅体验活动；
- 搜集观众反馈，总结经验。

具体要求

- 安全第一，确保所有活动符合安全规范；
- 保证直播内容真实、健康、积极；
- 遵守直播相关法律法规，保护个人隐私和版权；
- 团队协作，分工明确，相互支持；
- 直播时长一个半小时左右。

续表

工具准备
手机、相机、三脚架、麦克风、网络设备等。

知识准备
（1）了解地方文旅特色 在正式直播前怎么确定要推广的地方文旅特色呢？建议从以下方面挖掘特色： - 特色饮食文化。以重庆为例，可以选择重庆火锅、山城小汤圆、重庆小面等。 - 特色建筑文化，比如土家吊脚楼。 - 特色民俗活动，比如土家哭嫁、摆手舞等。 - 语言文化，比如地方有趣的方言。 - 地方非遗，比如川剧、花灯等。 - 标志性旅游景区景点，比如山城的轻轨穿楼。 另外，可以收集和整理当地流传的文化故事、民间传说，这些故事往往能增加趣味性和吸引力。 （2）了解直播平台 - 哔哩哔哩：以二次元文化起家，现在提供包括直播在内的多元化内容，覆盖游戏、动漫、音乐、教育等多个领域。 - 快手：以短视频起家，现在也提供直播服务，内容涵盖生活分享、教育、娱乐等。 - 抖音：提供短视频和直播服务，内容多样，用户基础广泛。 - 花椒直播：主要面向年轻用户群体，提供娱乐、生活、时尚等直播内容。 - 映客直播：以移动直播为主，提供娱乐、生活、教育等多种直播内容。 - YY 直播：老牌直播平台，提供游戏、教育、音乐等多种直播服务。 - 淘宝直播：以电商直播为主，结合购物和直播，推动商品销售。 - TikTok Live：抖音的国际版，内容多样，尤其在年轻人中流行。

技能准备
（1）直播技能 开展此次体验活动，需要学习一下常见的直播策略和技能，提高直播的专业性和吸引力，增加观众的参与度和满意度，从而有效地推广地方文旅资源。 - 要熟悉镜头语言，学习如何使用镜头来传达信息，包括镜头选择、构图和运动。 - 提升语言表达能力，学习如何清晰、有趣地呈现内容。 - 注重互动技巧，学习如何与观众建立联系，包括回应评论、引导话题等。 - 做好情绪管理，掌握在直播中控制情绪的技巧，保持积极和专业的态度。 - 要控制好节奏，保持内容的流畅性和观众的注意力。 - 熟练操作直播软件和设备，包括音视频切换、特效使用等。 - 准备应对技术问题、网络中断或其他突发事件的方案。 - 了解并遵守直播相关的法律法规，避免违规内容。 - 实时分析观众反馈，根据观众行为调整直播策略。

续表

技能准备
⊙ 学习基本的视频编辑技能，对直播内容进行优化和再利用。 （2）活动小组分工 ⊙ 人员分工的话，参照以下分组： ⊙ 策划组，负责活动的整体策划和内容设计。 ⊙ 技术组，负责直播技术支持和设备管理。 ⊙ 直播组，负责直播的主持和现场互动。 ⊙ 编辑组，负责直播后的视频编辑和发布。 ⊙ 推广组，负责活动的宣传推广和观众互动。
实践成果
⊙ 高质量的直播录像，展示文旅体验。 ⊙ 收集观众的意见和建议。 ⊙ 统计直播观看人数、互动次数等数据，评估推广效果。 ⊙ 撰写实践活动的总结报告，包括经验总结和改进建议。

二、实践报告

实践活动主题："直播 + 文旅"体验，助力地方文旅发展			
实践人		实践时间	实践地点
实践工具			
实践内容	（1） （2） （3） ……		
实践流程 （从准备到 完成）	（1） （2） （3） ……		
线上直播要点	1. 2. 3. 4. ……		

续表

实践活动主题："直播＋文旅"体验，助力地方文旅发展	
实践图片	
体验感悟	
备注	1. 观众反馈： 2. 直播数据：

三、评价

学生个人、其他学生、教师分别对学生本次展示活动的表现进行综合评价。评价时，从相关知识、实践技能、实践态度、实践创新、实践成果、实践报告六个方面进行。

劳动实践活动评价表

	个人评价	学生评价	教师评价
相关知识			
实践技能			
实践态度			
实践创新			
实践成果			
实践报告			

说明：评价分为五个等级，从高到低依次为：
五星★★★★★；四星★★★★；三星★★★；两星★★；一星★

专题八

适应新质生产力发展，争做高素质新型劳动者

"要大力推进现代化产业体系建设，加快发展新质生产力。"

——2024年《政府工作报告》

◆ 导语

在当今这个日新月异的时代，生产力的每一次飞跃都深刻影响着我们的经济结构和社会发展。随着科技的飞速发展，我们正站在新旧生产力交替的十字路口。专题八将带领我们深入探索"新质生产力"这一概念，它不仅代表着生产力的质的飞跃，更是推动经济高质量发展的关键动力。

在这一专题中，我们将首先理解新质生产力的核心要义，探讨它是如何通过科技创新和产业升级，满足人民对美好生活的不断追求。然后，我们将聚焦于新型劳动者的角色和重要性，他们如何成为新质生产力发展中不可或缺的力量。通过本专题的学习，我们不仅能够洞察生产力发展的新趋势，还能够认识到作为新时代的劳动者，我们应如何提升自身素质，以适应和推动这一变革。让我们带着对未来的憧憬和对知识的渴望，一起开启这段探索之旅。

通过这一专题学习，我们拟实现以下目标：

1. 掌握新质生产力的定义、特征及其与高质量发展的关系，了解其在社会主义现代化建设中的作用。
2. 了解科技创新在推动新质生产力发展中的核心地位，以及如何通过科技创新实现产业升级和经济结构优化。
3. 学习新质生产力的构成要素，包括劳动者、劳动资料、劳动对象，以及它们在新质生产力中的作用和相互关系。
4. 认识到全要素生产率在衡量经济发展效率中的重要性，以及如何通过技术进步和创新提高全要素生产率。
5. 理解新型劳动者在新质生产力发展中的关键作用，以及他们应具备的知识、技能和素质。
6. 鼓励学生在创业市场调研中发挥创新思维，提出新的解决方案，增强创造性劳动能力。
7. 讨论如何培养适应新质生产力发展的高素质人才。

第一节 深刻认识新质生产力

◆ 本节要点

1. 新质生产力是推动高质量发展的关键动力,它在社会主义现代化强国建设中发挥着至关重要的作用。随着人民对美好生活需要的增长,新质生产力通过科技创新和产业升级,提供更丰富的优质产品和服务。
2. 在科技和产业革命的背景下,全球正经历着深刻变化。中国进入社会主义新时代,经济发展步入新阶段,新质生产力的发展被视为适应中国特色现代化和数字化时代需求的现代生产力。
3. 新质生产力代表了生产力的质的飞跃,它是一个动态的、不断演变的概念。它以人工智能、机器人等为新的生产工具,数据等作为新的生产要素,高素质的人才、企业家、科学家等作为主要的劳动者。
4. 新质生产力不仅推动其自身的发展,还能赋能其他产业,如文旅产业,通过技术转化创造新供给和新需求,推动产业的高质量创新发展。

我们在社会主义现代化强国建设过程中,无论是打造制造、质量、航天、交通、网络强国,还是推进新型工业化、信息化、城镇化和农业现代化,都强调了高质量发展的重要性,其中新质生产力的发展被视为关键动力。随着新时代的到来,人民对美好生活的需求不断增长,不仅对物质文化生活有更高标准,也对生态和文化产品有了更多元化的追求。加强科技创新,加速新质生产力的形成和发展,有助于促进产业升级,构建高质量的供给体系,从而提供更丰富的优质产品和服务,满足人民日益增长的美好生活需要。

一、"新质生产力"的提出

马克思主义视生产力为社会生活的物质基础和社会进步的驱动力,认为生产力的发展是衡量社会进步的根本标准。马克思和恩格斯强调，社会的总体状况由人们所掌握的生产力决定。我们党始终将推动生产力的发展和提升人民生活水平作为工作的出发点。

社会主义的根本任务在于解放和发展生产力，这一点相较于资本主义的优越性在于能够更迅速、更有效地促进生产力的增长。中华人民共和国成立后，毛泽东提出社会主义革命的目标是解放生产力。邓小平在改革开放时期进一步明确，发展生产力是社会主义的根本任务。在党的领导下，中国仅用几十年时间就完成了发达国家几百年的工业化进程，成为世界第二大经济体，创造了罕见的经济增长奇迹。这一成就的关键因素是高度重视生产力的发展，坚持解放和发展社会生产力，从而不断增强国家的综合实力。

在当前科技和产业革命的浪潮中，全球正经历着百年难遇的深刻变化，中国的经济社会发展环境也随之发生了显著变化。随着中国进入社会主义新时代，经济发展也步入了新阶段。以习近平同志为核心的党中央坚持以高质量发展为核心原则，持续推进社会生产力的解放和发展，制定并实施了一系列重大决策，引领中国经济向更高质量、更高效率、更公平、更可持续和更安全的方向前进。这些努力已使生产力水平得到显著提升和突破性发展，标志着生产力发展进入了新的阶段。

发展新质生产力是推动高质量发展的内在要求和重要着力点。自2023年7月以来，习近平总书记在四川、黑龙江、浙江、广西等地考察调研时，提出要整合科技创新资源，引领发展战略性新兴产业和未来产业，加快形成新质生产力[1]。2023年12月中旬，在中央经济工作会议上，习近平总书记又提出要以科技创新推动产业创新，特别是以颠覆性技术和前沿技术催生新产业、新模式、新动能，发展新质生产力。2024年1月31日，习近平总书记在主持中央政治局第十一次集体学习时发表重要讲话，从理论和实践结合上系统阐明新质生产力的科学内涵，深刻指出发展新质生产力的重大意义，对发展新质生产力提出明确要求。

拓展阅读

发展新质生产力，中国已有扎实的基础和底气[2]

我国经过多年的发展，科技创新条件显著改善，科技能力的提升为生产力发展

---

[1] 习近平：《发展新质生产力是推动高质量发展的内在要求和重要着力点》，《求是》2024年第11期。

[2] 此资料来源文献：黄汉权，《深刻领悟发展新质生产力的核心要义和实践要求》，2024年第11期《求是》，有改动。

提供了强大动力。2023年研发经费投入达到3.3万亿元，研发投入强度达到2.64%，超越了OECD国家平均水平。在科学基础设施方面，国家大科学装置、工程研究中心、企业技术中心、科技企业孵化器和众创空间的数量均有显著增长。科技创新在多个领域取得突破，包括深空探测、量子信息、干细胞、脑科学等前沿领域，以及在太阳能光伏、新能源汽车、数字经济等领域实现技术领先，5G网络应用全球领先。

自党的十八大以来，中国大力发展战略性新兴产业，如类脑智能、量子信息等，并在新一代电子信息、新能源、新材料、新能源汽车等领域取得了显著增长。2023年，这些产业在国内生产总值中的占比从2012年的5%增长至13%以上。中国制造业体系的完整性为新技术的孕育和新兴产业的发展提供了有力支持。比如，围绕锂离子蓄电池，从上游的原材料，到中游的电解液、隔膜、电芯，再到下游的新能源汽车、消费电子和储能电站应用，上中下游集群共生、联动发展，规模经济效应充分彰显，也正是凭借完整的制造业体系优势，我国新能源汽车在国际市场上才更具竞争力。

中国庞大的人口基数和活跃的数字经济活动产生了海量数据，这些数据成为推动新质生产力发展的关键要素。消费电子、电子商务、移动支付等市场规模全球领先，并且仍在快速增长，促进了社交媒体、移动出行、数字医疗等产业的迅猛发展。中国制造业的规模和工业机器人的保有量均居世界首位，为工业互联网的兴起提供了坚实基础。到2023年，中国的数据生产总量已超过32ZB，这些丰富的数据资源为新质生产力的发展提供了充足的"原料"。

中国庞大的市场规模为新质生产力的发展提供了广阔的需求空间。拥有超过14亿人口和4亿中等收入群体，中国在2023年的社会消费品零售总额超过47万亿元，成为全球第二大商品消费市场和第一大网络零售市场。新能源汽车、锂电池、光伏产品等"新三样"在技术创新和市场销售上形成了良性互动，国内市场对这些产品的技术迭代和国际化起到了关键支撑作用，2023年出口值超过万亿元。此外，中国市场的巨量需求吸引了全球新技术和新产品，成为吸引外商投资的强磁场。例如，特斯拉上海超级工厂依托中国市场实现了规模经济效应，有效降低了成本并加速了技术迭代，成为其全球最大的智能工厂。

同时也要看到，我国有效发明专利产业化率为36.7%，高校发明专利产业化率为3.9%，与发达国家相比还有明显差距。原始创新能力仍相对薄弱、产学研融合生态尚未形成、人才培养与社会需求存在错位、不当竞争和地方保护导致要素流通不畅等问题，也是短板所在。

二、"新质生产力"的理论内涵

什么是新质生产力？新质生产力是一个随着时代发展而不断演变的概念。严格来讲，它没有统一的标准定义。在不同的发展阶段，随着科技革命和产业变革，都会产生符合当时需求的新质生产力。

从发展的角度来看，新质生产力是相对于传统生产力而言的，它代表了生产力的质的飞跃。例如，简单工具的使用相对于原始人的双手是一种新质生产力，铜制、铁制生产工具的使用相对于简单工具的使用是一种新质生产力，大型机器装备的使用相对于铜制、铁制生产工具的使用是一种新质生产力……从原始人的双手到简单工具的使用，再到铜铁工具，直至大型机器的使用，每一次转变都标志着生产力的质的提升。这表明生产力是一个动态发展的过程，其构成要素的质在不断提升，新质生产力是一个动态的、需要用辩证唯物主义的发展观来理解和对待的概念。

当前我们所说的新质生产力，是适应中国特色现代化和数字化时代的需求，具有更高科技水平的现代生产力。它以人工智能、机器人等为新的生产工具，数据作为新的生产要素，高素质的人才、企业家、科学家作为主要的劳动者，新材料、新能源作为主要的劳动资料和对象，战略性新兴产业和未来产业作为新的载体，以培育新的发展动能为目标，构成了一种新型的生产力。

习近平总书记指出："概括地说，新质生产力是创新起主导作用，摆脱传统经济增长方式、生产力发展路径，具有高科技、高效能、高质量特征，符合新发展理念的先进生产力质态。它由技术革命性突破、生产要素创新性配置、产业深度转型升级而催生，以劳动者、劳动资料、劳动对象及其优化组合的跃升为基本内涵，以全要素生产率大幅提升为核心标志，特点是创新，关键在质优，本质是先进生产力。"[①]

---

① 习近平. 发展新质生产力是推动高质量发展的内在要求和重要着力点[J]. 求是，2024（11）.

这一重要论述，深刻指明了新质生产力的特征、基本内涵、核心标志、特点、关键、本质等基本理论问题，为我们准确把握新质生产力的科学内涵提供了根本遵循。

（一）新的构成要素

生产力，即生产能力及其要素的发展；劳动生产力是随着科学和技术的不断进步而不断发展的。新质生产力代表了生产力演进和科技突破所带来的人类改造自然能力的飞跃，这种飞跃是全面而深刻的，涉及生产力的各个基本要素：劳动者、劳动资料和劳动对象，它们都获得了新的内涵。

对于劳动者，他们是生产力中最活跃的组成部分。与新质生产力相适应的劳动者不再是执行简单重复性工作的普通工人，而是那些能够推动生产力发展的创新型人才和能够熟练使用新技术的实用型人才。

劳动资料，作为衡量人类劳动力进步的工具，随着创新技术和颠覆性技术的涌现和应用，将不断有新的生产工具被创造出来，而旧的生产工具将逐渐被淘汰，这标志着生产力的进步。

劳动对象的范围也随着劳动资料的改进而扩大，不仅包括自然界的物质资源，也涵盖了数据等不受时空限制的非物质资源。

只有当这些生产要素有效结合时，才能转化为实际的生产力。新质生产力不仅体现在各个要素的创新上，还体现在这些要素结合方式的创新上。随着劳动者、劳动资料和劳动对象的发展，它们的最优组合也将发生根本性变化，催生新的产业、业态和模式，为经济发展提供新的动力和优势。

（二）全要素生产率

核心标志中指向的"全要素生产率"，指的是各要素（如资本和劳动等）投入之外，技术进步和能力实现等导致的产出增加。

全要素生产率是一个衡量经济体利用所有生产要素（包括资本和劳动）提高产出的指标，它不仅包括直接投入带来的产出，还涵盖了技术进步、能力实现等因素。

全要素生产率是反映经济体在特定时期内利用生产要素推动经济发展的效率和能力。它包括技术进步、制度优化、管理提升、教育与技能改进以及规模经济等方面。实践中，全要素生产率主要分为技术进步和效率两部分：技术进步直接推动经济增长，而效率则涉及要素配置的效率和制度管理能力。全要素生产率也可以从科技创新角度理解为科技知识转化为经济价值的能力。

全要素生产率的长期趋势受科技创新和制度创新的推动，而短期波动可能受到政治、经济、社会事件的影响。对于制度稳定、经济规模较大、产业复杂的国家，全要素生产率的长期变化趋势通常反映了其科技知识转化为经济产出的能力。例如，中国、美国、日本、德国等主要经济体在过去60年的全要素生产率整体呈上升趋势。然而，如石油危机、金融危机和全球疫情等事件也曾导致这些国家全要素生产率的短期下降。

（三）创新

新质生产力的起点是"新"，它与传统生产力相区别，强调创新的重要性。

新质生产力不仅追求关键技术和颠覆性技术的突破，以在新兴产业和未来产业中取得先机，还注重提升自主创新能力。同时，它关注新要素、新模式、新产业和新动能，涵盖技术、业态、管理和制度等多方面的创新，其核心在于生产力要素及其组合方式的创新。这种多维度的创新正在引发生产过程中的重要变革，为经济社会发展提供了新的支撑点和增长点。

新质生产力代表了以创新为主导的先进生产力形态。历史上，从18世纪的机械化到19世纪的电气化，再到20世纪的信息化，每一次工业革命都带来了生产力的巨大解放和社会生活水平的显著提升，深刻改变了人类历史的进程。一些国家通过抓住科技革命和产业变革的机遇，实现了综合国力的快速提升，甚至成为世界强国。

当前，我们正处在新一轮科技革命和产业变革的前夕，重大的颠覆性技术创新正在孕育新的产业和业态。信息技术、生物技术、制造技术、新材料技术、新能源技术等广泛渗透到各个领域，推动了以绿色、智能、泛在为特点的群体性技术变革。我们面临着世界科技革命和产业变革与中国发展方式转变的历史性交汇，这是一个难得的历史机遇。新质生产力应运而生，并在实践中不断发展和壮大。它代表了科技革命和产业变革的新方向和趋势，是先进生产力发展的体现。加快形成新质生产力，意味着在生产力发展中取得领先地位，在新领域新赛道上抢占先机，在国际竞争中赢得主动权。

（四）新质生产力的"质"

新质生产力的关键在于"质"，这与"量"相对，强调在量的基础上实现质的飞跃。它关注于通过知识、科技、数字技术和创新来提升生产效率和质量。从不同角度来看，"质"包含以下几个层面。

物质层面：重视新技术、新材料、新能源等对生产力的优化和增强。

质量层面：反映对高质量发展的追求，即生产过程不仅要有量的增长，更要有质的提升。

本质层面：新质生产力是一种绿色、可持续的生产力形态，它与新发展理念相契合，旨在实现经济、社会和环境的和谐发展，避免传统经济增长模式中的资源和能源高消耗。

"新质"代表了由质变带来的新特性、新功能和新规律。其核心理念是通过创新促进质的提升，通过质的提升实现新的突破。在数字化和智能化的背景下，新质生产力强调将科技创新要素与现代产业结合，以创造新的形式和质态，推动产业升级和经济转型。

相关知识

生产力的基本概念

1. 生产力

按照恩格斯的观点，从本源看，生产力是具有劳动能力的人和生产资料相结合而形成的改造自然的能力。古猿通过劳动转化为人产生劳动生产力，是生产力形成的标志和历史上的开始。所以，生产力就是人实际进行生产活动的能力，也是劳动产出的能力，是具体劳动的生产力。生产力的表现是生产中的主体行为以及这些行为的结果的存在，即劳动产物。在狭义上看，生产力指的是再生生产力，即人类创造新财富的能力。从横向来看，生产力分为个人生产力、企业生产力、社会生产力；从纵向来看，生产力分为短期生产力和长期生产力；从层次来看，生产力分为物质生产力和精神生产力。

2. 生产力的要素

生产力是生产力系统的功能，组成生产力系统的要素包括劳动者、劳动资料、劳动对象。学术界把马克思关于劳动者、劳动资料和劳动对象的这一论述后来概括为生产力的三要素，这是生产力的实体性要素（硬件构成），即它们是一切时代的生产力所共有的基本要素。

除此以外，还有科学技术、科学管理、劳动的热情和积极性，被称为生产力的非实体性要素（软件构成），社会文化制度体制环境——生产力系统的结构就是组成生产力系统的要素之间的关系。

生产力系统结构的对称程度决定生产力的发展速度，生产力系统的结构如果对称，生产力发展速度就快；生产力系统的结构如果不对称，生产力发展速度就慢，所以生产力的发展是主客体相互作用、资源再生的结果，是社会系统的整体功能，是增长向发展转化的中间环节。生产力发展水平的高低是由生产力要素构成的系统与其所处的政治、经济、社会、文化、生态等环境体系相互聚合匹配的结果。

3. 生产力与生产关系

马克思认为，社会关系和生产力密切相连。随着新生产力的获得，人们改变自己的生产方式，随着生产方式即谋生的方式的改变，人们也就会改变自己的一切社会关系。

（五）本质是先进生产力

新质生产力落脚于"生产力"。生产力是一个由劳动力、劳动对象和劳动资料等生产要素构成的有机系统，这些要素以特定的结构相互结合。随着这些要素的质的提升和变革，生产力本身也经历了质的飞跃。

马克思和恩格斯的理论强调，生产力是随着科学技术的进步而不断发展的。生产力为社会提供物质基础，是推动历史发展的关键力量。社会主义的核心目标是解放和发展社会生产力。中国经济发展之所以能够实现历史性的跨越，正是因为深化了对生产力发展规律的理解，不断丰富和发展生产力理论，坚持用科技进步来推动生产力的持续发展和提升。

为了促进生产力的发展，必须打破限制创新的思想障碍，加快体制机制的创新，构建支持科技自立的技术体系、产业体系和制度体系。通过不断调整生产关系来激发社会的活力，加速新质生产力的形成。这要求我们以创新为动力，不断优化生产要素的组合，以实现生产力的质的提升和经济社会的全面发展。

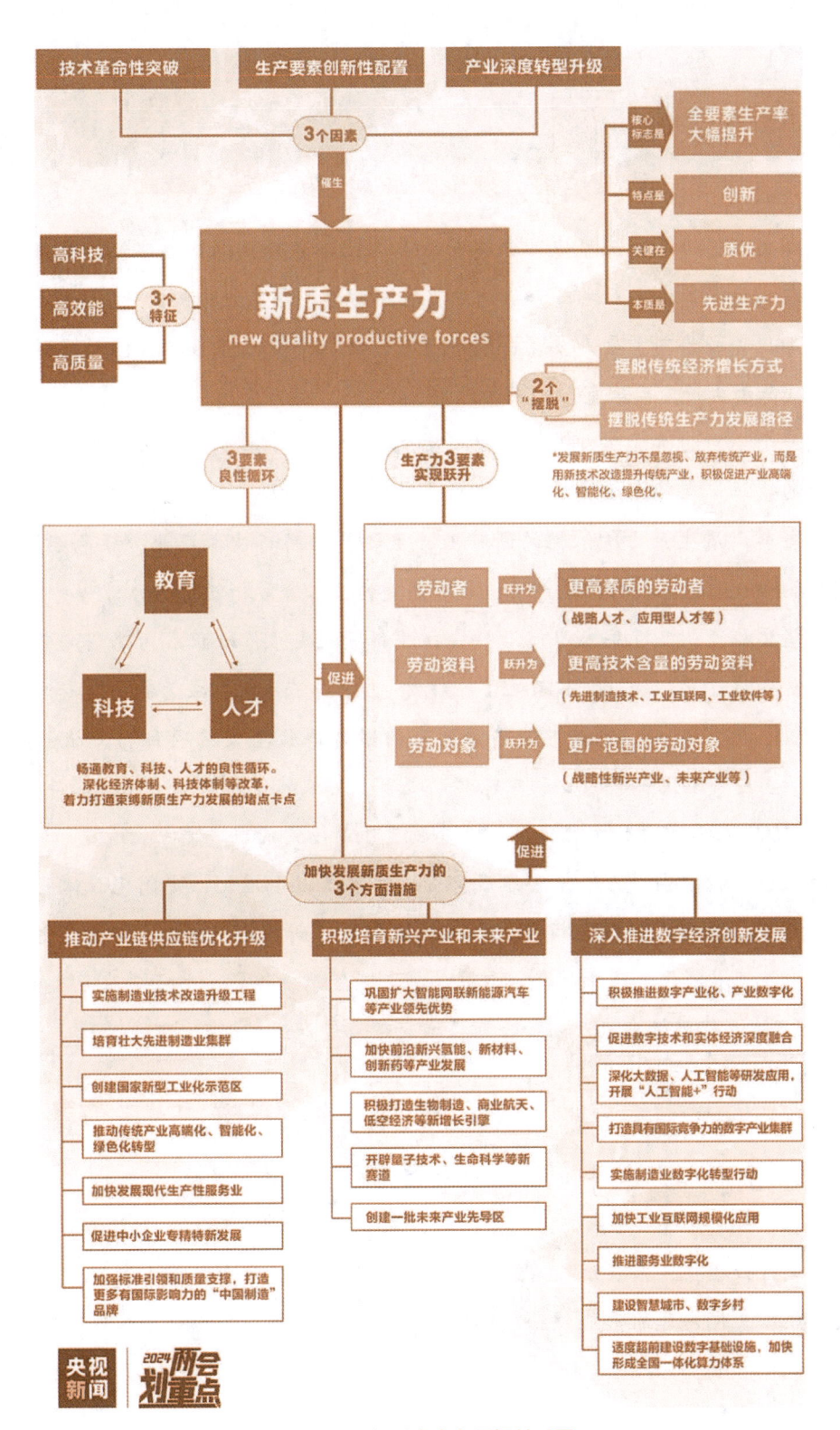

专题八　适应新质生产力发展，争做高素质新型劳动者 | 199

图8.1.1　新质生产力逻辑关系图

资料来源：央视新闻

拓展阅读

"新质生产力"赋能文旅产业的破局之道[①]

人类文明迄今已经历了农业经济时代、工业经济时代以及数字经济时代三个阶段。在农业经济时代，土地与劳动是主要生产要素；在工业经济时代，资本、技术、管理、知识等成为新型生产要素；发展至今，数据要素成了数据经济时代的核心驱动要素，新型生产要素从有形转换为无形。

每一个不同的时代，当关键性技术实现突破、发生质变时，必然引发生产力核心因素的变革。在数字经济时代，新质生产力在数字化、信息化、智能化等背景下形成。当前新质生产力所依托的新产业，主要是以高新技术产业、绿色经济产业、高端装备制造等为代表的新型产业，具有高度的技术含量和创新能力。

回望文旅产业，近年来以前沿科技打造新颖的文旅体验正成为热门趋势。在技术飞速发展的当下，人们已不满足于"看景"，躬身"入景"成为新的时尚潮流，以主题沉浸、感官营造、虚拟再造等为代表的融合体验型文旅项目和文旅产品成为"新风口"。在"文化+科技"的双轮驱动之下，文旅融合智慧化升级，"数字技术+"赋能文旅深度融合发展，文旅产业新业态创生、新场景涌现。

新业态是新质生产力的重要组成部分，主要是以个性化、定制化、体验化等为代表的新型商业模式和服务模式。文旅产业拥抱"新质生产力"，将在文化旅游的资源活化、艺术创作、产业整合、创意传播、沉浸消费等各个方面带来巨大的提升。"新质生产力"将引领文旅产业融合新技术、适应新产业、重塑新动能。

融合新技术

"新质生产力"赋能文旅产业的本质，是以创意和科技贯通文旅资源端、创意研发端、生产营销端，构建具有影响力和生命力的文旅产品和服务。

遥感技术、地理信息系统、大数据助力文旅资源普查和保护；互联网、5G通信、物联网支持云展览、云娱乐、网络视听、数字动漫、数字出版；人工智能AIGC全面提升数字文化内容的产能供给；VR、AR、MR等数字交互的普及创造跨越时空的沉浸式体验场景；LED显示技术、光影技术、音视频技术、智能终端融合打造

---

① 此资料来源于文献：巩强，《新质生产力赋能文旅产业高质量发展：概念内涵和破局之道》，文化产业参考，2024-03-18。

"氛围＋情绪＋内容"的立体化消费场景；轨道交通技术的突破让"高铁生活圈"激活了国内文旅大市场；低空飞行技术的成熟和政策开放或将迎来低空经济发展的元年。

在文化科技深度融合的背景下，"新质生产力"将推动文旅产业以优秀文化资源为内核、数字科技为手段、创意资产管理为路径，为文旅产业的高质量创新发展注入强劲动力。

适应新产业

"新质生产力"赋能文旅产业的挑战，是正确识别和适应新产业。新质生产力是依托于新技术、新产业、新业态和新领域的先进生产力。以高效能、高科技、高质量为基本要求，以数字化、网络化、智能化的新技术为支撑。

在我国现行国民经济行业分类中，文化领域与新质生产力相关产业（行业）主要分布于战略性新兴产业、未来产业等领域。目前涉及包括新能源、新材料、高端设备等在内的8大新兴产业和元宇宙、脑机接口、人形机器人、生成式人工智能等9大未来产业。与这些高科技产业相比，文旅产业是关联度好、融合性强的基础性产业，也是实现高新技术转化、培育文旅新业态的重要应用场景。

文旅产业与所有新兴产业和未来产业之间具有天然的耦合性。在形成"新质生产力"的长坡厚雪过程中，新技术、新产品、新业态相互形成正向循环。文旅产业要积极为战略性新兴产业、未来产业提供丰富活跃的应用场景，为其在高速成长、产业龙头逐步成型、1至N的商业化落地阶段注入新的活力。

重塑新动能

"新质生产力"赋能文旅产业的意义，是通过技术转化创造新供给和新需求，巩固和提升文旅产业作为刺激消费，拉动经济增长的重要引擎地位。

当前，我国经济发展正处于增长速度换挡期、结构调整阵痛期、前期刺激政策消化期、改革攻坚克难推进期等多期叠加阶段，以低生产要素成本为基础的比较优势见顶，亟需新旧动能加快转换，"新质生产力"是点燃中国经济新引擎的迫切需要。

此前，我国文旅发展经历了从"资源驱动"到"资本驱动"再到"创新驱动"的阶段性成长。传统文旅产业经营模式资产较重，在规模化复制能力、创收方式、抗风险能力等方面仍有提升空间。"新质生产力"将为文旅产业在内容呈现、业务模式、运营迭代、营销手段、消费行为、品牌IP塑造、组织结构等诸多方面带来巨变，最大限度释放文旅消费活力，进而逐渐成为经济发展转向高质量增长阶段的主要动能。

"新质生产力"带来的既是产业发展命题，也是观念认知命题。

长期来看，"新质生产力"必将对社会的劳动方式、生产组织方式、社会组织运行和社会制度体系产生重大影响。作为物质和精神高度融合的国民产业，文旅产业要紧抓数字时代的浪潮，积极拥抱"新质生产力"。

这既是文旅产业转型升级的必由之路，也是获取未来竞争优势的关键之路。

第二节　适应新质生产力发展的新型劳动者建设

◆ **本节要点**

1. 新质生产力依赖于具有高素质和创新能力的劳动者，这些劳动者使用先进的劳动工具，有效地组织和整合劳动资料与劳动对象，推动生产活动的高效进行。
2. 新质生产力具有高科技、高效能、高质量等典型特征。
3. 新质生产力的出现预示着发展和生产方式的变革，需要建立与之相适应的新生产关系，改革和完善生产关系，创新管理模式和体制机制。
4. 新质生产力对劳动者的知识、技能和素质提出更高要求，需要培育一支能够适应新质生产力发展需求的高素质、高水平、多元化的人才队伍。
5. 新型劳动者呈现出"劳动者范畴的扩展""劳动方式的变革""劳动者与机器工具的关系变化"等特点趋势。
6. 新型劳动者需要具备创新意识、科技素养和实践技能，以适应新质生产力发展的需求。
7. 为了适应新质生产力发展，劳动者自身应提高技术技能水平。
8. 企业应促进内部技能人才转型、职业院校完善人才培养、国家和社会应构建优质的人才成长环境。

相比于传统生产力，新质生产力更加依赖于具有高素质和创新能力的劳动者。他们使用先进的劳动工具，有效地组织和整合劳动资料与劳动对象，以推动生产活动的高效进行。这种新质生产力形态已经在实际应用中展现出其对经济高质量发展的强大推动力和支撑力。然而，尽管新质生产力已经显现，与之相适应的高素质高技能人才队伍建设却尚未完善。为了充分发挥新质生产力的潜力，我们迫切需要培育一支能够适应新质生产力发展需求的高素质、高水平、多元化的人才队伍。

一、新质生产力的特征与要求

（一）新质生产力的特征

新质生产力代表了一种与新发展理念相符的先进生产力形态，与传统生产力相比具有明显差异。它在发展动力、形态和理念上具有本质的不同，以高科技、高效能和高质量为显著特征。

- 高科技特征

新质生产力以科技创新为核心，融合了新兴产业、技术、业态、产品及服务，并具有颠覆性创新的特点。它以重大科技突破为驱动，以战略性新兴产业和前沿产业为主要领域，如新一代信息技术、生物技术、新能源、新材料、高端装备，以及类脑智能、量子信息等。新质生产力的形成是科技创新成果转化为实际生产力的过程，推动了新产品的创造和新产业的催生。它超越了传统的要素驱动增长模式，以知识和技术密集、高附加值为特点，强调科技创新在发展中的引领作用。

- 高效能特征

新质生产力的高效能体现在全要素生产率的显著提升上。它通过新技术的突破引领生产方式和产业组织的变革，激发生产要素的活力，促进生产要素的自由流动和优化配置，实现生产函数和生产关系的深刻变革。同时，新质生产力注重人与自然的和谐共生，是一种环境友好的绿色生产力，强调绿色、低碳、环保，推动产业向高端化、智能化和绿色化转型，形成绿色低碳循环发展的经济体系。

- 高质量特征

新质生产力是中国未来经济发展的核心主题，为经济高质量发展提供了强大的推动力。它超越了以往依赖资源投入的增长模式，强调质的提升，注重科技创新、模式培育、产业协调、数字赋能和生态保护。新质生产力的发展有助于实现经济结构的调整和发展方式的转变，提供高品质、高性能、可靠、安全、环保的产品与服务，满足有效需求，增强经济增长和社会发展的可持续性，为高质量发展提供现实解决方案。

（二）新质生产力的新要求

新质生产力代表了一种由技术突破、要素创新配置和产业深度转型所催生的先进生产力形态，它预示着发展和生产方式的变革，将推动社会生产力实现质的飞跃，并为社会主义现代化国家建设提供坚实的物质技术基础。

生产力与生产关系相互影响，新质生产力的出现将引发生产关系的根本性变革，需要建立与之相适应的新生产关系，以促进其发展。改革和完善生产关系，创新管理模式和体制机制，是保障新质生产力持续发展的关键。

新质生产力的形成是传统生产力在高素质的飞跃基础上的整体升级。它要求劳动者、劳动资料、劳动对象以及科技和管理等方面实现新的变化和提升。

- 培养建设新型劳动者队伍

新质生产力对劳动者的知识、技能和素质提出更高要求，没有一支与现代科技进步、现代产业发展相适应的高素质劳动者队伍，就无法形成新质生产力。

- 掌握创新驱动型劳动资料

新兴技术的快速发展和颠覆性创新的大量出现，孕育出一大批智能高效、低碳安全的新型生产工具，知识、技术和数据等新型生产要素的重要性日益凸显，极大拓展了生产空间，为形成新质生产力提供了物质条件。"颠覆性技术和前沿技术"推动经济高质量发展的"最大增量"。通过将科技创新成果应用到具体产业和产业链上，改造提升传统产业，培育壮大新兴产业，布局建设未来产业，完善现代化产业体系。

- 拓展非物质化的新劳动对象

劳动对象是指生产活动中被加工的东西。传统劳动对象大多是从自然界直接获得，或者经过劳动加工而来的原材料。得益于科技创新的广度延伸、深度拓展、精度提高和速度加快，劳动对象的种类和形态大大拓展，数据算力、人工智能大模型、数字空间等非物质化的新劳动对象成为加快形成新质生产力的"关键变量"。

- 科技进步

科技是生产力的关键要素，重大科技创新将深刻改变生产和生活方式，推动经济社会的变革。

- 管理水平提升

管理作为生产力的抽象要素，对生产活动的成果有直接影响，是生产力要素的"黏合剂"。

二、新质生产力需要新型劳动者

生产力的核心在于人，人是生产力中最为活跃和关键的要素。人才是最重要的资源，是推动科技进步和生产力提升的基础。为了发展新质生产力，需要全面提升劳动者的素质。新质生产力的发展是对传统生产力的深度改造，涉及新旧生产要素的优化组合和升级。这也要求劳动者不断提高应用新技术、使用新工具和改造新对象的能力，以满足新质生产力发展的需求。

（一）新的劳动者

在工业化进程的不同阶段和多样化的经济结构中，"劳动者"的定义是不断演变的。这不仅反映在劳动者自身技能和素质的持续提升上，也体现在劳动者群体外延的不断扩展上。在工业化的初期，劳动者主要指的是从事体力劳动的人群。然而，随着技术的发展和社会的进步，尤其是教育的普及和产业结构的转型升级，脑力劳动和技能型劳动的比重逐渐增加，劳动者的整体素质得到了提升，同时，劳动分工也变得更加细化。

首先，劳动者的范畴正在进一步扩展。虽然体力劳动者和脑力劳动者依然是劳动者群体的主体，但中高端人才的作用日益凸显。遵纪守法、勤奋工作的企业家，以及推动科技创新的科学家，都是劳动者群体中的重要组成。

其次，劳动者参与劳动的方式也在发生变革。在新兴产业和新兴业态中，出现了与传统就业模式和劳资关系不同的新就业形态和劳动关系。灵活就业模式被越来越多的行业所接受，并逐渐普及。零工经济的规模和影响力持续扩大，如何有效保护非传统就业劳动者的合法权益，以及如何实现人力资本的增长，成了当前面临的治理难题。

最后，劳动者与机器工具之间的关系也在发生变化。人工智能的兴起和应用加速了人机关系的演变。一方面，智能机器在越来越多的重复性工作岗位上取代了劳动者，这增加了劳动者对稳定就业的担忧，但同时也填补了因劳动者离职而产生的岗位空缺。另一方面，人与机器的关系可以变得更加和谐，机器继续改善劳动者的工作环境，并提升劳动者创造价值的能力。

（二）对新型劳动者的新要求

劳动者是科技创新和现代化产业体系建设的主体，在劳动资料、劳动对象及其优化组合中发挥着主导作用。因此，发展新质生产力必须有大量的新型劳动者做支撑。新型劳动者类型多样，既有创造新质生产力的战略人才，也有掌握新质生产资料的应用型人才。他们长期战斗在生产一线，发挥着主力军作用。一方面，聚焦前沿技术、关键技术、重要领域"卡脖子"技术等，开展技术攻关、革新、协作与发明创造，不断推动技术取得革命性进展。另一方面，聚焦通用基础性技术、专业技术和相关技术的融合，积极开展跨技术领域的技术创新活动，加强交流、优化协作，促进技术创新创造。

具体而言，与传统劳动者相比，新质生产力对新型劳动者的知识、技能、素质的新要求集中体现在以下方面。

- 新型劳动者需要具备求新求变的创新意识

随着人工智能、大数据等新兴技术的兴起，科技革命和产业变革正在加速。劳动者需要勇于创新，关注科技的最新发展，适应国内外环境的变化，用创新思维解决发展中的问题，打破传统思维定式，寻找创新方向。

- 新型劳动者需要具备综合全面的科技素养

科技创新需要不断更新知识体系。劳动者需要具备基本的科技素养，掌握丰富的科技知识和前沿科技结构，以适应科技发展新趋势，熟练使用新质生产力工具，推动生产力的形成和发展。

- 新型劳动者需要具备娴熟、优秀的实践技能

新质生产力要求劳动者能够熟练使用劳动资料，开发新的劳动对象，提供更优质的产品和服务。劳动者需要结合科技发展新趋势，持续进行创新实践，不断试错和完善，将科技创新成果转化为产业创新，促进新技术向新产业、新模式、新动能的转化，为战略性新兴产业和未来产业的发展提供动力。

劳动者作为生产力中最活跃、最具决定意义的因素，有力支持承载新质生产力的产业发展，助力实现产业转型升级。因此，劳动者必须迎接挑战、抓住机遇，树立持续学习的意愿，聚焦创新意识、科技素养和实践技能，尽快成为一名适应新质生产力发展的高素质新型劳动者。

三、适应新质生产力发展的新型劳动者建设

当前,新质生产力已经在实践中形成并展示出对高质量发展的强劲推动力、支撑力。然而,与这种新型生产力相适应的高技能人才队伍尚未完全建立。现有的人才队伍在知识结构、专业领域和年龄分布等方面尚存在较大差距。因此,我们迫切需要加快培养与新型生产力发展需求相适应的一支高素质高水平多元化人才队伍,包括科技人才、产业人才和青年英才等,助力我国建设成为世界重要人才中心和创新高地。

(一)劳动者自身需要迅速提高现有的技术技能水平

对于劳动者个人而言,应当在新时代背景下,树立起终身学习的观念,积极学习文化、科学、技能以及各方面的知识,不断提升自己的技术技能水平,尽快成为一名高素质新型劳动者:有力量,有智慧,有技术,能发明,会创造。

(二)企业需要积极促进内部技能人才的转型

随着新质生产力的发展,技术的突破性进步和创新性发展必将催生新的产业、企业以及职业,这将加速构建现代产业和经济体系,推动中国式现代化的高质量发展。企业作为推动新型工业化和新质生产力发展的关键力量,同时也是高技能人才成长和实现职业抱负的重要平台。因此,企业应从自身出发,充分利用内部创新资源,加强与教育机构和科研组织的合作,制定符合企业需求的新型劳动者转型培训计划,建立高效实用的内部技能人才培养体系,以激发现有技能人才的创新意识,激发他们的创新思维,并不断提升他们的技能水平。

(三)加快建立现代职业教育体系,最大化发挥职业院校在培养技能人才方面的基础性支持作用

首先,深化科教融汇,紧密对接国家战略需求、产业发展趋势和技术革新的前沿,及时调整学科布局,优化专业设置,尽快开发与新兴信息技术、高端装备制造、新材料、新能源汽车等战略性新兴产业以及未来科学、能源、材料、空间等未来产

业紧密相关的课程体系，大力培养符合新质生产力需求的行业人才。

其次，应加强产教融合，拓展校企合作人才培养模式，充分利用行业领军企业资源，坚持教育与产业相结合，坚持以教促产、以产助教、产教融合、产学合作，探索与就业紧密结合的培训方式，如订单式、定岗式、定向式培训，使学生能够更早地接触行业前沿。

最后，应深化职业教育与普通教育的融合，优化职业教育类型定位，提高基础理论学习的比例，并与高等教育的知识结构进行有效衔接。积极探索建立从职业教育到高层次专业硕士、博士教育的人才培养通道，为职业院校学生提供进入高校深造的机会；鼓励高学历人才到一线工作，注重理论与实践相结合，培养能够贯通"理论创新—技术革新—技能应用"的复合型人才，畅通技能人才的职业发展路径，激发更多青年学生通过技能成才、技能报国的热情。

（四）要构建优质的人才成长环境

吸引人才并使其在某地区聚集是一个复杂的系统化任务，关键在于该地区是否拥有一个有利于人才成长的优良生态环境。

首先，需要营造一个有利于经济发展的环境，通过持续推动经济的高质量发展来增强对人才的吸引力，为地区的经济增长和创新活动提供持续的动力。

其次，应营造一个尊重和珍视人才的文化环境，鼓励创新，让人才的创造力得到充分的释放和流动。

此外，建立一套有效的人才制度是吸引、保留和有效利用人才的关键。这包括完善人才管理体系，加快政府职能的转变，不断增强人才制度的科学性、完整性和先进性。通过这样的制度，可以激发劳动、知识、技术、管理、资本和数据等生产要素的活力，更好地体现知识、技术和人才的市场价值，将我国的制度优势转化为人才优势和科技竞争的优势。

第三节　劳动实践：大学生创业之"共享厨房"市场调研活动

◆ **本节劳动实践的目标**

1. 通过实地市场调研活动，让学生理解劳动的价值和意义，尊重劳动和劳动者，培养劳动最光荣的观念；
2. 激发学生的创新精神和奋斗精神，鼓励他们在市场调研中积极探索，勇于面对挑战，不断追求卓越；
3. 通过创业市场调研，培养学生的自主创业意识和能力，为将来的职业生涯打下基础；
4. 鼓励学生在市场调研中发挥创新思维，提出新的解决方案，增强创造性劳动能力；
5. 通过实践活动，让学生积累与未来职业发展相关的经验，提高就业创业能力；
6. 使学生在市场调研过程中养成良好的劳动习惯，如认真负责、安全规范、坚持不懈等。

一、实践方案

实践任务
假设你计划创业经营一家面向在校大学生的共享厨房。请完成以下任务：调研大学生对共享厨房的需求、偏好和使用习惯；分析共享厨房的市场潜力、竞争环境和运营挑战；设计共享厨房的商业模式和运营策略。具体事宜见以下方案内容。
具体要求
◇ 调研结果需真实、客观，能够反映目标群体的实际需求。 ◇ 可 5~8 人一组，注重团队合作和分工明确。 ◇ 调研方法要科学合理，确保数据的有效性和可靠性。 ◇ 要尊重被调研者的隐私和意愿，获取知情同意。 ◇ 注意安全。
工具准备
问卷调查表、访谈提纲、录音设备、统计软件（如 SPSS）、数据可视化工具（如 Tableau）、记录本或手机记录等。

续表

知识准备

（1）市场调研的基本原则和方法

市场调研是系统地收集、记录和分析关于与市场相关的问题的数据和信息的过程。在市场调研的过程中，要坚持这四项基本原则：

- 客观性：保持中立，不受个人偏见影响。
- 系统性：按照科学的方法和步骤进行。
- 相关性：确保调研与研究目标紧密相关。
- 准确性：保证数据的精确和可靠。

我们在获取市场数据时，可以直接从目标群体收集一手数据，也可以通过文献、报告等现有资料获取二手数据。分析市场现状时，可以通过数字数据进行统计分析，也通过文字描述和观察来理解现象。

（2）创业知识

创业是识别机会、组织资源、创造价值并承担风险的过程。对创业过程的理解，可简化为六步：

- 机会识别：发现市场需求和商机。
- 资源整合：筹集资金、技术、人才等资源。
- 商业策划：制定商业计划书，明确商业模式和策略。
- 产品开发：设计和开发产品或服务。
- 市场推广：通过营销策略推广产品或服务。
- 运营管理：日常运营和团队管理。

在整个创业的过程中，特别重要的是：做好市场定位、竞争分析、品牌建设等创业策略；做好识别潜在风险，制定风险缓解措施的风险管理；具有创新思维、持续学习、适应变化、坚韧不拔的创业心态；拥有资金来源、网络资源、技术支持等创业资源。

（3）共享经济

共享经济作为一种新兴的经济模式，其核心在于通过技术平台促进个体间的闲置资源共享。这种模式依托于互联网和移动技术的发展，使得资源的分配和利用更加高效和灵活。

共享经济的核心特征是：

- 资源共享：通过优化资源配置，减少浪费，实现资源的最大化利用。
- 技术驱动：现代信息技术的应用为资源的匹配和交易提供了便利。
- 平台经济：第三方平台成为连接供需双方的桥梁，促进了交易的便捷性和安全性。

共享经济提供的服务具有高度的个性化和定制化特点，涵盖了多种不同的领域，包括产品共享、空间共享和服务业的共享等。例如，Airbnb允许房东出租自己的空置房间，Uber提供按需出行服务，而WeWork则提供了共享办公空间。

共享经济的创新之处在于它不断推动新的商业模式、技术应用和市场策略的发展。但是，需要注意的是法律法规的不健全可能导致监管上的困难，信任问题可能影响用户对共享服务的接受度，而资源管理的复杂性也可能给平台运营带来压力。

续表

技能准备
● 数据收集技能：问卷设计、访谈技巧、观察法等。 ● 数据分析技能：统计分析、数据可视化等。 ● 报告撰写技能：能够清晰、准确地撰写调研报告。可参考专题二的劳动实践活动对调研报告撰写的相关解释。 ● 团队协作技能：有效沟通、协调分工、团队管理等。
实践成果
● 调研报告：包含市场分析、用户需求、竞争环境等。 ● 商业模式提案：基于调研结果提出的共享厨房商业模式。 ● 运营策略建议：针对共享厨房的具体运营策略和改进建议。 ● 实践过程记录：包括团队分工、活动照片、会议记录等。

二、实践报告

实践活动主题：大学生创业之"共享厨房"市场调研活动				
调研人		调研时间		调研地点
调研工具				
调研内容	（1） （2） （3） ……			

续表

	实践活动主题：大学生创业之"共享厨房"市场调研活动
调研报告	一、调研背景和目的 二、调研对象 三、调研方法 四、调研过程 五、调研结果 六、结论和建议
创业计划书（部分要点）	1. 市场问题描述 2. 市场原因分析 3. 市场规模（前景） 4. 商业模式介绍 5. 盈利模式分析
备注	

三、评价

学生个人、其他学生、教师分别对学生本次展示活动的表现进行综合评价。评价时，从相关知识、实践技能、实践态度、实践创新、实践成果、实践报告六个方面进行。

劳动实践活动评价表

	个人评价	学生评价	教师评价
相关知识			
实践技能			
实践态度			
实践创新			
实践成果			
实践报告			

说明：评价分为五个等级，从高到低依次为：
五星★★★★★；四星★★★★；三星★★★；两星★★；一星★

附录

附录一

中共中央 国务院
关于全面加强新时代大中小学劳动教育的意见

（2020年3月20日）

为构建德智体美劳全面培养的教育体系，现就加强新时代大中小学劳动教育提出如下意见。

一、充分认识新时代培养社会主义建设者和接班人对加强劳动教育的新要求

（一）重大意义。劳动教育是中国特色社会主义教育制度的重要内容，直接决定社会主义建设者和接班人的劳动精神面貌、劳动价值取向和劳动技能水平。长期以来，各地区和学校坚持教育与生产劳动相结合，在实践育人方面取得了一定成效。同时也要看到，近年来一些青少年中出现了不珍惜劳动成果、不想劳动、不会劳动的现象，劳动的独特育人价值在一定程度上被忽视，劳动教育正被淡化、弱化。对此，全党全社会必须高度重视，采取有效措施切实加强劳动教育。

（二）指导思想。以习近平新时代中国特色社会主义思想为指导，全面贯彻党的教育方针，落实全国教育大会精神，坚持立德树人，坚持培育和践行社会主义核心价值观，把劳动教育纳入人才培养全过程，贯通大中小学各学段，贯穿家庭、学校、社会各方面，与德育、智育、体育、美育相融合，紧密结合经济社会发展变化和学

生生活实际，积极探索具有中国特色的劳动教育模式，创新体制机制，注重教育实效，实现知行合一，促进学生形成正确的世界观、人生观、价值观。

（三）基本原则

——把握育人导向。坚持党的领导，围绕培养担当民族复兴大任的时代新人，着力提升学生综合素质，促进学生全面发展、健康成长。把准劳动教育价值取向，引导学生树立正确的劳动观，崇尚劳动、尊重劳动，增强对劳动人民的感情，报效国家，奉献社会。

——遵循教育规律。符合学生年龄特点，以体力劳动为主，注意手脑并用、安全适度，强化实践体验，让学生亲历劳动过程，提升育人实效性。

——体现时代特征。适应科技发展和产业变革，针对劳动新形态，注重新兴技术支撑和社会服务新变化。深化产教融合，改进劳动教育方式。强化诚实合法劳动意识，培养科学精神，提高创造性劳动能力。

——强化综合实施。加强政府统筹，拓宽劳动教育途径，整合家庭、学校、社会各方面力量。家庭劳动教育要日常化，学校劳动教育要规范化，社会劳动教育要多样化，形成协同育人格局。

——坚持因地制宜。根据各地区和学校实际，结合当地在自然、经济、文化等方面条件，充分挖掘行业企业、职业院校等可利用资源，宜工则工、宜农则农，采取多种方式开展劳动教育，避免"一刀切"。

二、全面构建体现时代特征的劳动教育体系

（四）把握劳动教育基本内涵。劳动教育是国民教育体系的重要内容，是学生成长的必要途径，具有树德、增智、强体、育美的综合育人价值。实施劳动教育重点是在系统的文化知识学习之外，有目的、有计划地组织学生参加日常生活劳动、生产劳动和服务性劳动，让学生动手实践、出力流汗，接受锻炼、磨炼意志，培养学生正确劳动价值观和良好劳动品质。

（五）明确劳动教育总体目标。通过劳动教育，使学生能够理解和形成马克思主义劳动观，牢固树立劳动最光荣、劳动最崇高、劳动最伟大、劳动最美丽的观念；体会劳动创造美好生活，体认劳动不分贵贱，热爱劳动，尊重普通劳动者，培养勤

俭、奋斗、创新、奉献的劳动精神；具备满足生存发展需要的基本劳动能力，形成良好劳动习惯。

（六）设置劳动教育课程。整体优化学校课程设置，将劳动教育纳入中小学国家课程方案和职业院校、普通高等学校人才培养方案，形成具有综合性、实践性、开放性、针对性的劳动教育课程体系。

根据各学段特点，在大中小学设立劳动教育必修课程，系统加强劳动教育。中小学劳动教育课每周不少于1课时，学校要对学生每天课外校外劳动时间作出规定。职业院校以实习实训课为主要载体开展劳动教育，其中劳动精神、劳模精神、工匠精神专题教育不少于16学时。普通高等学校要明确劳动教育主要依托课程，其中本科阶段不少于32学时。除劳动教育必修课程外，其他课程结合学科、专业特点，有机融入劳动教育内容。大中小学每学年设立劳动周，可在学年内或寒暑假自主安排，以集体劳动为主。高等学校也可安排劳动月，集中落实各学年劳动周要求。

根据需要编写劳动实践指导手册，明确教学目标、活动设计、工具使用、考核评价、安全保护等劳动教育要求。

（七）确定劳动教育内容要求。根据教育目标，针对不同学段、类型学生特点，以日常生活劳动、生产劳动和服务性劳动为主要内容开展劳动教育。结合产业新业态、劳动新形态，注重选择新型服务性劳动的内容。

小学低年级要注重围绕劳动意识的启蒙，让学生学习日常生活自理，感知劳动乐趣，知道人人都要劳动。小学中高年级要注重围绕卫生、劳动习惯养成，让学生做好个人清洁卫生，主动分担家务，适当参加校内外公益劳动，学会与他人合作劳动，体会到劳动光荣。初中要注重围绕增加劳动知识、技能，加强家政学习，开展社区服务，适当参加生产劳动，使学生初步养成认真负责、吃苦耐劳的品质和职业意识。普通高中要注重围绕丰富职业体验，开展服务性劳动、参加生产劳动，使学生熟练掌握一定劳动技能，理解劳动创造价值，具有劳动自立意识和主动服务他人、服务社会的情怀。中等职业学校重点是结合专业人才培养，增强学生职业荣誉感，提高职业技能水平，培育学生精益求精的工匠精神和爱岗敬业的劳动态度。高等学校要注重围绕创新创业，结合学科和专业积极开展实习实训、专业服务、社会实践、勤工助学等，重视新知识、新技术、新工艺、新方法应用，创造性地解决实际问题，使学生增强诚实劳动意识，积累职业经验，提升就业创业能力，树立正确择业观，具有到艰苦地区和行业工作的奋斗精神，懂得空谈误国、实干兴邦的深刻道理；注重培育公共服务意识，使学生具有面对重大疫情、灾害等危机主动作为的奉献精神。

（八）健全劳动素养评价制度。将劳动素养纳入学生综合素质评价体系，制定评价标准，建立激励机制，组织开展劳动技能和劳动成果展示、劳动竞赛等活动，全面客观记录课内外劳动过程和结果，加强实际劳动技能和价值体认情况的考核。建立公示、审核制度，确保记录真实可靠。把劳动素养评价结果作为衡量学生全面发展情况的重要内容，作为评优评先的重要参考和毕业依据，作为高一级学校录取的重要参考或依据。

三、广泛开展劳动教育实践活动

（九）家庭要发挥在劳动教育中的基础作用。注重抓住衣食住行等日常生活中的劳动实践机会，鼓励孩子自觉参与、自己动手，随时随地、坚持不懈进行劳动，掌握洗衣做饭等必要的家务劳动技能，每年有针对性地学会1至2项生活技能。鼓励学校（家委会）和社区等组织开展学生生活技能展示活动。学生参加家务劳动和掌握生活技能的情况要按年度记入学生综合素质档案。鼓励孩子利用节假日参加各种社会劳动。家庭要树立崇尚劳动的良好家风，家长要通过日常生活的言传身教、潜移默化，让孩子养成从小爱劳动的好习惯。

（十）学校要发挥在劳动教育中的主导作用。学校要切实承担劳动教育主体责任，明确实施机构和人员，开齐开足劳动教育课程，不得挤占、挪用劳动实践时间。明确学校劳动教育要求，着重引导学生形成马克思主义劳动观，系统学习掌握必要的劳动技能。根据学生身体发育情况，科学设计课内外劳动项目，采取灵活多样形式，激发学生劳动的内在需求和动力。统筹安排课内外时间，可采用集中与分散相结合的方式。组织实施好劳动周，小学低中年级以校园劳动为主，小学高年级和中学可适当走向社会、参与集中劳动，高等学校要组织学生走向社会、以校外劳动锻炼为主。

（十一）社会要发挥在劳动教育中的支持作用。充分利用社会各方面资源，为劳动教育提供必要保障。各级政府部门要积极协调和引导企业公司、工厂农场等组织履行社会责任，开放实践场所，支持学校组织学生参加力所能及的生产劳动、参与新型服务性劳动，使学生与普通劳动者一起经历劳动过程。鼓励高新企业为学生体验现代科技条件下劳动实践新形态、新方式提供支持。工会、共青团、妇联等群团组织以及各类公益基金会、社会福利组织要组织动员相关力量、搭建活动平台，共同支持学生深入城乡社区、福利院和公共场所等参加志愿服务，开展公益劳动，参与社区治理。

四、着力提升劳动教育支撑保障能力

（十二）多渠道拓展实践场所。大力拓展实践场所，满足各级各类学校多样化劳动实践需求。充分利用现有综合实践基地、青少年校外活动场所、职业院校和普通高等学校劳动实践场所，建立健全开放共享机制。农村地区可安排相应土地、山林、草场等作为学农实践基地，城镇地区可确认一批企事业单位和社会机构，作为学生参加生产劳动、服务性劳动的实践场所。建立以县为主、政府统筹规划配置中小学（含中等职业学校）劳动教育资源的机制。进一步完善学校建设标准，学校逐步建好配齐劳动实践教室、实训基地。高等学校要充分发挥自身专业优势和服务社会功能，建立相对稳定的实习和劳动实践基地。

（十三）多举措加强人才队伍建设。采取多种措施，建立专兼职相结合的劳动教育师资队伍。根据学校劳动教育需要，为学校配备必要的专任教师。高等学校要加强劳动教育师资培养，有条件的师范院校开设劳动教育相关专业。设立劳模工作室、技能大师工作室、荣誉教师岗位等，聘请相关行业专业人士担任劳动实践指导教师。把劳动教育纳入教师培训内容，开展全员培训，强化每位教师的劳动意识、劳动观念，提升实施劳动教育的自觉性，对承担劳动教育课程的教师进行专项培训，提高劳动教育专业化水平。建立健全劳动教育教师工作考核体系，分类完善评价标准。

（十四）健全经费投入机制。各地区要统筹中央补助资金和自有财力，多种形式筹措资金，加快建设校内劳动教育场所和校外劳动教育实践基地，加强学校劳动教育设施标准化建设，建立学校劳动教育器材、耗材补充机制。学校可按照规定统筹安排公用经费等资金开展劳动教育。可采取政府购买服务方式，吸引社会力量提供劳动教育服务。

（十五）多方面强化安全保障。各地区要建立政府负责、社会协同、有关部门共同参与的安全管控机制。建立政府、学校、家庭、社会共同参与的劳动教育风险分散机制，鼓励购买劳动教育相关保险，保障劳动教育正常开展。各学校要加强对师生的劳动安全教育，强化劳动风险意识，建立健全安全教育与管理并重的劳动安全保障体系。科学评估劳动实践活动的安全风险，认真排查、清除学生劳动实践中的各种隐患特别是辐射、疾病传染等，在场所设施选择、材料选用、工具设备和防护用品使用、活动流程等方面制定安全、科学的操作规范，强化对劳动过程每个岗位的管理，明确各方责任，防患于未然。制定劳动实践活动风险防控预案，完善应急与事故处理机制。

五、切实加强劳动教育的组织实施

（十六）加强组织领导。在党委统一领导下，各级政府要把劳动教育摆上重要议事日程，出台相关政策措施，切实解决劳动教育实施过程中的重大问题，做好督促落实。省级政府要加强劳动教育工作的统筹协调，明确市地级、县级政府及有关部门加强劳动教育的职责，推动建立全面实施劳动教育的长效机制。

（十七）强化督导检查。把劳动教育纳入教育督导体系，完善督导办法。对地方各级政府和有关部门保障劳动教育情况以及学校组织实施劳动教育情况进行督导，督导结果向社会公开，同时作为衡量区域教育质量和水平的重要指标，作为对被督导部门和学校及其主要负责人考核奖惩的依据。开展劳动教育质量监测，强化反馈和指导。

（十八）加强宣传引导。引导家长树立正确劳动观念，支持配合学校开展劳动教育。加强劳动教育科学研究，宣传推广劳动教育典型经验。积极宣传企事业单位和社会机构提供劳动教育服务的先进事迹。注重挖掘在抗疫救灾等重大事件中涌现出来的典型人物和事迹，大力宣传不畏艰难、百折不挠、敢于担当的高尚品格。鼓励和支持创作更多以歌颂普通劳动者为主题的优秀作品，大力宣传辛勤劳动、诚实劳动、创造性劳动的典型人物和事迹，弘扬劳动光荣、创造伟大的主旋律，旗帜鲜明地反对一切不劳而获、贪图享乐、崇尚暴富的错误观念，营造全社会关心和支持劳动教育的良好氛围。

附录二

教育部关于印发《大中小学劳动教育指导纲要（试行）》的通知

教材〔2020〕4号

各省、自治区、直辖市教育厅（教委），新疆生产建设兵团教育局，有关部门（单位）教育司（局），部属各高等学校、部省合建各高等学校：

　　为深入贯彻习近平总书记关于教育的重要论述，全面贯彻党的教育方针，落实《中共中央　国务院关于全面加强新时代大中小学劳动教育的意见》，加快构建德智体美劳全面培养的教育体系，我部组织研究制定了《大中小学劳动教育指导纲要（试行）》，现印发给你们，请认真贯彻落实。

教育部
2020年7月7日

大中小学劳动教育指导纲要（试行）

　　为深入贯彻习近平总书记关于教育的重要论述，全面贯彻党的教育方针，落实《中共中央　国务院关于全面加强新时代大中小学劳动教育的意见》，加快构建德智体美劳全面培养的教育体系，制定本指导纲要。

一、劳动教育性质和基本理念

（一）劳动教育性质

劳动是创造物质财富和精神财富的过程，是人类特有的基本社会实践活动。劳动教育是发挥劳动的育人功能，对学生进行热爱劳动、热爱劳动人民的教育活动。当前实施劳动教育的重点是在系统的文化知识学习之外，有目的、有计划地组织学生参加日常生活劳动、生产劳动和服务性劳动，让学生动手实践、出力流汗，接受锻炼、磨炼意志，培养学生正确劳动价值观和良好劳动品质。

劳动教育是新时代党对教育的新要求，是中国特色社会主义教育制度的重要内容，是全面发展教育体系的重要组成部分，是大中小学必须开展的教育活动。它具有鲜明的思想性，必须将马克思主义劳动观贯彻始终，强调劳动是一切财富、价值的源泉，劳动者是国家的主人，一切劳动和劳动者都应该得到鼓励和尊重；倡导通过诚实劳动创造美好生活、实现人生梦想，反对一切不劳而获、崇尚暴富、贪图享乐的错误思想。具有突出的社会性，必须加强学校教育与社会生活、生产实践的直接联系，发挥劳动在个人与社会之间的纽带作用，引导学生认识社会，增强社会责任感；同时注重让学生学会分工合作，体会社会主义社会平等、和谐的新型劳动关系。具有显著的实践性，必须面向真实的生活世界和职业世界，引导学生以动手实践为主要方式，在认识世界的基础上，获得有积极意义的价值体验，学会建设世界，塑造自己，实现树德、增智、强体、育美的目的。

（二）劳动教育基本理念

1. 强化劳动观念，弘扬劳动精神。将劳动观念和劳动精神教育贯穿人才培养全过程，贯穿家庭、学校、社会各方面。注重让学生在学习和掌握基本劳动知识技能的过程中，领悟劳动的意义价值，形成勤俭、奋斗、创新、奉献的劳动精神。

2. 强调身心参与，注重手脑并用。把握劳动教育的根本特征，让学生面对真实的个人生活、生产和社会性服务任务情境，亲历实际的劳动过程，善于观察思考，注重运用所学知识解决实际问题，提高劳动质量和效率。

3. 继承优良传统，彰显时代特征。在充分发挥传统劳动、传统工艺项目育人功能的同时，紧跟科技发展和产业变革，准确把握新时代劳动工具、劳动技术、劳动形态的新变化，创新劳动教育内容、途径、方式，增强劳动教育的时代性。

4. 发挥主体作用，激发创新创造。关注学生劳动过程中的体验和感悟，引导学生感受劳动的艰辛和收获的快乐，增强获得感、成就感、荣誉感。鼓励学生在学习和借鉴他人丰富经验、技艺的基础上，尝试新方法、探索新技术，打破僵化思维方式，推陈出新。

二、劳动教育目标和内容

（一）总体目标

准确把握社会主义建设者和接班人的劳动精神面貌、劳动价值取向和劳动技能水平的培养要求，全面提高学生劳动素养，使学生：

树立正确的劳动观念。正确理解劳动是人类发展和社会进步的根本力量，认识劳动创造人、劳动创造价值、创造财富、创造美好生活的道理，尊重劳动，尊重普通劳动者，牢固树立劳动最光荣、劳动最崇高、劳动最伟大、劳动最美丽的思想观念。

具有必备的劳动能力。掌握基本的劳动知识和技能，正确使用常见劳动工具，增强体力、智力和创造力，具备完成一定劳动任务所需要的设计、操作能力及团队合作能力。

培育积极的劳动精神。领会"幸福是奋斗出来的"内涵与意义，继承中华民族勤俭节约、敬业奉献的优良传统，弘扬开拓创新、砥砺奋进的时代精神。

养成良好的劳动习惯和品质。能够自觉自愿、认真负责、安全规范、坚持不懈地参与劳动，形成诚实守信、吃苦耐劳的品质。珍惜劳动成果，养成良好的消费习惯，杜绝浪费。

（二）主要内容

主要包括日常生活劳动、生产劳动和服务性劳动中的知识、技能与价值观。日常生活劳动教育立足个人生活事务处理，结合开展新时代校园爱国卫生运动，注重生活能力和良好卫生习惯培养，树立自立自强意识。生产劳动教育要让学生在工农业生产过程中直接经历物质财富的创造过程，体验从简单劳动、原始劳动向复杂劳动、创造性劳动的发展过程，学会使用工具，掌握相关技术，感受劳动创造价值，增强产品质量意识，体会平凡劳动中的伟大。服务性劳动教育让学生利用知识、技能等为他人和社会提供服务，在服务性岗位上见习实习，树立服务意识，实践服务技能；在公益劳动、志愿服务中强化社会责任感。

（三）学段要求

1. 小学

低年级：以个人生活起居为主要内容，开展劳动教育，注重培养劳动意识和劳动安全意识，使学生懂得人人都要劳动，感知劳动乐趣，爱惜劳动成果。指导学生：(1)完成个人物品整理、清洗，进行简单的家庭清扫和垃圾分类等，树立自己的事情自己做的意识，提高生活自理能力；(2)参与适当的班级集体劳动，主动维护教室内外环境卫生等，培养集体荣誉感；(3)进行简单手工制作，照顾身边的动植物，关爱生命，热爱自然。

中高年级：以校园劳动和家庭劳动为主要内容开展劳动教育，体会劳动光荣，尊重普通劳动者，初步养成热爱劳动、热爱生活的态度。指导学生：(1)参与家居清洁、收纳整理，制作简单的家常餐等，每年学会1—2项生活技能，增强生活自理能力和勤俭节约意识，培养家庭责任感；(2)参加校园卫生保洁、垃圾分类处理、绿化美化等，适当参加社区环保、公共卫生等力所能及的公益劳动，增强公共服务意识；(3)初步体验种植、养殖、手工制作等简单的生产劳动，初步学会与他人合作劳动，懂得生活用品、食品来之不易，珍惜劳动成果。

2. 初中

兼顾家政学习、校内外生产劳动、服务性劳动，安排劳动教育内容，开展职业启蒙教育，体会劳动创造美好生活，养成认真负责、吃苦耐劳的劳动品质和安全意识，增强公共服务意识和担当精神。让学生：(1)承担一定的家庭日常清洁、烹饪、家居美化等劳动，进一步培养生活自理能力和习惯，增强家庭责任意识；(2)定期开展校园包干区域保洁和美化，以及助残、敬老、扶弱等服务性劳动，初步形成对学校、社区负责任的态度和社会公德意识；(3)适当体验包括金工、木工、电工、陶艺、布艺等项目在内的劳动及传统工艺制作过程，尝试家用器具、家具、电器的简单修理，参与种植、养殖等生产活动，学习相关技术，获得初步的职业体验，形成初步的生涯规划意识。

3. 普通高中

注重围绕丰富职业体验，开展服务性劳动和生产劳动，理解劳动创造价值，接受锻炼、磨炼意志，具有劳动自立意识和主动服务他人、服务社会的情怀。指导学生：（1）持续开展日常生活劳动，增强生活自理能力，固化良好劳动习惯；（2）选择服务性岗位，经历真实的岗位工作过程，获得真切的职业体验，培养职业兴趣；积极参加大型赛事、社区建设、环境保护等公益活动、志愿服务，强化社会责任意识和奉献精神；（3）统筹劳动教育与通用技术课程相关内容，从工业、农业、现代服务业以及中华优秀传统文化特色项目中，自主选择1—2项生产劳动，经历完整的实践过程，提高创意物化能力，养成吃苦耐劳、精益求精的品质，增强生涯规划的意识和能力。

4. 职业院校

重点结合专业特点，增强职业荣誉感和责任感，提高职业劳动技能水平，培育积极向上的劳动精神和认真负责的劳动态度。组织学生：（1）持续开展日常生活劳动，自我管理生活，提高劳动自立自强的意识和能力；（2）定期开展校内外公益服务性劳动，做好校园环境秩序维护，运用专业技能为社会、为他人提供相关公益服务，培育社会公德，厚植爱国爱民的情怀；（3）依托实习实训，参与真实的生产劳动和服务性劳动，增强职业认同感和劳动自豪感，提升创意物化能力，培育不断探索、精益求精、追求卓越的工匠精神和爱岗敬业的劳动态度，坚信"三百六十行，行行出状元"，体认劳动不分贵贱，任何职业都很光荣，都能出彩。

5. 普通高等学校

强化马克思主义劳动观教育，注重围绕创新创业，结合学科专业开展生产劳动和服务性劳动，积累职业经验，培育创造性劳动能力和诚实守信的合法劳动意识。使学生：（1）掌握通用劳动科学知识，深刻理解马克思主义劳动观和社会主义劳动关系，树立正确的择业就业创业观，具有到艰苦地区和行业工作的奋斗精神；（2）巩固良好日常生活劳动习惯，自觉做好宿舍卫生保洁，独立处理个人生活事务，积极参加勤工助学活动，提高劳动自立自强能力；（3）强化服务性劳动，自觉参与教室、食堂、校园场所的卫生保洁、绿化美化和管理服务等，结合"三支一扶"、大学生志愿服务西部计划、"青年红色筑梦之旅""三下乡"等社会实践活动开展服务性劳动，强化公共服务意识和面对重大疫情、灾害等危机主动作为的奉献精神；（4）重视生产劳动锻炼，积极参加实习实训、专业服务和创新创业活动，重视新知识、新技术、新工艺、新方法的运用，提高在生产实践中发现问题和创造性解决问题的能力，在动手实践的过程中创造有价值的物化劳动成果。

三、劳动教育途径、关键环节和评价

（一）劳动教育途径

将劳动教育纳入人才培养全过程，丰富、拓展劳动教育实施途径。

1. 独立开设劳动教育必修课

在大中小学设立劳动教育必修课程。中小学劳动教育课平均每周不少于 1 课时，用于活动策划、技能指导、练习实践、总结交流等，与通用技术和地方课程、校本课程等有关内容进行必要统筹。职业院校开设劳动专题教育必修课，不少于 16 学时；主要围绕劳动精神、劳模精神、工匠精神、劳动组织、劳动安全和劳动法规等方面设计。普通高等学校要将劳动教育纳入专业人才培养方案，明确主要依托的课程，可在已有课程中专设劳动教育模块，也可专门开设劳动专题教育必修课，本科阶段不少于 32 学时；课程内容应加强马克思主义劳动观教育，普及与学生职业发展密切相关的通用劳动科学知识，并经历必要的实践体验。

2. 在学科专业中有机渗透劳动教育

中小学道德与法治（思想政治）、语文、历史、艺术等学科要有重点地纳入劳动创造人本身、劳动创造历史、劳动创造世界、劳动不分贵贱等马克思主义劳动观，纳入歌颂劳模、歌颂普通劳动者的选文选材，纳入阐释勤劳、节俭、艰苦奋斗等中华民族优良传统的内容，加强对学生辛勤劳动、诚实劳动、合法劳动等方面的教育。数学、科学、地理、技术、体育与健康等学科要注重培养学生劳动的科学态度、规范意识、效率观念和创新精神。

职业院校要将劳动教育全面融入公共基础课，要强化马克思主义劳动观、劳动安全、劳动法规教育。专业课在进行职业劳动知识技能教学的同时，注重培养"干一行爱一行"的敬业精神，吃苦耐劳、团结合作、严谨细致的工作态度。

普通高等学校要将劳动教育有机纳入专业教育、创新创业教育，不断深化产教融合，强化劳动锻炼要求，加强高等学校与行业骨干企业、高新企业、中小微企业紧密协同，推动人才培养模式改革。专业类课程主要与服务学习、实习实训、科学实验、社会实践、毕业设计等相结合开展各类劳动实践，注重分析相关劳动形态发展趋势，强化劳动品质培养。在公共必修课中，要进一步强化马克思主义劳动观教育、劳动相关法律法规与政策教育。

3. 在课外校外活动中安排劳动实践

将劳动教育与学生的个人生活、校园生活和社会生活有机结合起来，丰富劳动体验，提高劳动能力，深化对劳动价值的理解。

中小学每周课外活动和家庭生活中劳动时间，小学1至2年级不少于2小时，其他年级不少于3小时；职业院校和普通高等学校要明确生活中的劳动事项和时间，纳入学生日常管理工作。

大中小学每学年设立劳动周，采用专题讲座、主题演讲、劳动技能竞赛、劳动成果展示、劳动项目实践等形式进行。小学以校内为主，小学高年级可适当安排部分校外劳动；普通中学、职业院校和普通高等学校兼顾校内外，可在学年内或寒暑假安排，以集体劳动为主，由学校组织实施。高等学校也可安排劳动月，集中落实各学年劳动周要求。

4. 在校园文化建设中强化劳动文化

学校要将劳动习惯、劳动品质的养成教育融入校园文化建设之中。要通过制定劳动公约、每日劳动常规、学期劳动任务单，采取与劳动教育有关的兴趣小组、社团等组织形式，结合植树节、学雷锋纪念日、五一劳动节、农民丰收节、志愿者日等，开展丰富的劳动主题教育活动，营造劳动光荣、创造伟大的校园文化。

要举办"劳模大讲堂""大国工匠进校园"、优秀毕业生报告会等劳动榜样人物进校园活动，组织劳动技能和劳动成果展示，综合运用讲座、宣传栏、新媒体等，广泛宣传劳动榜样人物事迹，特别是身边的普通劳动者事迹，让师生在校园里近距离接触劳动模范，聆听劳模故事，观摩精湛技艺，感受并领悟勤勉敬业的劳动精神，争做新时代的奋斗者。

（二）劳动教育关键环节

各地和学校要注重围绕劳动教育的目标和内容要求，从提高劳动教育的效果出发，把握劳动教育任务的特点，抓住关键环节，选择适宜的劳动教育方式。

1. 讲解说明。围绕劳动为什么、是什么问题，有重点地进行讲解，让学生懂得劳动的意义和价值。加强劳动观念、劳动纪律、劳动相关法律法规的正面引导，指明轻视劳动特别是轻视普通劳动的危害，让学生明辨是非。加强劳动知识技能的讲解，让学生认清事理，掌握实践操作的基本原理、程序、规则，正确使用工具的方法和技术。讲解要与启发思考、示范、练习等结合起来。

2. 淬炼操作。围绕如何做的问题，注重示范与练习，让学生会劳动。强化规范意识，注重从最基本的程序学起，严守规则，避免主观随意。强化质量意识，注重引导学生关注细节，每个步骤、环节都要精准到位。强化专注品质，注重引导学生对操作行为的评估与监控，做到眼到手到心到，有始有终。

3. 项目实践。围绕劳动能力的培养，让学生完成真实、综合任务，经历完整劳动过程。注重劳动价值体认，引导学生从现实生活中发现需求，选择和确定劳动项目。强化规划设计意识，充分发挥学生的主动性、积极性、创造性，引导学生对项目实践进行整体构思，综合运用所学知识、技术，不断优化行动方案。强化身体力行，锤炼意志品质，敢于在困难与挑战中完成行动任务。

4. 反思交流。围绕劳动价值意义的建构，引导学生总结、交流，促进学生形成反思交流习惯。指导学生思考劳动过程和结果与社会进步、个体成长的关联，避免停留在简单的苦乐体验上。组织学生交流分享劳动的体验和收获，肯定具有积极意义的认识，纠正观念上的偏差。将反思交流与改进结合起来，使学生在劳动中获得成长。

5. 榜样激励。围绕劳动的精神追求，树立典型，激发劳动热情。注意遴选、树立多类型榜样，不仅要有大国工匠、劳动模范，还要有身边劳动表现优异的普通劳动者和同学。指导学生从榜样的具体事迹中领悟他们的高尚精神和优良品质。明确要求学生在日常劳动实践中努力向榜样看齐。

（三）劳动教育评价

将劳动素养纳入学生综合素质评价体系。以劳动教育目标、内容要求为依据，将过程性评价和结果性评价结合起来，健全和完善学生劳动素养评价标准、程序和方法，鼓励、支持各地利用大数据、云平台、物联网等现代信息技术手段，开展劳动教育过程监测与记实评价，发挥评价的育人导向和反馈改进功能。

1. 平时表现评价

要在平时劳动教育实践活动中及时进行评价，以评价促进学生发展。要覆盖各类型劳动教育活动，明确学年劳动实践类型、次数、时间等考核要求。关注学生在劳动教育活动中的实际表现，注重从行为表现中分析把握劳动观念形成情况。以自我评价为主，辅以教师、同伴、家长、服务对象、用人单位等他评方式，指导学生进行反思改进。要指导学生如实记录劳动教育活动情况，收集整理相关制品、作品等，选择代表性的写实记录，纳入综合素质档案，作为学生学年评优评先的重要参考。

2. 学段综合评价

学段结束时，要依据学段目标和内容，结合综合素质档案分析，兼顾必修课学习和课外劳动实践，对劳动观念、劳动能力、劳动精神、劳动习惯和品质等劳动素养发展状况进行综合评定。建立诚信机制，实行写实记录抽查制度，对弄虚作假者在评优评先方面一票否决，性质严重的应依法依规严肃处理。在高中和大学开展志愿者星级认证。高中学校和高等学校要将考核结果作为毕业依据之一。推动将学段综合评价结果作为学生升学、就业的重要参考。

3. 开展学生劳动素养监测

将学生劳动素养监测纳入基础教育质量监测、职业院校教学质量评估和普通高等学校本科教学质量评估。可委托有关专业机构，定期组织开展关于学生劳动素养状况调查，注重学生劳动观念、劳动能力、劳动精神、劳动习惯和品质等的监测。发挥监测结果的示范引导、反馈改进等功能。

四、学校劳动教育的规划与实施

（一）整体规划劳动教育

学校是劳动教育的实施主体，应根据国家相关规定，结合当地和本校实际情况，对劳动教育进行整体设计、系统规划，形成劳动教育总体实施方案。方案要明确劳动教育目标内容、课时安排、主要劳动实践活动安排、劳动教育过程组织与指导及考核评价办法等。同时要基于学生的年段特征、阶段性教育要求，研究制定"学校学年（或学期）劳动教育计划"，对学年、学期劳动教育实践活动作出具体安排，特别是规划好劳动周等集中劳动，细化有关要求。使总体实施方案和学年（或学期）活动计划相互配套、衔接，形成可持续开展的劳动教育实施方案。

学校在劳动教育规划时要注意处理以下几个方面的关系：

1. 理论学习和实践锻炼的关系

理论学习和实践锻炼都是劳动教育的必要内容。理论学习重在让学生理解和掌握"劳动创造了人本身""劳动创造世界"等历史唯物主义基本理论主张以及劳动相关法律、法规、政策，作为行动的指南。实践锻炼重在将所学知识转化为真正有用的实际本领，形成良好的劳动习惯，弘扬劳动精神。规划劳动教育时，要两者兼顾，坚持以实践锻炼为主，切实保证每一个学生都有必要的劳动实践经历，不能只是口头上喊劳动、课堂上讲劳动。要通过学生实践前的计划构想、实践中的观察思考和实践后的反思交流，加深对有关思想理论、法规政策的理解，实现理论学习和实践锻炼的统一。

2. 劳动教育与其他教育活动的关系

在开足专门劳动教育必修课的同时，中小学劳动教育必修课实践环节中与综合实践活动的社会服务、设计制作、职业体验重叠部分，可整合实施。职业院校、普通高等学校劳动教育中学生生产劳动和服务性劳动可以通过专业实习、实训、创新创业等实践环节完成，日常生活劳动可以通过学生管理落实。

3. 劳动的传统形态与新形态的关系

将日常生活劳动教育贯穿大中小学始终。在安排生产劳动和服务性劳动项目时，中小学要以使用传统工具、传统工艺的劳动为主，引导学生体会劳动人民的艰辛与智慧，传承中华优秀传统文化，兼顾使用新知识、新技术、新工艺、新方法的劳动。职业院校、普通高等学校要注重结合产业新业态、劳动新形态，选择现代农业、工业、服务业项目，提升创造性劳动能力。

（二）劳动教育的组织实施

1. 实施机构和人员

学校要建立健全劳动教育组织实施的工作机制。明确主管校领导，设置机构或明确相关部门负责劳动教育的规划设计、组织协调、资源整合、师资培训、过程管理、总结评价等。

要建立专兼职相结合的劳动教育教师队伍。根据学校劳动教育需要，明确劳动教育责任人，进行劳动教育规划、组织实施、评价等，配齐劳动教育必修课教师，保持教师队伍的相对稳定性。要充分发挥教职员工特别是班主任、辅导员、导师的作用，利用少先队、共青团、党组织以及学生社团等各方面的力量，合力开展劳动教育实践活动。充分利用家长及当地人力资源，聘请相关行业专业人士担任劳动实践指导教师。

2. 劳动安全风险防范与管理

学校要把劳动安全教育与管理作为组织实施的必要内容，强化劳动安全意识，建立健全安全教育与管理并重的劳动安全保障体系。

要依据学生身心发育情况，适度安排劳动强度、时长，切实关注劳动任务及场所设施的适宜性。科学评估劳动实践活动的安全风险，认真排查、清除学生劳动实践中的各种隐患。在场所设施选择、材料选用、工具设备和防护用品使用、活动流程等方面制定安全、科学操作规范，强化劳动过程每个岗位的管理，明确各方责任，防患于未然。制定劳动实践活动风险防控预案，完善应急与事故处理机制。要特别关注劳动过程中的卫生隐患，按照疾控、卫生健康部门及行业有关规定，采取相应措施，切实保护学生的身心健康。鼓励购买劳动教育相关保险。

3. 建立协同实施机制

中小学要推动建立以学校为主导、家庭为基础、社区为依托的协同实施机制，形成共育合力。学校要通过家长会、家长学校、社区宣讲、网络媒体等途径，引导家长树立正确的劳动观；明确家长的劳动教育责任，让家长主动指导和督促孩子完成家庭、社区劳动任务；学校要与相关社会实践基地共同开发并实施劳动教育课程。

职业院校、普通高等学校要建立学校负责规划设计，行业企业社会机构主要负责业务指导，双方共同管理的劳动教育实施机制。通过建立劳模工作室、技能大师工作室，设置荣誉教师、实务导师岗位等，多渠道引入社会力量参与学校劳动教育。要联合社会力量，共建共享稳定的劳动实践基地、校外实习实训基地、各类型创新创业孵化平台，多渠道拓展劳动实践场所。

五、劳动教育条件保障与专业支持

地方教育行政部门要切实加强对劳动教育工作的组织领导，明确机构和人员承担区域推进劳动教育的职责任务，切实加强条件保障、专业支持和督导评估，整体提高大中小学劳动教育质量和水平。

（一）条件建设

1. 丰富和拓展劳动实践场所

地方教育行政部门要统筹规划和配置劳动教育实践资源，满足学校多样化劳动实践需求。充分利用现有综合实践基地、青少年校外活动场所、职业院校和普通高等学校劳动实践场所，建立健全开放共享机制，特别是充分利用职业院校实训实习场所、设施设备，为普通中小学和普通高等学校提供所需要的服务。可安排一批土地、山林、草场等作为学农实践基地，确认一批厂矿企业作为学工实践基地，认定一批城乡社区、福利院、医院、博物馆、科技馆、图书馆等事业单位、社会机构、公共场所作为服务性劳动基地。推动学校充分利用校内学习、生活有关场所，逐步建好配齐劳动技术实践教室、实训基地，丰富劳动教育资源。

2. 加强师资队伍建设

要明确劳动课教师管理要求，保障劳动课教师在绩效考核、职称评聘、评先评优、专业发展等方面与其他专任教师享受同等待遇。推动中小学、职业院校与普通高等学校建立师资交流共享机制，发挥职业院校教师的专业优势，承担普通学校劳动教育教学任务。建立劳动课教师特聘制度，为学校聘请具有实践经验的社会专业技术人员、劳动模范等担任兼职教师创造条件。

高等学校要加强劳动教育师资培养，有条件的院校开设劳动教育相关专业。把劳动教育纳入教育行政干部、校长、教师、辅导员培训内容，开展全员培训，强化劳动意识、劳动观念，提升劳动教育的自觉性。对承担劳动教育课程的教师进行专项培训，提高劳动育人意识和专业化水平。

3. 健全经费投入机制

各地要统筹中央补助资金和自有财力，多种形式筹措资金，加快建设校内劳动教育场所和校外劳动教育实践基地，加强学校劳动教育设施建设，建立学校劳动教育器材、耗材补充机制。学校可按照规定统筹安排公用经费等资金开展劳动教育，可采取政府购买服务方式，吸引社会力量提供劳动教育服务。

（二）加强专业研究和指导

1. 加强劳动教育研究与指导

在全国教育科学规划、教育部人文社会科学研究项目中支持劳动教育研究。地方教育行政部门鼓励和支持相关机构设立劳动教育研究项目。设立一批试验区或试验学校，注重开展跟踪研究、行动研究。举办论坛讲座，营造良好学术氛围。

各级中小学教研机构要配备劳动教育教研员，组织开展专题教研、区域教研、网络教研，通过协同创新、校际联动、区域推进，提高劳动教育整体实施水平。鼓励高等学校依托有关专业机构开展劳动教育教学研究。

2. 组织开展劳动教育课程资源研发

基于劳动教育教学的实际需要，省级教育行政部门明确中小学劳动实践指导手册编写要求，体现"一纲多本"，满足不同地区学校的多样化需求，负责组织审查。职业院校可组织编写劳动精神、劳模精神、工匠精神专题读本，由编写院校或委托专业机构进行审查。鼓励学校、学术团体、专业机构等收集整理反映劳动先进人物事迹和精神的影视资料，组织研发展示劳动过程、劳动安全要求的数字资源，梳理遴选来自教学一线的典型案例和鲜活经验，形成分学段、分专题的劳动教育课程资源包，促进优质资源的共享与使用。

（三）督导评估与激励

1. 加强对学校劳动教育实施情况的督查

把劳动教育纳入教育督导体系，完善督导办法。对地方各级人民政府和有关部门保障劳动教育情况进行督导。对学校劳动教育开课率、学生劳动实践组织的有序性，教学指导的针对性，保障措施的有效性等进行督查和指导。督导结果要向社会公开，作为衡量区域教育质量和水平的重要指标，作为对被督导部门和学校及其主要负责人考核奖惩的依据。

2. 建立健全劳动教育激励机制

在国家级、省级教学成果奖励中，将劳动教育教学成果纳入评奖范围，对优秀成果予以奖励。依托有关专业组织、教科研机构等开展劳动教育经验交流和成果展示活动，激发广大教师实践创新的潜能和动力。积极协调新闻媒体传播劳动光荣、创造伟大思想，大力宣传劳动教育先进学校、先进个人。

参考文献

[1] 2024世界经济论坛收官 人工智能"霸屏"达沃斯[N]. 中工网, 2024-01-22.

[2] 白皮书《未来工作：大语言模型和工作》, 世界经济论坛, 2023-09-18.

[3] 毕文健. 新时代劳动形态下劳动者及劳动教育的新审思[J]. 职教通讯, 2020（6）：15-23.

[4] 成露. 奏响"咱们工人有力量"的主旋律——劳模精神、劳动精神、工匠精神背后的故事[J]. 党建, 2024（5）：61-63.

[5] 邓宏宝, 刘策. 职业院校学生工匠精神的测量与评价研究[J]. 教育学术月刊, 2023（2）：67-74.

[6] 龚群. 工匠精神及其当代意义[N]. 光明日报, 2021-01-18.

[7] 巩强. 新质生产力赋能文旅产业高质量发展：概念内涵和破局之道[N]. 文化产业参考, 2024-03-18.

[8] 郭跃文. 着力夯实新质生产力发展的高素质人才根基[N]. 光明网, 2024-06-20.

[9] 何云峰, 李晓霞. 劳动精神的四个层次及其辩证关系[J]. 湖南科技大学学报（社会科学版）, 2022, 25（1）：84-89.

[10] 何云峰, 李晓霞. 在青少年学生中有效培育劳动精神的路径探赜[J]. 中国青年社会科学, 2023, 42（4）：48-56.

[11] 贺兰英. 中国特色社会主义劳动精神的内涵[J]. 南方论刊, 2018（5）：45-46+56.

[12] 洪晓畅. 诚实劳动的价值意蕴[N]. 光明日报, 2023-12-08.

[13] 黄汉权. 深刻领悟发展新质生产力的核心要义和实践要求[N]. 求是, 2024（11）.

[14] 加快发展新质生产力扎实推进高质量发展[N]. 人民日报, 2024-02-02.

[15] 剪纸中常用的纹样图案[N]. 百度经验, 2018-03-06.

[16] 建设高素质劳动者大军[N]. 求是网, 2021-05-01.

[17] 焦晓云. 习近平关于劳模精神重要论述及其时代价值[J]. 湖南师范大学社会科学学报, 2023, 52（1）：17.

[18] 精益求精 勇于创新——工匠精神述评[N]. 新华社, 2021-09-27.

[19] 匡瑛. 智能化背景下"工匠精神"的时代意涵与培育路径[J]. 教育发展研究, 2018, 38（1）：39-45.

[20] 李芳, 韩佳敏. 习近平劳动观的形成、主要内容及理论特质[J]. 湖北省社会主义学院学

报，2020.（2）：15-20.

［21］李珂. 劳模评选制度如何形成［N］. 人民日报，2021-05-01.

［22］李珂，任欢，杨桐彤. 培养更多适应新质生产力发展的大国工匠［N］. 光明日报，2024-05-01（005）.

［23］李珂. 楷模与引领：劳动模范评选制度的嬗变与省思［J］. 教学与研究，2018（6）：77-84.

［24］李珂. 劳模精神在大学生培育践行社会主义核心价值观中的作用及实践路径［J］. 思想理论教育导刊，2018（8）：80-83.

［25］李朋波."工匠精神"究竟是什么：一个整合性框架［J］. 吉首大学学报（社会科学版），2020，41（4）：107-115.

［26］李淑玲，陈功. 将"工匠精神"融入技能人才培养［J］. 人民论坛，2019（30）：68-69.

［27］李宣廷，贺彬，陈思. 中国特色工匠精神的育人逻辑、路径及价值［J］. 自然辩证法研究，2024，40（6）：129-135.

［28］马克思. 资本论（第1卷）［M］. 北京：人民出版社，2004.

［29］彭维锋. 习近平总书记关于工匠精神的重要论述研究［J］. 江西社会科学，2024，44（2）：25-38.

［30］彭维锋. 新时代劳模精神、劳动精神、工匠精神的理论内涵与实践导向［J］. 江西社会科学，2021，41（5）：208-217+256.

［31］全国劳动模范谭桂英：土家"金牌导游"一直在学习［N］. 中国文化报，2021-01-12.

［32］人民数据研究院. 新青年新机遇——新职业发展趋势白皮书［N］. 人民网，2023-06-29.

［33］深刻认识和加快发展新质生产力［N］. 求是，2024（5）.

［34］深刻认识新质生产力的内涵和特点［N］. 四川日报，2024-01-19.

［35］孙文豪. 新质生产力"新"在哪？［N］. 半月谈，2024-03-07.

［36］汪星余. 加快建设适应发展新质生产力的高素质劳动大军［N］. 工人日报，2024-03-25(07).

［37］王志民. 德国工匠精神是如何造就的［N］. 人民论坛网，2018-05-07.

［38］维纳. 人有人的用处：控制论与社会［M］. 陈步，译. 北京：北京大学出版社，2010.

［39］习近平. 对我国选手在世界技能大赛取得佳绩作出重要指示［N］. 新华社，2019-09-03.

［40］习近平. 发展新质生产力是推动高质量发展的内在要求和重要着力点［J］. 求知，2024（6）：4-6.

［41］习近平. 决胜全面建成小康社会夺取新时代中国特色社会主义伟大胜利——在中国共产党第十九次全国代表大会上的报告［M］. 北京：人民出版社，2017.

［42］习近平. 习近平给中国劳动关系学院劳模本科班学员的回信［J］. 人民政坛，2018（5）：1.

［43］习近平. 习近平谈治国理政：第一卷［M］. 北京：外文出版社，2018：46，44.

［44］习近平. 在全国劳动模范和先进工作者表彰大会上的讲话（2020年11月24日）［N］. 人民日报，2020-11-25（02）.

［45］习近平. 在二〇二三年春节团拜会上的讲话［N］. 人民日报，2023-01-21.

［46］习近平. 在教育文化卫生体育领域专家代表座谈会上的讲话［J］. 当代党员，2020（19）：3-6.

［47］习近平. 在庆祝"五一"国际劳动节暨表彰全国劳动模范和先进工作者大会上的讲话（2015年4月28日）［N］. 人民日报，2015-04-29.

［48］习近平. 在同全国劳动模范代表座谈时的讲话（2013年4月28日）［N］. 人民日报，2013-04-29.

［49］习近平. 在知识分子、劳动模范、青年代表座谈会上的讲话（2016年4月26日）［N］. 人民日报，2016-04-30.

［50］习近平. 高举中国特色社会主义伟大旗帜为全面建设社会主义现代化国家而团结奋斗——在中国共产党第二十次全国代表大会上的报告［N］. 人民日报，2022-10-26.

［51］习近平. 加快建设一支宏大的知识型、技能型、创新型产业工人大军［J］. 中国人才，2018（11）：6.

［52］习近平. 对安全生产作出重要指示［N］. 新华社，2020-04-10.

［53］习近平. 向全国广大劳动群众致以节日的祝贺和诚挚的慰问［N］. 人民日报，2023-05-01.

［54］习近平. 在参加江苏代表团审议时强调：牢牢把握高质量发展这个首要任务［N］. 人民日报，2023-03-06.

［55］习近平. 在看望出席全国政协十二届四次会议民建、工商联界委员并参加联组讨论时的讲话［N］. 共产党员网，2016-03-04.

［56］习近平. 在全国教育大会上强调坚持中国特色社会主义教育发展道路培养德智体美劳全面发展的社会主义建设者和接班人［J］. 党建，2018（10）：4-6.

［57］习近平. 在同中华全国总工会新一届领导班子成员集体谈话时强调 坚持党对工会的全面领导 组织动员亿万职工积极投身强国建设民族复兴伟业［N］. 新华社，2023-10-23.

［58］习近平. 在乌鲁木齐接见劳动模范和先进工作者、先进人物代表向全国广大劳动者致以"五一"节问候［N］. 人民日报，2014-05-01.

［59］习近平. 在中共中央政治局第十四次集体学习时强调：促进高质量充分就业不断增强广大劳动者的获得感幸福感安全感［N］. 新华社，2024-05-28.

［60］徐耀强. 论"工匠精神"［J］. 红旗文稿，2017（10）：25-27.

［61］杨宗兴，陈肖燕. 高职院校讲好劳模工匠故事的实践探索［J］. 学校党建与思想教育，2022（20）：53-55.

［62］俞跃. 德国工匠精神培育及借鉴［J］. 中国高校科技，2017（9）：47-48.

［63］在平凡的岗位上创造不平凡的业绩——劳模精神述评［N］. 光明日报，2021-09-23.

［64］在全社会弘扬工匠精神［N］.人民日报,2021-10-11.

［65］张善柱,李珂.论《习近平的七年知青岁月》蕴含的劳动教育价值［J］.学校党建与思想教育,2021(17):59-61.

［66］这位景区导游是怎样成为全国劳动模范的?［N］.文旅中国,2020-12-09.

［67］中共中央国务院关于全面加强新时代大中小学劳动教育的意见［N］.人民日报,2020-03-27.

［68］中央党校采访实录编辑室.习近平的七年知青岁月［M］.北京:中共中央党校出版社,2017:32,313,40.

［69］重庆的棒棒文化不可丢失［N］.社会生活人生百态,2020-08-17.

［70］朱巧玲,李敏.人工智能、技术进步与劳动力结构优化对策研究［J］.科技进步与对策,2018,35(6):36-41.

［71］朱巧玲,李敏.人工智能的发展与未来劳动力结构变化趋势——理论、证据及策略［J］.改革与战略,2017,33(12):172-177.

［72］《中华全国总工会关于切实维护新就业形态劳动者劳动保障权益的意见》总工发〔2021〕12号.

［73］习近平在同中华全国总工会新一届领导班子集体谈话时强调竭诚服务职工群众维护职工群众权益为实现中国梦再创新业绩再建新功勋［J］.中国工运,2013(11).

［74］教育部.《大中小学劳动教育指导纲要(试行)》,2020-07-07.